BRUXARIA EVOLUTIVA

AVISO

A editora e seus escritores não se responsabilizam por eventuais lesões ou prejuízos sofridos pelo leitor que possam decorrer da utilização do conteúdo presente nesta obra e sugerem prudência ao ponderar sobre as práticas apresentadas neste livro. O conteúdo desta leitura não tem como objetivo substituir orientações de profissionais da área médica ou psicológica. Recomenda-se aos leitores procurar seus especialistas em saúde pessoal para tratamentos. O uso de ervas, plantas e óleos essenciais deve ser feito com cuidado, e uma investigação detalhada acerca de qualquer planta citada neste livro deve ser conduzida pelo leitor antes de manuseá-la. Ao lidar com fogo, siga as medidas de segurança contra incêndios e jamais deixe velas ou outras fontes incandescentes sem supervisão.

T. THORN COYLE

BRUXARIA EVOLUTIVA

Um Guia de Práticas
e Rituais da Tradição Feri

Tradução
Claudiney Prieto

EDITORA ARDANE

Publicado originalmente em inglês sob o título: XXXXXXXXXXXX
Publicado originalmente em inglês sob o título: Evolutionary Witchcraft

This edition published by arrangement with TarcherPerigee, an imprint of Penguin Publishing Group, a division of Penguin Random House LLC.

Tradução autorizada do inglês

Direitos de edição para a Língua Portuguesa
© Editora Ardane

Editor: Claudiney Prieto
Coordenação Editorial: Luciana Papale
Tradução: Claudiney Prieto
Diagramação: Ana Laura Padovan
Capa: Ardane Books
Revisão: Grupo Papale's

DADOS INTERNACIONAIS DE CATALOGAÇÃO NA PUBLICAÇÃO (CIP)
CÂMARA BRASILEIRO DO LIVRO, SP, BRASIL

C881 Coyle, T. Thorn
Bruxaria Evolutiva / T. Thorn Coyle; tradução de Claudiney Prieto
Editora Ardane| 1ª edição| São Paulo | 2023

Tradução de: EVOLUTIONARY WITCHCRAFT
ISBN 978-65-85370-00-4

I. Wicca. 2. Esoterismo. 3. Bruxaria. 4 Magia I. Título.

CDD 133.43
CDU 133.4

Índice para catálogo sistêmico:
1. Bruxaria: Ocultismo 133.43

EDITORA ARDANE
www.ardane.com.br
Tel.: (11) 97774-4013 | E-mail: contato@ardane.com.br
Instagram: @ardanebooks

Para Victor e Cora Anderson

SUMÁRIO

AGRADECIMENTOS

Sou eternamente grata a Victor e Cora Anderson por transmitirem este legado a nós, e a Cora por conceder sua bênção a este livro e aos meus ensinamentos. Agradeço a todos os meus outros professores na Feri e em sua ramificação, o Reclaiming. Agradeço aos meus co-sacerdotes e colegas, incluindo Anaar, Tom, Willow, Oak, Anne e muitos outros, e a todos os meus alunos, amigos e apoiadores – especialmente.

A Dawn, Lilith e Scott – com quem explorei esta estrada sinuosa, esta via terciária, este caminho que começa na metade. Obrigada sempre a Jim pelo incrível apoio e a Reya pela amizade estelar. Ao Painted Fan, pela dança, e a todos que me inspiram e auxiliam em minha formação espiritual permanente.

Sou grata ao meu agente, Tom Grady, que amou este projeto desde o início. Agradeço ao editor e companheiro de pesquisa Mitch Horowitz, a Joel Fotinos, Ken Siman, Ashley Shelby e todos os outros na Tarcher, que trabalharam tanto para dar nascimento a este livro. Surf's Up Scribblers – Cynthia, George, Cookie, Mary e Susan – continuem escrevendo. Agradeço a Valerie pela ajuda gráfica e a Mark e Charles pelas fotos. Agradeço também a todos os livreiros que me mantêm bem-informada e entretida, especialmente a Alan, Jude e todos os outros em Borderlands, pelo apoio leal, e a Fields e Stacey's, por responder com prazer às minhas perguntas e aceitar meu dinheiro.

A Tradição Feri tem muitas linhagens, cada uma formada pelo praticante ou professor. Não existe caminho único, pois a estrada está dentro de nós. Espero que, assim como eu, você ache a jornada extraordinária.

Em gratidão – T. Thorn Coyle

AS RAÍZES DA BRUXARIA EVOLUTIVA

Despejo um pouco de uísque em solo sagrado.
Puxo algumas ervas daninhas.
Ouço a música do amor doloroso.
Olho para o verde no meu próprio jardim de entrada.
Sonhar... Esperar...
Mergulho na banheira branca cheia de incenso e água morna.
Eles estão vindo me buscar...
Caminham rápido e estão se reunindo.
Mantos voando, eles chamam meu nome.

Meu professor, Victor Anderson, uma vez me disse que a Arte surgiu a partir do sofrimento da humanidade. Meu próprio sofrimento certamente me trouxe para a Bruxaria e, buscar encontrar as fontes de minha força, mantiveram-me nela. Na Bruxaria encontrei meu lugar na Natureza, e na Natureza encontrei minha conexão com todas as coisas. Na Tradição Feri de Bruxaria, encontrei um caminho para a minha própria alma e divindade. Deitar naquela banheira branca com pés de garra no dia da minha Iniciação na Feri, preparou-me para me comprometer ainda mais com meu próprio desenvolvimento e assumir a responsabilidade do meu lugar no Cosmos.

A Bruxaria, uma das religiões que mais cresce na América do Norte e na Austrália, está ganhando grande popularidade durante uma época em que os humanos precisam se tornar responsáveis e se conectar, encontrar o sagrado em suas vidas agora, em vez de esperar por um dia de transcendência e redenção. Em uma época de catástrofe global e devastação ambiental, uma religião que nos conecta firmemente à Terra não é apenas compreensível, mas necessária. Como Victor me disse em nossa última conversa antes de sua morte: "*É hora de as pessoas acordarem. Você não brinca com o fogo da criação e sai impune*". A Tradição Feri contém os instrumentos para o nosso despertar.

A Bruxaria Moderna (conhecida popularmente como "Wicca") foi desenterrada, recriada ou fundada – dependendo da sua opinião – na Inglaterra, década de 1940, por Gerald Gardner, que foi herdeiro de grupos cerimoniais como a Golden Dawn, fundada por Moina e MacGregor Mathers, e a Ordo Templi Orientis, reformada por Aleister Crowley. Outras influências incluíam sociedades folclóricas britânicas, grupos naturistas e, até onde sabemos, algumas Bruxas reais. Esforçando-se para conectar o indivíduo aos ciclos da natureza, a Bruxaria, conforme transmitida por Gardner e sua liturgista Doreen Valiente, enfatizava o ritual sazonal e uma celebração dos Deuses do crescimento e da sexualidade, em vez dos Deuses da ciência e da indústria, e tem fomentado uma relação com as forças naturais, em vez de tentar controlá-las.

As práticas espirituais americanas onde se entrelaçam Magia Popular, conhecimento sobre ervas e raízes e feitiçaria já existiam na época em que Gardner tornou seu trabalho público, na década de 1950. E, como escreveu o historiador britânico Ronald Hutton, a Tradição Feri é "*uma das linhagens americanas de Bruxaria Pagã*". Fundada há mais de cinquenta anos por Victor e Cora Anderson, a Tradição Feri, embora agora marcada por algumas influências da Wicca Tradicional Britânica – tem suas raízes na América do Norte. Victor era membro do Harpy Coven, em Oregon, na década de 1930, tendo sido treinado em Magia pela primeira vez quando ainda era criança no Novo México. O treinamento de Cora foi com foco na Magia Folclórica e nas ervas de Ozark, herdadas de seu avô e fortalecidas por suas próprias habilidades psíquicas, sua conexão com o povo das Fadas e seu talento inato de Magia Doméstica. Como a Wicca, a Bruxaria da Tradição Feri encontra conexões com os Deuses e a Natureza, mas sua ênfase é colocada firmemente no alinhamento da alma do praticante individual e no crescimento de seu poder ao longo do tempo, em vez de na celebração sazonal. A Feri tece fios de outras Tradições contemporâneas de Bruxaria, a transmissão de informações únicas do próprio Victor, a prática disciplinada da Magia Cerimonial e a sabedoria das tradições espirituais mágicas e indígenas de todas as partes do globo.

Adicione uma pitada de poesia, mexa e você terá a Feri.

Embora a Bruxaria praticada na Tradição Feri não seja a mesma coisa que a Wicca, algumas de nossas práticas e crenças se sobrepõem. Se pudermos aprender a reconhecê-los, todos nós honramos os elementos sagrados e reconhecemos o divino imanente que habita na Terra, nas estrelas, nas plantas e em nossa humanidade. Mas a Tradição Feri também mantém um forte sabor próprio e possui ferramentas e conceitos completamente únicos.

É uma Tradição de correntes variadas, todas as quais fluem das práticas de profunda comunhão e autoexame. A Feri é uma Tradição extática, que coloca o indivíduo em contato direto com os Deuses, a Natureza e o Self. Esse contato é muitas vezes estimulante, fazendo ferver o sangue e abrindo o coração para o mundo sussurrante. É uma Tradição preocupada com o desenvolvimento e alinhamento da alma humana. Seus instrumentos nos ajudam a caminhar para uma humanidade expandida e uma divindade essencial. Ninguém se aventura nela a não ser os destemidos – os poetas, guerreiros ou curandeiros –, pois este é um caminho de poder que muda a vida.

Feri é o que Victor chamou de "religião da raça humana", e ecoa a diversidade inerente a essa afirmação. Victor sentiu que os povos pequenos feéricos eram os detentores da Magia em todo o mundo, da África à Europa, ao México, às ilhas da Polinésia. Mas esses seres etéreos e mágicos viviam nos interstícios do espaço e do tempo ou eles eram realmente humanos pequenos, como os pictos e os aborígenes? Talvez fossem um ou outro, ou ambos. Assim começa a poesia e o paradoxo da minha Tradição. Dentro do paradoxo está a promessa: o compromisso da Tradição Feri é que nós também podemos nos tornar feéricos – buscadores de Magia, detentores do mistério e comunicadores daquilo que não poder ser dito. Grande parte da Tradição vem do contato com o espírito, o que dá liberdade à Tradição Feri, uma espontaneidade e alegria em todos os atos da criação. A criatividade humana ecoa o poder criativo da Deusa Estrela, a Mãe na qual está nosso ser.

O mito da Feri nos conta a história da Deusa Estrela capturando seu reflexo no espelho negro curvo do espaço. Respondendo à beleza daquela imagem, ela começou a fazer amor consigo mesma. Da sua alegria nasceram os Deuses, e da alegria dos Deuses nasceram os mundos. O trabalho neste livro pode nos ajudar a enxergarmos, a nos apaixonarmos por nós mesmos e a mergulharmos em nossa verdadeira vida, brilhando com a luz das estrelas e ancorados na terra sagrada. Conforme entramos em nossas almas, somos transformados.

Na Tradição Feri, todos são iguais perante os Deuses. Nossa autoridade é interna e conquistada com o tempo, não concedida a nós externamente. As diferenças podem surgir através da quantidade de treinamento e experiência que se tem e no estilo de trabalho de cada Sacerdote ou Sacerdotisa. As diferenças também vêm de vários níveis de comprometimento com a Arte, mas não há hierarquia inerente entre os Iniciados, e os alunos são tratados com respeito. Embora um Iniciado tenha maior responsabilidade, nenhum professor tem maior acesso aos Deuses, Guardiões ou Magia do que qualquer aluno. O que importa é integridade e abertura, não título ou direito.

A Feri também tem uma natureza estranha. Há uma sensação de andar pelas fronteiras dos espaços intermediários, de ser de todos os gêneros e de manter todas as possibilidades dentro de si mesmo – pode-se ser feérico e humano, masculino e feminino, alma frágil e essência divina, tudo ao mesmo tempo. Ao olhar para a nossa multiplicidade, encontramos a totalidade.

Esses conceitos foram absorvidos pelo Reclaiming, uma Tradição derivada da Feri. Fundada no final dos anos 1970 e início dos anos 1980, por um grupo de ativistas dedicados, incluindo a escritora Pagã Starhawk, essa tem sido uma Tradição altamente pública, realizando grandes rituais abertos, ensinando e engajando-se em desobediência civil como um ato espiritual. O Reclaiming tomou a alegria e a beleza da Feri e a ênfase na autoridade interna e na cocriação, e as uniu com a política anarcofeminista. Ele se esforça para mesclar justiça social, ativismo ambiental e o poder compartilhado da Magia ou, como diz em seu mandato: "*unir espírito e política*".

Minha obra, *Bruxaria Evolutiva*, brota dessas duas Tradições vitais, com alguns outros fios espirituais entrelaçados na tapeçaria de meus ensinamentos. Comecei a estudar a Arte aos dezesseis anos, quando deixei a Igreja Católica. Este foi o ano do meu primeiro ato conscientemente político, pichando "*Reagan me odeia*" na janela da sede republicana em minha pequena cidade de Whittier, no sul da Califórnia. Também embelezei um grande retrato do dito presidente com antenas alienígenas.

Whittier, que se originou como um pacífico enclave *quacre*, ficou conhecida como o berço de Nixon, e eu estava bem no meio, entre L.A. e Orange County, desejando ser livre. Mudei-me para São Francisco assim que pude e encontrei meu primeiro professor Feri lá, aos dezoito anos, enquanto procurava desesperadamente por algo em uma velha e mofada loja de ocultismo na rua Divisadero. Estudei com esse aluno de Victor por um ano, vaguei um pouco por conta própria e depois mergulhei no Reclaiming, uma escolha natural para minha alma política mágica. A Terra estava viva, a Deusa fluía através de todas as coisas, e eu tinha que agir a partir desse conhecimento. Tornei-me ativista, Sacerdotisa e, eventualmente, professora.

Isso me satisfez por um bom tempo. Mas uma vez que comecei a me comprometer mais profundamente com minha Arte e com a Tradição, passando pela iniciação do Reclaiming, que me deu meu nome atual, comecei a sentir que algo estava faltando para mim. Eu precisava de um compromisso ainda mais profundo com a prática espiritual, e um trabalho mais intensivo em mim mesma do que estava encontrando na minha comunidade do Reclaiming. A ideia de compartilhar o poder era valiosa e revolucionária, mas senti que o poder precisava ser alcançado a partir de um nível mais profundo. Não podemos compartilhar o que realmente não temos e simplesmente dizer que o temos não torna as coisas assim. Não saí do Reclaiming, mas parti em uma busca. A revolução me colocou em uma jornada pela evolução.

Estudei com os sufis Mevlevi por três anos, ainda fazendo rituais e ensinamentos, enquanto girava, transpirava e rezava nesta ordem sagrada fundada pelo poeta místico Jalaladin Rumi. Fiz as pazes com minha infância católica observando a Quaresma ao longo do caminho e vivendo em pobreza voluntária em uma casa de Obreiros católicos espiritualmente eclética que ofertava sopas. Estudei Cristianismo, Judaísmo e Islamismo. Minha experiência com os Deuses e minha identidade como Bruxa estavam presentes em meio a isso tudo enquanto eu buscava uma base mais firme para sustentar o trabalho da minha alma. Eu estava me esforçando para crescer em verdadeira responsabilidade, para ser capaz de *responder* em vez de apenas fazer as coisas por dever. Também estava ensinando no Reclaiming. Mas em meu coração eu estava procurando por algo que o Reclaiming se opunha em seus ensinamentos: o professor perfeito, o caminho perfeito. Enquanto rodopiava com os dervixes e servia sopa com os Obreiros Católicos, comecei a estudar com Victor Anderson, tomando notas durante conversas telefônicas de uma hora ou enquanto ele mexia hipnoticamente em sua cadeira de balanço em sua pequena sala em San Leandro e Cora me olhava com seu olhar penetrante. Mais tarde, quando Cora estava convalescendo de um derrame, eu visitava Victor semanalmente, para preparar o almoço, estudar e fazer Magia. Minha caneta e caderno foram deixados de lado e a Magia me invadiu rapidamente.

Fisicamente falando, Victor era praticamente cego, mas com uma visão brilhante, e ele abriu meu espírito para o poder da Tradição Feri e seus instrumentos. No entanto, ele não era o professor todo perfeito que eu procurava. Ele era poderoso, engraçado e sábio, e, também, mal-humorado. Ainda buscando, juntei-me a um grupo que seguia os ensinamentos do filósofo místico G. I. Gurdjieff, já influenciada através de anos de leitura pela "Obra", como é chamado seu sistema. Aprendi muito de valor em meus dois anos de imersão lá, inclusive entendi que, mais uma vez, eu tinha que sair, ainda que "a Obra" continuasse a me influenciar.

No meio desses anos de busca, em fevereiro de 1996, recebi a Iniciação como Sacerdotisa e Bruxa na própria Tradição Feri, onde me foi passado o poder pelos iniciados da Feri em meu então Coven, Triskets. A Feri era tenaz, trabalhando em mim mesma enquanto eu procurava além dela. O legado de Victor e Cora estava me envolvendo.

Depois de toda essa busca, voltei a mim mesma, não tendo encontrado "perfeição" em lugar nenhum. Eu ainda não tinha percebido que a perfeição é a totalidade, não a erradicação da falha percebida, então ouvi a linha da Carga da Deusa, de Doreen Valiente, que dizia: "*Pois se aquilo que busca não encontrar dentro de você, jamais o achará fora de si*". Respirei fundo e comecei a olhar para o que eu já tinha. O que eu havia reunido em meu percurso sinuoso estava todo enraizado na Feri. Eu sabia que precisava me engajar com minha Tradição central da forma mais completa possível. Como um amigo muçulmano me disse, eu precisava cavar um poço profundo e não vinte rasos. Só assim haveria a possibilidade de encontrar água limpa.

Voltei a estudar com Victor. Ele não havia se transformado no professor impecável, mas a essa altura eu não precisava mais disso e estava madura o suficiente para suspeitar que tal coisa não existia. No espírito da diversidade da Feri, peguei todas as técnicas de consciência e prática que aprendi com os dervixes sufis e com os ensinamentos de Gurdjieff, e a compaixão dos católicos radicais, e apliquei-as aos ensinamentos de Victor.

Meu trabalho adquiriu uma profundidade e ressonância que nunca havia alcançado antes. Eu estava me conectando ao espírito, construindo uma base e meu professor estava dentro de mim. Meu professor era a prática diária e o autoexame. Meu professor estava em meus encontros com outros humanos: no ônibus, no trabalho, em casa. Rapidamente, meu professor se tornou todos os instrumentos da Feri aplicados com diligência. Os Guardiões e Deuses da Feri me ensinaram. Outros companheiros da Feri também foram meus professores, os Iniciados, com quem comecei a trabalhar, brincar e dançar. Aprendi com música e movimento, fogo e oceano, e a natureza profunda e permanente da minha respiração. Cinco anos após minha Iniciação e depois de muitos anos ensinando no Reclaiming, eu me senti pronta para começar ensinar a Feri. Eu finalmente tinha algo de substancial que poderia compartilhar. Minha Iniciação Feri havia se enraizado e estava florescendo.

Todo esse processo levou mais de vinte anos, e este livro é o resultado de todos esses anos e fluxos espirituais convergindo e a inspiração e os resultados do que Victor me deu através da Tradição Feri. Eu atingi águas profundas, e esse é um presente que valorizo.

O que é a Bruxaria Evolutiva?

Digo que ensino a Bruxaria Evolutiva, ou simplesmente a Bruxaria, como um caminho em direção à humanidade e a divindade expandidas. Mas o que significa ser uma Bruxa? O que tal palavra significa para homens e mulheres no início do século 21? A Bruxaria contemporânea deve muito ao politeísmo antigo, à alquimia medieval, à maçonaria e ao ceticismo do Iluminismo de credos dogmáticos fortemente organizados. No entanto, ao contrário de muitos herdeiros do Iluminismo, as Bruxas e outros Pagãos insistem na santidade da terra em face da mecanização. As Bruxas Feri usam Magia para rezar, mudar a consciência e se conectar com a Terra.

O que é Magia? Magia é a arte da evolução. Ela usa intenção, respiração, vontade e rituais para transformar o indivíduo e sua relação com o mundo. A Magia muda o equilíbrio de poder entre os mundos visíveis e invisíveis e pode trazer mudanças individuais, sociais e políticas.

Se acredito em Magia, por que não sou uma Maga? Uma Bruxa usa a intuição e o Mago usa o intelecto. Assim, embora ambos pratiquem a arte e a ciência da Magia, a Bruxa confia mais fortemente na arte, e o Mago na ciência. Acredito que a Bruxa poderia usar um pouco mais de ciência e a disciplina que a acompanha, e o Mago um pouco mais de arte e espontaneidade. Minha prática na Feri tenta aproximar um pouco a Bruxa e a Maga.

Embora a Tradição Feri seja um caminho iniciático, eu tenho uma forte crença de que qualquer indivíduo que se disponha a fazer o trabalho de enfrentar a si mesmo pode fazer bom uso de suas práticas e ensinamentos e usá-los para transformar sua vida. É por isso que eu ensino e por isso pedi a Cora suas bênçãos sobre este livro. Se alguém é um buscador espiritual sério, pode aplicar as práticas contidas nestas páginas em seu trabalho, em seu apartamento, na floresta, na praia, sozinho ou com outras pessoas. O trabalho é perigoso, pois nos transforma. Mas se uma pessoa está disposta a trabalhar diligentemente, não há necessidade de se afastar dele.

Dez capítulos seguem este primeiro, criando a Grande Esfera Mágica. Eu recomendo que leia este livro uma vez e depois passe de um a dois meses trabalhando nos ensinamentos de cada capítulo, construindo seu próprio alicerce e explorando sua alma. Nestes capítulos, descobriremos a possibilidade de nossa própria divindade e despertaremos para os elementos sagrados. Viajaremos para dentro de nós mesmos – sombra e luz, fragilidade e força. Alcançaremos as estrelas, dançaremos com os Deuses e faremos amor com a beleza da

Terra. Vamos expandir nossa capacidade enquanto seres humanos e aprender o que significa sermos trabalhadores mágicos feéricos – trazendo os limites para o centro e abrindo novos mundos no processo.

O Capítulo 1 nos mostra como acessar o poder e o paradoxo do Fogo Azul Feri. Vamos lançar nossa Esfera Sagrada e entrar em uma consciência não comum.

Já o Capítulo 2 vai nos ensinar a acessar nossas próprias naturezas divinas e a alinhar nossas almas sagradas e tripartidas.

No Capítulo 3, voltamos para o Leste e exploramos os poderes do Ar: nossa respiração, nossa fala, a ferramenta do Bastão Mágico e o grande Guardião do Leste.

O Capítulo 4 vai nos levar ao Sul, para a potência do Fogo e da Vontade, da lâmina e da ação, de fazer escolhas e permanecer firmes enquanto cumprimentamos o Guardião do Sul. Aqui vamos ativar o Pentáculo de Ferro e reivindicar sexo, orgulho, self, poder e paixão.

Nadaremos nas profundezas da emoção e abriremos nosso coração ao nos voltarmos para o Oeste no Capítulo 5, segurando o Cálice Sagrado enquanto saudamos o Guardião do Oeste e evocamos o Pentáculo de Pérola, cantando amor, lei, conhecimento, liberdade e sabedoria.

Virar para o Norte nos remete à força dos nossos corpos, da quietude e do silêncio, da estrutura do cubo verde e do movimento do Pentáculo. Aqui, no Capítulo 6, na presença do Guardião do Norte, nascemos para nós mesmos e para a maneira como nos relacionamos com todas as coisas do mundo.

O Capítulo 7 nos encontra alcançando os Poderes Superiores, enquanto invocamos nossos sonhos, desejos e nossa capacidade de expandir além de nós mesmos. Trabalharemos com o Guardião Acima, o espelho negro do espaço, o Deus Pavão e a Deusa Estrela.

Enfrentando os Poderes Abaixo no Capítulo 8, invocamos nossos fogos centrais e alcançamos o centro da Terra. O Caldeirão borbulha e vaporiza aqui, queimando o medo, temperando nosso propósito e nos mostrando coisas que antes estavam escondidas de nós. A força do guerreiro e do Guardião Abaixo nos ajuda neste trabalho.

No Capítulo 9, de pé, invocamos o Centro, a circunferência de tudo. Aqui jaz o pulsante Coração Negro da Inocência, nossa natureza selvagem e honesta. Chamando a nós mesmos, abriremos os portões centrais e dançaremos com nossos Amantes das Sombras.

Finalmente, no Capítulo 10, vamos nos preparar para fechar a grande Esfera e entrar em nossa vida, carregando nossos verdadeiros nomes e prontos para viver nosso real trabalho no mundo.

Conforme mencionado nas descrições dos capítulos, Victor forneceu ensinamentos não encontrados em nenhuma outra Tradição da Arte: os Pentáculos de Ferro e de Pérola; o alinhamento de nossa Alma Tripla; encontrar nosso Coração Negro da Inocência; o Fogo Azul Feri; a ética do guerreiro; o conhecimento de que não precisamos olhar para fora de nós mesmos em busca de polaridade e equilíbrio, que tudo se encontra dentro. Victor e Cora nos ensinaram que podemos ter contato direto com a Natureza e que os Deuses podem falar através de nós. Temos divindade, e a possibilidade de nos tornarmos ainda mais divinos. Somos humanos, feéricos e amados pela Deusa, a quem Victor e Cora chamam de "Deus em si Mesma". Partilhamos do seu amor imanente e de sua possibilidade transcendente. Ela pulsa em nosso sangue e a cada ato de criação no qual nos engajamos, carregamos a centelha de seu amor e a santidade da sua força vital.

Embora existam algumas fontes escritas, a Feri tem sido em grande parte uma Tradição oral, passada da boca do professor para o coração do aluno. Cada professor usa seus próprios métodos e tempera o trabalho com seus próprios *flashes* de poesia e *insights*. Assim, a Tradição sempre muda, sem nenhum "Livro das Sombras" inviolável para determinar a autenticidade. Estamos sempre engajados e sempre criando. A autenticidade é passada pela "Corrente Feri", que é o poder da Magia selvagem, a corrente de conexão com os Deuses. Ela é passada nos distintos exercícios e ferramentas da Feri. Na linguagem das árvores, em nossa pele, em nossa respiração e em nosso coração feérico.

A principal Corrente Feri é passada na Iniciação formal após muitos anos de estudo intensivo com um Sacerdote ou Sacerdotisa treinado na Tradição. No entanto, sinto que os instrumentos da Feri fornecem uma ajuda tão poderosa, que mesmo aqueles que nunca recebem Iniciação podem se beneficiar do trabalho dessa Tradição. É por isso que compilei meu próprio método de ensino, a *Bruxaria Evolutiva*, no qual se pode estudar e crescer, em grupo ou sozinho, independentemente de a Iniciação fazer ou não parte do caminho. Se alguém desejar mais trabalho, um professor aparecerá.

Por seu uma Tradição inspirada, Victor passou informações diferentes para cada um de seus alunos, dependendo de suas necessidades e da época em que estudavam com ele (para você ver, seu próprio trabalho evoluiu ao longo do tempo). Esses alunos passaram então a desenvolver o trabalho à sua maneira. Este livro é o meu caminho. Não é o princípio e o fim de tudo da Tradição Feri. Em vez disso, dá uma visão do que eu acho importante, que é principalmente usar o trabalho em si mesmo como uma forma de evoluir ainda mais em nossa própria Divindade. Se fizermos isso, trataremos melhor uns aos outros e a Terra e entraremos em um relacionamento correto com todos os seres, visíveis e invisíveis. Nós vamos evoluir.

O Oráculo de Delfos ordenou a cada buscador que "*Conheça a ti mesmo*". Este *dictum* também está embutido nos princípios da Feri. Alguns professores transmitem teoria ou conhecimento, enquanto eu transmito a prática, porque a prática muda minhas moléculas e ajuda meus relacionamentos e trabalho. Alguns dos exercícios e conceitos que apresento aqui não vêm diretamente da Feri ou de Victor, mas eu os uso como uma maneira de trabalhar mais profundamente dentro da Tradição e, mais importante, para me tornar mais autoconsciente e mais capaz de lidar com o influxo de força e energia que o trabalho da Feri traz. Podemos expandir para manter esse enorme poder com graça e compaixão.

A Feri tem sido em grande parte uma Tradição indescritível, secreta e pequena. No entanto, as pessoas têm procurado assiduamente por ela desde a sua criação e tem havido uma explosão de interesses nos últimos anos. É uma Tradição que preenche uma necessidade real na paisagem espiritual: a necessidade de descobrir a divindade de nossa própria alma e caminhar conectado com o mundo natural e os reinos visíveis e invisíveis. A Tradição Feri nos encoraja a abraçar a totalidade de nós mesmos e ver o que emerge de novo desse cadinho de contradições.

Essa onda de interesses, juntamente a mudanças tangíveis em minha vida e na vida de meus alunos, como resultado de nosso trabalho com a *Bruxaria Evolutiva*, compeliu-me a começar a ensinar cada vez mais amplamente e me convenceu a escrever este livro. A Terra requer nossa evolução, e muitos estão dando um passo à frente para ajudar a suprir essa necessidade.

Estou confiante de que serão encontrados meios para difundir a espiritualidade evolutiva e de nos ajudar a passar por esses tempos que estão desesperados por visão, prática e verdadeira mudança. Espero que aqueles que estão profundamente interessados neste trabalho procurem mais ensinamentos. Este livro é uma entrada para o seu eu mais profundo: que seus sentidos se abram, seu coração se encha, sua coluna se alinhe e seu trabalho ganhe brilho e alegria.

Eu ofereço este livro como uma ferramenta para aqueles que querem mais do que o básico, para aqueles que procuram um treinamento mais profundo e para aqueles que não querem apenas mais um livro de feitiços para lançar. Lance a si mesmo. Você é o feitiço.

Sagrada Mãe, na qual vivemos, nos movemos e existimos, de ti todas as coisas emergem e a ti todas as coisas retornam...

Abra nossos corações neste dia abençoado. Toque nossos corpos e nossas mentes. Caminhe conosco pelos portais de poder, na sombra e na luz das estrelas, no fogo que encontra a terra, no vento sobre os oceanos e no doce beijo da vida.

Abençoada seja nossa jornada.

1

A ESFERA SAGRADA:
Lançando o Círculo com Fogo Feri

Abrindo os Ensinamentos

Não se torne naquilo que você resiste.
– Victor Anderson

Os instrumentos do mestre nunca desmantelarão a casa dele.
– Audre Lorde[1]

A citação de Audre Lord acima é um grafite no Kopi Café em Chicago, um lugar cheio de livros de viagem e roupas hippies. As palavras dela me lembram de perguntar o que estou ensinando nesta cidade, longe de casa, e por que estou escrevendo este livro hoje. Estou ensinando e escrevendo, porque os instrumentos que recebi através da Tradição Feri continuam a mudar minha vida. Estas não são ferramentas de dominação que escravizam as pessoas, em vez disso, os instrumentos da Tradição Feri são ferramentas de libertação. Se todos alcançarmos a maestria, ninguém será mestre sobre o outro.

Estas são ferramentas para matar demônios e libertar seu coração. São ferramentas de revolução e, mais importante para mim, ferramentas de *evolução*. Meu trabalho é me desafiar a me tornar mais humana e

1. Veja Audre Lorde, *Sister Outsider* (Crossing Press, 1984).

lutar contra crenças e práticas desumanas. Quero deixar de estar em guerra e me tornar uma guerreira pacífica, uma ativista de corpo e alma.

A questão, torna-se, como podemos não apenas sobreviver, mas florescer? Os instrumentos neste livro são parte da resposta. Eles, junto à compaixão e à coragem, podem nos salvar. Pelo menos, essa é a minha oração. Também acredito que esses instrumentos podem fazer ainda mais – eles podem nos ajudar a despertar nossa natureza divina. Para usar bem esses instrumentos, precisamos de preparação, e é isso que faremos neste capítulo – daremos os passos necessários a fim de nos prepararmos para o trabalho de desenvolver a nossa alma.

Usando os Instrumentos

Qualquer coisa que vale a pena é perigosa.
– Victor Anderson

Os instrumentos e conceitos presentes neste livro são nossos direitos de nascença, mas muitas vezes foram distorcidos além do reconhecimento em nossa cultura. Recuperá-los é difícil e perigoso, porque usá-los vai contra os preceitos culturais e porque esses instrumentos podem nos mudar de maneira significativa. Por sua vez, isso muda todos os nossos relacionamentos e o modo como trabalhamos; muda nossos sistemas éticos e como tratamos a nós mesmos e aos outros e, principalmente, muda como permitimos que os outros nos tratem.

Mudar os preceitos culturais é um ato revolucionário, e o lugar mais poderoso para começar uma revolução é dentro de nós mesmos. A autora Wiccaniana Doreen Valiente disse: "*A evolução, assim como a caridade, começa em casa*". A atividade externa não pode ser divorciada do que está acontecendo dentro e o trabalho interno deve ser equilibrado pela preocupação com o mundo externo.

Os conceitos deste livro são poderosos e podem causar terremotos tanto por dentro quanto por fora. Eles revelam tabus e medos soterrados, despertando energias que não podem ser facilmente fechadas em uma caixinha novamente. Os instrumentos da Feri nos dão maior acesso à força vital, ao poder puro. O poder é uma coisa boa, mas uma vez que essa energia é aumentada, se ignorarmos os instrumentos que a geraram, ela pode se voltar contra nós ou podemos explodir os outros com energia destreinada. Se caírem em desuso, essas técnicas podem criar pessoas que não têm mais o controle disciplinado necessário para exercer bem seu poder. Isso pode causar grandes dificuldades em Covens e comunidades maiores, levando à disseminação de fofocas maliciosas, arrogância ou presunção. A malícia não é inevitável se aprendermos a fazer nosso trabalho totalmente engajados e a nos tratarmos com respeito. Para isso, devemos nos envolver em atividades ocultas. O estudo oculto sonda o que é misterioso e secreto. Podemos aplicar essa definição ao processo de olhar para nossos eus ocultos.

De frente para o Espelho

Quando você começar a usar esses instrumentos, faça um esforço conjunto para ser gentil consigo mesmo e com as pessoas ao seu redor. Usar a energia Feri pode lhe deixar um pouco desconfortável no início, porque ela é muito poderosa. Trata-se de uma energia da pura força vital, que pode parecer esmagadora até que nos tornemos hábeis em lidar com ela. Normalmente criamos bloqueios físicos e emocionais para manter nossa força vital sob controle e impedir que ela corra livre e totalmente através de nós. Você pode ouvir sua postura e as tensões em seu corpo, que torcem ou estrangulam a energia e suavemente começam a afrouxar aquilo que o prende.

Lidar com a força vital como uma nova abordagem pode fazer com que fique irritado com aqueles que estão por perto, ou até deixar escapar coisas que manteria em silêncio. A honestidade é uma coisa boa, mas não precisa queimar tudo consigo em seu rastro. Além disso, as mudanças que sentir podem deixá-lo desconfortável perto das pessoas mais próximas. Você pode sentir que não quer que essas mudanças sejam expostas àqueles que o conhecem bem. Seja paciente consigo mesmo e com os outros. Grandes mudanças estão chegando, mas isso nem sempre significa o rompimento de relacionamentos antigos. Na verdade, os instrumentos da Feri podem nos abrir para uma maior intimidade e confiança. Quanto mais aprender sobre si mesmo e sobre os caminhos desses poderes, mais provável será que os relacionamentos baseados na falsidade ou no vício comecem a desmoronar. Por outro lado, relacionamentos baseados em respeito e confiança podem se fortalecer na proporção de seu próprio fortalecimento.

A seguir veja um exercício útil que aborda as preocupações anteriores:[2]

> Toda vez que alguém o estiver irritando, toda vez que quiser dizer algo duro para alguém, seja porque sinta as energias desconfortáveis, seja apenas porque sabe que está correto, olhe no espelho primeiro. Diga tudo o que quer dizer para a outra pessoa, de frente ao espelho. É provável que se surpreenda com o olhar em seu rosto ou com sua postura. O que você está transmitindo quando diz essas palavras?

Às vezes é necessário realmente dizer essas coisas para si mesmo. Muitas vezes, expressar-se em palavras é o suficiente para difundir a energia. Se você ainda sente a necessidade de falar com a outra pessoa, este exercício do espelho pode permitir que fale com mais clareza e com maior gentileza. Antes de falar, conecte-se com a terra. Respire. Pratique.

Amando sua Humanidade

Na sociedade contemporânea, muitas vezes nos sentimos isolados de nossa humanidade. Desconectamo-nos a partir de nossa natureza mais profunda, de nossos instintos animais e poluímos nosso ambiente além do reconhecimento. Quando tentamos viver apenas em nossa cabeça, nosso corpo sofre, nossas emoções ficam atrofiadas e nossos outros sentidos se retraem do ataque das toxinas físicas desenvolvidas por uma engenhosidade intelectual divorciada daquele corpo. Tornamo-nos cada vez menos humanos e cada vez mais como máquinas.

Certa vez, perguntei a Victor o que os feéricos queriam de mim e ele respondeu: "*Que você se torne mais você mesma. Torne-se mais humana*". Os instrumentos da Feri ajudam a nos engajarmos no mundo, a agirmos e a nos tornarmos mais humanos. Ao trabalhar com este livro, o leitor vai aprender a acessar o poder de sua Alma Tripla, a cultivar o Coração Negro da Inocência e a mergulhar no Pentáculo de Ferro. Tudo isso recupera nossa humanidade, tornando-nos fortes e compassivos. Como humanos, podemos viver uma vida política e mágica, não mais divorciados uns dos outros, do divino e da Terra. Podemos cultivar

2. A Sacerdotisa Hilary Valentine, do Reclaiming, lembrou-me desse exercício.

relacionamentos com os reinos visíveis e invisíveis. Cada capítulo seguinte vai nos mostrar como fazer isso.

É minha esperança que este livro permita que você se familiarize com esses conceitos, ferramentas e energias e comece a trabalhar com eles de maneiras que se tornem sustentáveis e que mudem sua vida, sua estrutura celular e a maneira como lida com o seu poder. Espero que você tenha o desejo de entrar plenamente em sua vida e em suas emoções, e de expandir sua interação com o mundo ao seu redor e com os Deuses, e com os espíritos da Natureza e os seres feéricos.

Limpeza do Amor-próprio

Ao usar esses instrumentos, velhas feridas podem se abrir – medo, raiva ou vergonha. Você pode sentir dor na barriga ou no coração e aperto na garganta. O exercício do espelho permitiu capacitá-lo a lidar mais gentilmente com os outros e, como este é um processo vitalício, você pode precisar se olhar no espelho muitas vezes. À medida que escavamos as camadas de nossa arqueologia pessoal, também precisamos cuidar de nós mesmos, seguidamente, muitas vezes. Eu usei este exercício hoje mesmo.

> Tome um banho, deixando tudo o que o está incomodando escorrer pelo ralo. Usando seu sabonete favorito, Epsom ou sais de banho, esfregue tudo o que o está incomodando você, pessoas, eventos ou sentimentos. Nomeie-os e observe-os irem pelo ralo. Então, passe as mãos sobre si mesmo enquanto diz: "Deuses e Deusas, testemunhem, eu sou completo em mim mesmo". Enxágue-se bem, depois desligue a água e fique em pé, respirando, purificando-se.
>
> À medida que começa a respirar mais profundamente, deixe sua aura começar a pulsar com luz, tornando-se brilhante, pura e ofuscante para limpar os últimos resquícios que espreitam nas fendas. Comece então a cantar seu nome, repetidamente, até que sua aura seja preenchida pelo som de sua voz, percorrendo seu corpo. Movimente essa energia. Você está completo. Você está pleno.

Preparando-se para lançar a Esfera

A Limpeza do Amor-próprio também pode ser usada antes do trabalho ritual. Uma boa limpeza nos prepara para o trabalho, liberando pensamentos, energias e emoções que podem nos impedir de estar presentes neste momento, no agora. Há muitas maneiras de promover a limpeza: através do trabalho de respiração, observando seus hábitos e por meio de uma purificação com água e sal como demonstrado a seguir, comum a muitos ramos da Arte.

> Encha uma tigela com água limpa. Diga: "ABENÇOADA SEJA, CRIATURA DA ÁGUA". Respire sobre a superfície, observando sua respiração fazer ondulações, conectando-o com esse elemento. Despeje uma pequena quantidade de sal em sua mão. Respire através dele, dizendo: "ABENÇOADA SEJA, CRIATURA DE SAL". Despeje isso na tigela com água, mexendo e mexendo, no sentido anti-horário, na direção de banir a energia, e diga: "SEJA PURIFICADA". Agora, expire tudo o que o impede de trabalhar. Ou fale sobre a tigela, sacuda o seu corpo, dance, tussa, faça o que for necessário. Uma vez que você se sinta suficientemente limpo para fazer seu trabalho, comece a mexer a água no sentido horário, na direção da invocação. "INTERIOR E EXTERIOR, POSSAM TODOS SER TRANSFORMADOS". Respire sobre a água novamente e respingue um pouco dela em você. Despeje o resto para limpar a calçada em frente da sua casa ou despeje-a em uma pia para limpar seus ralos.

Tornando-se Presente e Integrado

Uma vez limpo, há outro passo importante para se tornar mais presente. Isso acontece por meio de aterramento e centramento, uma técnica para nos levar totalmente em direção ao nosso corpo, acalmar nossa mente e abrir nosso coração para o trabalho em questão. O aterramento e o centramento nos conectam à terra sob nossos pés e ajudam a nos lembrarmos de que o centro da Terra está sempre diretamente abaixo de nós. Essa técnica também nos ajuda a permanecermos integrados, não importa o que estejamos fazendo, e é uma boa preparação para o ritual e para a vida.

Pratico essa técnica há tantos anos que agora é como uma segunda natureza entrar no reino do instinto: meu corpo e minha energia são tão bem treinados, que não preciso mais pensar em me centrar. Isso funciona muito bem para me acalmar e me tornar uma pessoa mais eficaz e estável. Eu uso o seguinte quando preciso fazer uma intervenção não violenta, realmente ouvir alguém, ou simplesmente passar por um dia estressante o mais equilibradamente possível. Com o tempo, essa prática também expandiu minha capacidade de ser mais compassiva comigo mesma e com os outros.

Há muitas maneiras de aterrar e centrar; uma delas é imaginar um cordão de energia movendo-se da base de sua coluna e descendo para tocar o centro da Terra. O exercício seguinte é minha própria técnica, que me centra em meu corpo e permite que minha energia se expanda para cima e para baixo, conectando-me à Terra e aos Céus.

> Sinta seus pés embaixo de você. Respire. Sinta as solas de seus pés se abrindo, esticando-se para ficarem mais firmes. Sinta-se estável na terra. Sinta o seu centro de gravidade repousando entre o umbigo e a pélvis. Lembre-se de que você está conectado à Terra e aos Céus. Faça uma inspiração completa, sentindo primeiro sua barriga e os músculos da região lombar se expandirem. Em seguida, deixe a respiração fluir para expandir suas costelas. Respire novamente, imaginando que a respiração o preenche da sola dos pés até o alto da cabeça. Inspire novamente. Ao expirar, respire simultaneamente para baixo e para cima, "empurrando" a respiração e a energia através dos seus pés e a coroa de sua cabeça cerca de 30 cm acima e abaixo de seu corpo físico. Ao fazer isso, deixe sua coluna se alongar e se endireitar, seu peito levantar e sua cabeça alinhar com sua coluna. Isso pode ocorrer em uma instância. Na próxima respiração, sinta a energia e a respiração se expandirem ao seu redor, preenchendo sua aura, o ovo de energia que o cerca. Você está totalmente em seu corpo físico e em seu corpo energético. Está pronto para fazer qualquer trabalho que seja necessário.

Os alunos às vezes me dizem que não têm tempo para uma prática diária, que têm filhos pequenos que exigem toda sua atenção e tempo livre, ou que trabalham em tempo integral e vão à escola. Mas quando eu pergunto: "*Você toma banho todos os dias?*", eles geralmente dizem que sim, então eu recomendo que eles aterrem no chuveiro. Não precisa levar muito tempo, e geralmente os cinco ou dez minutos em que você fica debaixo d'água é o momento em que ninguém vai incomodá-lo. Uma vez que esteja acostumado com o aterramento, você pode fazê-lo rapidamente ao longo do dia.

Pessoas ocupadas que começam a fazer práticas diárias muitas vezes descobrem que são capazes de dedicar mais tempo do seu dia para fazer o trabalho espiritual, porque isso faz uma grande diferença em seu nível de energia, sua eficácia e sua capacidade de estar conscientemente presente através de seus dias. Certamente tem esse efeito em mim. Mesmo as pessoas com crianças pequenas agora me dizem como elas acham útil a prática diária. Elas encontraram maneiras de fazer a prática funcionar e, por sua vez, ser útil em suas vidas.

Criando Chaves para Lembrança

Existem outras práticas que podem ser feitas ao longo do dia para lembrar-se de se ancorar, centrar e trazer-se totalmente para o momento em questão. Meu favorito é criar "chaves" para mim. Essas chaves são truques de atenção que me lembram de minha vida espiritual e de minhas razões para tentar trabalhar em mim mesma. Minha chave mais eficaz é pausar e realmente perceber toda vez que estou prestes a colocar minha mão em uma maçaneta. Eu respiro fundo, olho para a maçaneta, sinto meu corpo e deixo um espaço calmo se abrir por dentro enquanto alcanço e giro a maçaneta. Isso pode ser feito em cerca de cinco segundos. Outra chave que uso é observar meu bumbum e minhas coxas na cadeira enquanto estou sentada diante do meu computador. Isso me lembra de permanecer em meu corpo, ancorada em minha respiração, e não deixar minha mente girar em fantasias desconexas que consomem minha energia.

Você pode usar chaves quando acender as luzes ou abrir o refrigerador ou beber um copo de água. Uma chave deve ser algo simples, mas algo que faça com frequência suficiente para servir bem como um fator de lembrança. Assim você estará conectado. E não estará apenas vivendo em um mundo criado dentro de sua cabeça, mas em um multiverso que respira, vive e funciona. O exercício a seguir não é apenas uma maneira de se lembrar de sua prática espiritual, mas de perceber que tem um lugar na vastidão do mundo. Qual é a sua função? Reserve um dia para tentar trabalhar com a chave a seguir. Ao fazer isso, procure anotar outras chaves que podem estar mais sintonizadas com sua vida. Neste caso, escolha uma delas para trabalhar.

> Você está se aproximando da porta de sua casa. Observe a maçaneta. Fique de frente para ela e respire, sentindo o ar entrar em seu corpo. Alcance-a. Toque no puxador. Sinta-a sob seus dedos. Sinta sua conexão. Abra a porta e entre.

Esse exercício provavelmente levou entre um e dez segundos, mas o trouxe de volta à sua vida. Considero esse tempo bem gasto.

Os alunos muitas vezes lutam com esse exercício, dizendo-me que não podem fazê-lo, que continuam esquecendo sua chave ou que só se lembram dela muito tempo depois de o momento ter passado. Digo a eles que essa resposta é boa e que fornece informações sobre o quão pouco estamos presentes em nossa vida. Usar as chaves para a lembrança nos mostra que, na maioria das vezes, não estamos conscientes. Vivemos em estado de sonho, desconectados da Terra e da vida ao nosso redor, alimentados apenas pelas fantasias que tecemos. Se você continuar trabalhando com as chaves ao longo do tempo, entenderá melhor o que impulsiona seus pensamentos e emoções.[3] Tudo é informação, e a informação só pode ajudá-lo.

Caminhando em Direção ao Fogo Feri

Agora que estamos totalmente presentes, podemos entrar na próxima fase de nosso trabalho, o lançamento da "Esfera Sagrada Feri". Esta é uma visão muito maior e uma atividade muito mais holística do que simplesmente delimitar um espaço para o ritual. Representa a nossa capacidade de transformar o ordinário em extraordinário. O lançamento destila em um momento o que fazemos toda vez que notamos o mundo – prestando realmente atenção – fazendo com que ele se torne vivo e sagrado aos nossos olhos.

Lançaremos a "Esfera Sagrada" atraindo energia para dentro de nós mesmos e criando um espaço onde o não ordinário pode entrar. Isso cria um templo virtual – unindo reinos vistos com reinos invisíveis – e nos prepara para entrar na própria vida como um processo sagrado. Integramos a Magia com a vida ao passar pela chama azul e entrar no trabalho da Feri.

As práticas da Tradição Feri buscam o coração, o calor, o núcleo. Elas levantam questões: Qual é o centro da sua vida? Qual é o núcleo do

3. Para mais informações sobre a teoria de viver "dormindo" ou como um autômato, leia as obras de G. I. Gurdjieff ou de seus alunos. *In Search of the Miraculous*, de P. D. Ouspensky (Harvest Books, 2001) é uma boa introdução a este assunto.

seu trabalho, de seus relacionamentos, de sua vida espiritual e do seu ativismo? Como a prática da Feri levanta essas questões, também podem ajudar a respondê-las. No coração da Feri está o Fogo Azul, a "chama brilhante da beleza", que é o centro da chama, a base de todas as outras cores – amarelo, laranja e vermelho. É o espaço onde o combustível encontra o fogo, criando algo no meio.

Você pode olhar para qualquer vela e ver o Fogo Azul que beija o pavio. Na Feri, pegamos essa imagem e a usamos para moldar energia, criar portais e dobrar o tempo. Espaços Feri e espaços feéricos são frequentemente espaços intermediários ou espaços que contornam os limites. Uma virada de perspectiva move o limite para o centro, criando um novo sentido do mundo e abrindo nossa consciência para as possibilidades que estavam escondidas além daquele limite.

Este é o início do paradoxo da Feri: o extraordinário está no coração do ordinário.

> Você pode praticar essa consciência observando algo que paira à beira da sua visão e virando a cabeça até que esse objeto esteja no centro. Como isso muda sua visão? O que aconteceria se concentrasse sua atenção em algo que vem mantendo nos limites de sua vida? O que você pode ver então?

A chama azul é a base para o vermelho e o amarelo. A cor azul "fria" que dança no centro é, na verdade, o ponto mais quente da chama, outro paradoxo. O paradoxo da chama azul torna-se uma metáfora para uma vida de criatividade e consciência mágica, uma vida feérica. Os exercícios a seguir são básicos para a ritualística da Feri e começarão a facilitar a visão de mundo desta Tradição.

Meditação da Chama Azul

Este exercício ajuda a fortalecer sua atenção, cultiva a disciplina, o compromisso e a resistência espiritual que são essenciais para continuar seu trabalho. Espiritualidade não é apenas ter um lampejo ou epifania; trata-se de construir uma base que vai transformá-lo por dentro e por fora.

Acenda uma vela para se concentrar, acomode-se confortavelmente e comece a perceber sua respiração subindo e descendo dentro de você.

Sente-se na frente de uma vela e respire fundo. Concentre-se na chama, contemplando suas cores. Observe que no centro da chama – o ponto mais quente, o centro, o olho – a chama queima em azul. A chama azul é o Fogo Feri, o fogo de outros mundos, o ponto de fogo mais quente e transformador. É com essa chama azul que lançaremos a Esfera do trabalho, entrando na consciência não ordinária, o que alguns Bruxos chamam de estar "entre os mundos". Deixe a chama preencher toda a sua visão até que seja tudo o que você vê.

Quando terminar, encha-se de ar da sola dos pés até o alto da cabeça. Agradeça a chama azul e apague a vela.

Lançando no Extraordinário

As Bruxas costumam chamar seus lançamentos de "Criação de Espaço Sagrado". Em uma religião onde o sagrado está em tudo, o que isso significa? Tornar sagrado é colocar alguma coisa de lado como algo especial. Para mim, criar um Espaço Sagrado é uma tentativa de colocar de lado meu comportamento e formas de pensamento comuns e habituais e me preparar para entrar no extraordinário, ser mais plenamente eu mesma e estar mais firmemente engajada com minha própria vontade.

Lançar uma Esfera é uma delimitação de espaço, outra maneira de nos ajudar a reunir nossa energia e atenção. No final deste livro, abriremos a Esfera para incluir o mundo inteiro, mas por enquanto, vamos começar com este exercício construindo o Espaço Sagrado numa pequena sala de cada vez. Para isso, você vai precisar de uma lâmina ou pode usar dois dedos de sua mão dominante para criar uma forma semelhante a uma lâmina. As Bruxas usam uma faca chamada "Athame" para este exercício, porque as lâminas são boas para cortar e separar uma coisa da outra.

Você pode usar o Fogo Azul da Feri para lançar sua Esfera para trabalhos mágicos. A chama física que contemplamos no exercício anterior pode agora se unir a uma chama metafísica. Isso nos ajuda a mudar a energia real que sempre percorre nosso corpo em energia e que é carregada com o poder do Fogo Azul da Feri, o poder de mudar o limite para o centro, mudando o espaço e o tempo.

Leve o tempo necessário para se acostumar a este exercício. Às vezes, mesmo os alunos que têm dificuldade em "sentir" ou "ver" energia relatam que seu braço dominante está quente depois de passar a energia da chama azul por si mesmos.

Respire. Puxe energia para seu corpo por meio de sua respiração e para cima através das solas de seus pés. Imagine em vermelho a energia do ferro da terra com uma cintilação de azul em seu coração. Deixe a chama azul descer pelo seu braço dominante, até a mão que segura a faca que vai ser usada para lançar sua Esfera Sagrada.

Sinta o fogo azul fluindo facilmente da sua mão para a faca. Encare o Norte magnético e comece a traçar o Pentagrama de Invocação. Diga: "PELA TERRA QUE É O SEU CORPO FÉRTIL". Mova-se para o Leste, imaginando um rastro de fogo azul. Desenhando um Pentagrama de Invocação, diga: "PELO AR QUE É SEU SOPRO VIVO". O fogo azul flui em um círculo no sentido horário, vire para o Sul e desenhe o Pentagrama. "PELO FOGO DE SEU ESPÍRITO VIVIFICANTE". Movendo-se, sentindo o fogo azul constantemente reabastecido pela sua conexão com a terra, vire para o Oeste. "PELAS ÁGUAS VIVAS DO SEU ÚTERO ABUNDANTE".[4] E o círculo segue, voltando para o Norte, fluindo em fogo azul, que se torna cada vez mais enevoado, etéreo. Lance-o acima de si mesmo, traçando o Pentagrama e dizendo: "POR TODOS OS PODERES ACIMA". Lance-o de um lado para o outro, traçando o Pentagrama, dizendo: "POR TODOS OS PODERES ABAIXO". Puxe a chama azul novamente, selando a Esfera Sagrada, uma bolha brilhante e nebulosa de fogo e luz azul. "E PELO CENTRO, QUE É A CIRCUNFERÊNCIA DE TUDO". A Esfera está lançada. Você pode fortalecer o selo recitando:[5]

NA TERRA SAGRADA EU CAMINHO
COM A LÂMINA DA VONTADE
NA PRESENÇA DOS DEUSES
CAOS E QUIETUDE.
A CHAMA AZUL BRILHANTE DE BELEZA,
MARCA A ESFERA.
NINGUÉM A ATRAVESSA, EXCETO O REVERENTE,
E SAGRADO QUE ESTÁ AQUI.
DENTRO DESTE PORTAL MÁGICO
NINGUÉM PODERÁ VER,
A NÃO SER AQUELES QUE CARREGAM AS CHAVES
DO MISTÉRIO.
PELA RESPIRAÇÃO, SANGUE E OSSO,
QUE ASSIM SEJA!

---

4. Este encanto ("Pela Terra" até "seu útero abundante") foi escrito por Victor e pode ser encontrado em *Thorns of the Blood Rose* (Cora Anderson, 2004).
5. O Poema de Selamento da Esfera encontra-se no capítulo final deste livro.

PENTÁCULO INVOCANTE

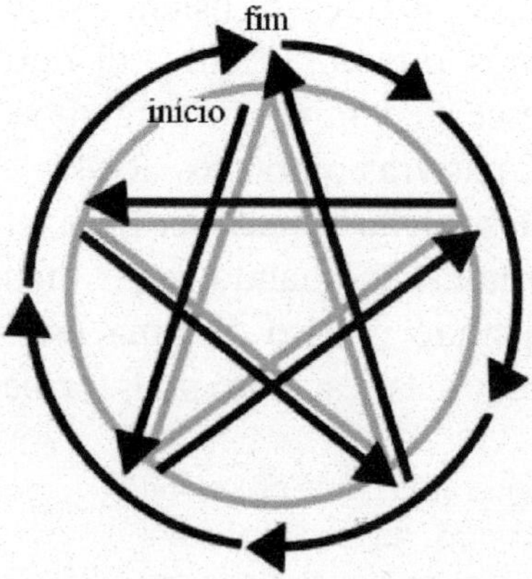

PENTÁCULO DE BANIMENTO

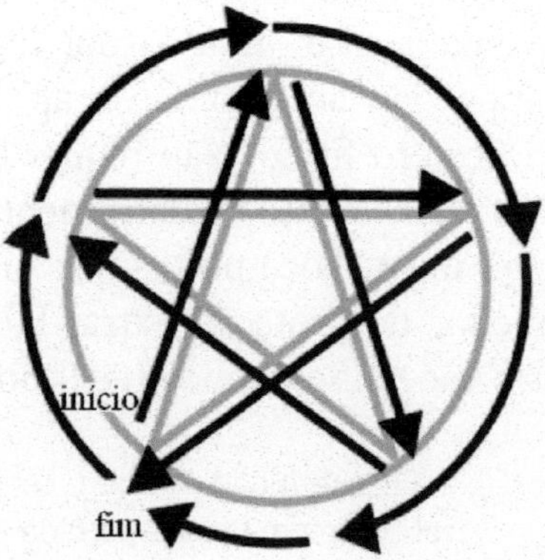

Aqueles de vocês familiarizados com Magia ou Bruxaria podem perceber que o que que fizemos foi lançar uma "Esfera", em vez de um "Círculo" que, tradicionalmente, é lançado pelos outros ramos da Arte. Em vez de apenas "chamar os quatro quadrantes", a Feri é única que reconhece os Poderes do Acima, Abaixo e Centro[6]. Vamos viajar por todos esses lugares no decorrer deste livro, e conhecer os Guardiões Elementais da Tradição, aqueles seres que guardam os limites do espaço escuro e da nossa Magia. Eles expandem nosso universo sempre que lançamos a Esfera e os invocamos.

Não vivemos em um mundo plano. O sagrado não está apenas à frente e atrás ou em ambos os lados de mim. O sagrado existe muito além do que está acima, abaixo, assim como dentro de mim. Os reinos da Magia são vastos, não limitados pelo horizonte de um Círculo. Assuma riscos, amplie percepções e veja aquilo que eles podem ser.

6. Em sintonia com outras Tradições da Arte, a maioria dos Sacerdotes Feri ainda lança um Círculo e, então, no estilo Feri, selam a Esfera com um poema que move a energia. Prefiro lançar a própria Esfera e apenas fortalecer o selamento ao final.

Lançando de Dentro para Fora

O exercício anterior foi uma maneira de lançar a Esfera usando energia para criar uma forma fora de nós mesmos. Aqui está outra maneira de lançamento que é rápida e cresce de dentro para fora, de seu próprio centro físico. Não requer lâmina, palavras ou outros acessórios e, como aterramento e centramento, pode ser feita a qualquer hora, em qualquer lugar. Você pode criar sua própria Esfera quando sentir medo ou precisar de proteção extra. Eu uso quando preciso de uma Esfera rápida e não tenho tempo ou desejo de fazer um lançamento mais formal.

> Respire fundo. Aterre e centre. Imagine uma Esfera de chama azul como uma bola apertada em sua barriga. Ao respirar, sinta-a se expandir, crescendo dentro de você. Continue respirando até que ela se encaixe em sua aura, uma Esfera que se estende por cerca de 30 centímetros ao seu redor. Não há nada dentro desta Esfera além de você. Respire novamente, usando sua respiração para "carregar" esta Esfera com mais energia. Sinta-a engrossar e crescer em densidade. Você pode empurrar essa Esfera para fora até que ela fique tão grande quanto precisar, abrangendo uma sala inteira, uma cidade ou a Terra.
>
> Quando não sentir mais necessidade dessa Esfera, traga seu corpo e atenção para a quietude. Fique de pé e respire dentro da sua própria Esfera de Fogo Feri. Coloque uma mão no coração e a outra na barriga. Abençoe-se, dizendo: "EU SOU SAGRADO". Permita que a Esfera ao seu redor encolha até onde se sentir confortável. Você pode sentir a necessidade de mantê-la acoplada com a sua aura por um tempo. Então pode deixá-la encolher em uma pequena bola, como começou. Veja-a brilhando por um momento em sua barriga e depois deixe-a "estourar", permitindo que a energia se dissipe. Respire fundo. Abra seus olhos. Diga seu nome três vezes.

A mudança de consciência que acabou de pedir é uma porta de entrada para sua própria expansão. Isso mostra que você tem a capacidade de criar e manter energia e força seus limites para ir além.

Lançar a Esfera Sagrada nos abre às possibilidades, à Magia, a um mundo que parece de alguma forma diferente do que esperávamos. Ao entrar na Esfera Sagrada, estou me comprometendo com meu caminho espiritual, com este novo mundo, com as possibilidades e com a minha própria liberdade e a dos outros.

DESENVOLVENDO A PRÁTICA

Comprometendo-se com a Arte

A experiência nos mostra que muito é possível, às vezes até mesmo o impossível, mas o trabalho da Arte é muito difícil para o interesse casual. É melhor ficar longe e ter uma vida mais fácil.

– Robert Fripp[7]

Quando nos lembramos de que nosso objetivo é o progresso espiritual, voltamos a nos esforçar para ser o melhor de nós mesmos. Assim se conquista a felicidade.

– Epicteto[8]

A Bruxaria é chamada de "Arte" por uma razão. Não se trata de religião ou crença, mas de um saber e de ciência. O desdobramento contínuo do mundo mágico dentro e fora de você requer um relacionamento com esse mundo. Qualquer um que já esteve em um relacionamento sabe que isso requer trabalho, honestidade, paixão e paciência. Na medida em que crescer espiritualmente, sua força, habilidade e compreensão também crescerá, e seu relacionamento com o mundo sagrado se aprofundará. Tudo isso é baseado na prática contínua.

Assumir um compromisso com a prática é fazer um compromisso com minha vida espiritual, meu bem-estar e comigo mesma. As práticas da Feri me ajudaram imensamente. Quando adolescente, eu tinha cenas de abuso da minha infância constantemente em minha cabeça. Alguns dos instrumentos deste livro foram fundamentais para me libertar dessas cenas. O poder que aquelas velhas vozes tinham sobre mim foi quebrado quando descobri o poder dentro de mim.

O compromisso com a prática diária nos dá a flexibilidade e a força de que precisamos para evoluir. Vou lhe contar um segredo oculto agora: todo mundo luta para fazer o trabalho. É comum haver uma luta interna para manter uma prática espiritual regular, especialmente quando não se está sentindo-se muito bem. O trabalho pode ser árduo, mas também muito gratificante. A maioria de nós sente desejo de trabalhar, mas às

7. De *"Guitar Craft,"* www.guitarcraft.com/introduction.htm
8. De *A Manual for Living* (HarperSanFrancisco, 1994).

vezes, também, um desejo igual de se deitar e ignorar aquilo que é mais útil para nós. O empurrar e o vai e vem entre esses dois impulsos causa o atrito que precisamos para o nosso crescimento.

Não se pode transformar chumbo em ouro sem o próprio chumbo, um recipiente para o processo e um pouco de calor. Você é o chumbo, inerte. Sua prática espiritual, seu trabalho, é o recipiente. O calor criado pelo "sim" confrontando o "não" é a fonte de sua mudança alquímica. Por exemplo, o "sim" em acordar às 5h30 da manhã para fazer um trabalho energético, orações e meditação se choca rapidamente com o "não" de querer ficar na cama e dormir até às 8h. Quando me levanto, algo novo tem a oportunidade de despertar. Ao ler este livro, recomendo que você escolha um exercício para formar a base de sua prática diária durante um mês. Pode alternar entre os exercícios, familiarizando-se com cada um deles com o tempo. Isso o levará a uma mescla de práticas que vai funcionar melhor para você e servir bem à sua vida espiritual.

Eu mudo minha prática diária a cada seis meses. Isso me impede de ficar entediada e evita que minha prática se torne irracional. No entanto, existem duas práticas que faço sem falhar, todos os dias, independentemente do quanto minha prática mude, que é alinhar minha Alma Tripla (veja o Capítulo 2) e sentar-me em silêncio. Isto forma uma base para todos os meus outros trabalhos sobre o Self.

Depois de estudar a Arte por mais de vinte anos, ainda estou aprendendo o que essas técnicas significam, como elas me mudam e quão importante é continuar a usá-las. Quando passei por fases em que minha prática diminuiu, senti-me menos viva e mais suscetível à influência das propagandas, da insegurança e do medo. Quanto mais eu trabalho essas práticas, mais forte eu me torno e mais claro meu propósito e intenção crescem. Isso, por sua vez, torna o recomprometimento cada vez mais fácil.

O compromisso também nos ajuda a crescer em responsabilidade. Aceitar a responsabilidade pode ser difícil, porque nos nega a opção de sermos frágeis. É dizer: "*Sim, eu tenho poder*" em um mundo onde pode ser mais fácil abdicar do poder. Esse "sim" é uma Magia poderosa. A aceitação diz: "*Há trabalho no mundo para todos nós. Todos podemos ser grandes, todos podemos ser belos e todos podemos ser fortes e talentosos*".

Relacionando-se com o Corpo Sagrado

As pessoas sentem que podem voar ou temem tropeçar.
Raramente sentimos nossa capacidade de caminhar firmes na terra.
– Jean Toomer[9]

Um compromisso com a Arte inclui um comprometimento com a integração do corpo. A espiritualidade da Feri não nos ensina a transcender o corpo. Nosso corpo é sagrado, ele é nosso instrumento, e deve ser cuidado e mantido em boas condições de funcionamento. Na cultura popular, a palavra "Pagão" é muitas vezes sinônimo de "devassidão". Isso é um absurdo. Enquanto Bruxas, desfrutamos do nosso corpo e das coisas físicas da vida – boa comida, dança, sexo consensual, beleza – ir longe demais na ganância ou na gula, em nada nos ajuda. Em vez disso, o excesso físico na verdade nega as necessidades do nosso corpo e dos nossos sentidos e pode levar a um frenesi de emoções ou vícios. Tente ouvir o que realmente ajuda seu corpo por meio da comida e da bebida, do descanso e de exercícios.

Uma maneira de entrar completamente em seu corpo é através de sua postura. Como esqueleto e músculos são fundamentais, gosto de começar o trabalho mágico com consciência do que estão fazendo e de como posso trabalhar melhor com eles.

Aprendendo a Ficar de Pé

Cultivar uma postura alinhada e adequada ajuda todo o nosso trabalho. Isso nos permite começar a respirar naturalmente e com menos tensão e admite que nossa energia física e psíquica corra livremente, desimpedida por emoções presas e blocos físicos reais do esterno colapsados na barriga ou em nossas cabeças inclinadas para frente e para baixo, apertando a ligação para nossas medulas espinhais.

Leva tempo para desenvolver uma boa postura. Uma tendência é recorrer ao rígido "comportamento militar". Esta também não é uma postura adequada. Boa postura significa que seus ombros ficam confortavelmente pendurados como se estivessem em um cabide, com

9. De *Essentials: Jean Toomer,* edited by Rudolph P. Byrd (Hill Street Press, 1999).

seus joelhos soltos e seu crânio alinhado para descansar sobre sua coluna vertebral.[10] Estudar dança, artes marciais, ioga ou pilates pode ajudar nessa prática e, por sua vez, ajuda todos os seus trabalhos internos e mágicos. A força vital totalmente acessada é forte. Quanto mais abrir canais claros em seu corpo, menos a energia ficará distorcida dentro de você. A energia segue a respiração. Se eu conseguir respirar plenamente e sem impedimentos, o sangue fluirá melhor, a energia fluirá melhor, meu cérebro e meu corpo funcionarão mais plenamente e minhas emoções se tornarão mais claras.

Seguindo o Fluxo de Energia

Este exercício o posiciona firmemente em seu corpo sagrado e ajuda a começar a perceber seu corpo, sua postura, sua respiração e como o fluxo de energia se conecta a eles.

Qualquer um dos exercícios deste livro pode ser alterado para atender às suas necessidades físicas. Não se machuque, mas lembre-se de que se você se manteve em determinada postura por muitos anos, a postura adequada pode doer um pouco no início, até que os músculos se reaclimatem, alongando e fortalecendo de forma a ajudar em vez de impedir a respiração e o fluxo de energia.[11] Para este exercício, tudo o que vai precisar é de uma cadeira reta, uma almofada alta ou simplesmente você mesmo, de pé.

> Sente-se em uma cadeira onde possa endireitar a coluna, ou ficar com os pés ligeiramente afastados. Comece a notar seu esqueleto. Como fica sua cabeça? Ela se inclina para a frente ou para baixo, ou descansa confortavelmente, dobrada para trás em cima de sua coluna? Em seguida, comece a perceber seus ombros. Eles estão caídos para a frente, forçados para trás ou pendurados facilmente para fora de sua clavícula? Seu peito está afundado, seu esterno colapsa em cima do diafragma? Movendo-se mais para baixo, suas costas balançam ou sua pélvis

10. Para ver como as diferentes partes do seu corpo funcionam juntas e obter uma imagem do alinhamento adequado, veja Wynn Kapit e Lawrence Elson, *The Anatomy Coloring Book* (Benjamin/Cummings, 2001).
11. Se seus músculos e tendões se contraírem, mantendo a postura inadequada, talvez seja boa ideia visitar um fisioterapeuta, quiropraxista ou instrutor de movimento e pedir ajuda para entrar no alinhamento correto.

se inclina levemente para frente, endireitando sua coluna? Seus joelhos estão travados ou confortáveis? Comece a fazer correções sutis em sua postura para tentar se aproximar mais do alinhamento.

Em seguida, observe sua respiração e veja onde ela "pega" em seu corpo. Estes são geralmente lugares onde se mantém a tensão. Depois de perceber isso, poderá fazer check-in periodicamente ao longo do dia e enviar uma respiração para esses pontos tensos. Eventualmente, eles vão se soltar e se acostumar a ter um fluxo adequado de ar passando. Esses canais também se abrirão para a energia da Magia e os caminhos naturais do fluxo sanguíneo, disparo de sinapses e movimento celular. Você pode perceber que sua saúde melhora fazendo esta prática.

Por enquanto apenas lembre-se, de onde a respiração flui a energia segue.

Este é o fluxo de todas as coisas vivas. Quanto mais aberto estiver à sua respiração, mais aberto estará à vida, à saúde e à Magia.

Depois de começar a prestar atenção à sua postura, expanda a prática para incluir a observação de como você anda, como se senta à mesa, como se ajoelha para capinar seu jardim e como fica de pé quando está conversando. As pessoas que trabalham em computadores o dia todo são especialmente propensas ao que chamo de "cabeça de tartaruga", com o pescoço projetando-se para frente e para baixo, ombros caídos ou dobrados ao redor das orelhas. Nada disso é útil para obter oxigênio para o cérebro ou ajudar a pessoa a ficar conectada ao corpo. Quanto menos conectados estamos, menos presentes ficamos. Quanto menos presentes ficamos, menos eficazes somos.

Abertura para a Consciência Feérica

Uma vez que estejamos totalmente engajados com nosso corpo físico, podemos abrir nossos sentidos para outros reinos e para uma gama mais ampla de nossas próprias possibilidades mágicas. Se fizermos isso na ordem inversa, pode ocorrer doença física ou instabilidade mental. Em outras palavras, é útil colocar minha própria casa em ordem antes de chamar os convidados.

Na Tradição Feri, trabalhamos com os Guardiões, os Deuses e os seres feéricos. Victor chamou essa Tradição de "Feri" por duas razões: sendo ele mesmo pequeno e mágico, sentia certa afinidade com os pequenos povos de todo o mundo que, segundo ele, retinham alguns dos ensinamentos mágicos do passado.[12] Ele tinha ressonância com os pictos e aborígenes e bebeu de sua sabedoria, assim como da sabedoria de seres de reinos além do nosso, como os menehune havaianos ou as fadas celtas. Victor também tinha uma noção do antigo significado europeu da palavra *fey*, origem do termo "feérico", significando alguém estranho ou pertencente ao Outromundo – alguém que tinha talentos óbvios com o invisível e podia andar pelos lugares intermediários. Ele também estava sintonizado com os espíritos, as criaturas feéricas e outros seres incorpóreos.

Lembre-se de que a Tradição Feri trabalha o senso intermediário – nós já começamos a cultivar esse sentido com nossa prática de Fogo Azul. No sentido antigo, uma pessoa feérica era aquela que era psíquica, ou um magista, mais do que isso, uma pessoa feérica era aquela que comungava com a natureza, com Deuses ou espíritos, e ainda podia viver no mundo dos humanos. Essas pessoas tinham um pé em "dois mundos", por assim dizer. Você é um artista, jardineiro, poeta, dançarino ou uma pessoa intuitiva? Então está no caminho certo para ser feérico e ter a capacidade de reunir informações de um reino e oferecê-las a outro.

Podemos nos comunicar com os outros reinos, se assim o desejarmos. Nós simplesmente não podemos viver lá, nem, creio eu, deveríamos desejar. Os outros reinos podem ser intoxicantes para aqueles de nós que têm problemas para viver no aqui e agora. Embora possamos coletar informações de estados e lugares incomuns, também podemos nos perder se quisermos usá-los como uma evasão de responsabilidade. Nascemos nestes corpos, neste mundo, por uma razão, e como honramos a Natureza, devemos abraçar nossa vida como humanos. É nosso trabalho viver onde estamos, como seres humanos, fazendo o melhor que podemos.

Assim como os humanos criativos têm maneiras diferentes de serem criaturas feéricas, eles também têm muitas experiências diferentes com os reinos feéricos, os reinos do povo das fadas. Os seres feéricos são de ajuda para cozinheiros, poetas, artistas, dançarinos e cantores. Os jardineiros costumam trabalhar com as criaturas feéricas menores, os espíritos da Natureza que vivem entre as plantas. Tipos guerreiros, ou aqueles envolvidos

12. Essa teoria surgiu por meio de seu próprio trabalho e prática e pode ter sido influenciada, assim como foi o pensamento de sua geração, pela antropóloga Margaret Murray.

nas artes bárdicas, muitas vezes encontrarão os imponentes *Sidhe.*[13] Se você estiver interessado, pode aprender a sentir esses seres e se comunicar com eles. Primeiro, porém, vamos olhar para nossas próprias naturezas feéricas.

Encontrando sua Essência Feérica

Você também pode ser feérico, o que significa estar totalmente vivo no mundo em que vive agora mesmo. Sua essência feérica está na dádiva de andar por uma rua da cidade e sentir as árvores que passam, assim como as pessoas e o céu acima. Está em se sentir conectado em vez de perdido no seu próprio mundinho, envolto em seus pensamentos e divorciado de seu corpo, movendo-se através do espaço e do tempo. Ser feérico é carregar-se com força vital e ver o mundo com novos olhos. É estar aberto, ou seja, celebrar a abundância – ver o mundo como uma dádiva e bênção. A Magia está dentro de nós, que possamos vicejar.

Este exercício ajuda a perceber algumas maneiras que levam a certa sensibilidade feérica, uma qualidade de ter algo um pouco “extra” em sua vida, algo não muito comum.

> Divida um pedaço de papel em três partes e comece a responder às seguintes perguntas, uma para cada seção: o que em sua vida faz você se sentir “diferente”? Quais medos o impedem de cultivar a sensação de andar em estado “intermediário”? Quais mudanças você faria em sua vida para cultivar o ponto de vista feérico – dançar, sonhar, manter-se firme, ter profundo conhecimento? Faça uma lista de todas essas coisas em suas três seções. Verifique-as novamente em alguns meses. Suas respostas são diferentes ou permanecem iguais?

Ouvindo Outros Reinos

O exercício anterior nos mostrou nossas próprias naturezas feéricas e o seguinte vai nos ajudar a nos abrir para os seres feéricos que vivem nos reinos invisíveis, muitas vezes nos encontrando em espaços selvagens. Ouçamos aqueles seres que inspiraram poetas e artistas por centenas de anos.

---

13. *Sidhe* é uma palavra gaélica e pronuncia-se “*shi*”. Pesquisar sobre os Tuatha de Danann, literalmente “povo da Deusa Danu”, também conhecido como “o povo das fadas”, pode fornecer informações interessantes sobre as lendas associadas a esses seres.

Vá para um jardim, parque, floresta ou um campo. Caminhe devagar, sinta-se aberto. Sinta seus pés abaixo de você, como fez no exercício de aterramento e centralização. Comece a notar os pequenos sons ao seu redor. Você pode começar a notar movimentos nos cantos dos seus olhos, ou "sentir" presenças. Desacelere sua respiração. Silencie-se e fique atento. Alcance seus sentidos. Se perceber algo puxando a extremidade de sua visão, vire e traga essa extremidade para o centro. O que você percebe agora? Se desejar, peça para ser mais aberto à presença dos espíritos da Natureza e do povo das fadas que vivem em um reino paralelo ao nosso. Isso pode levar tempo. Por enquanto, apenas aprecie sua conexão com este lugar vivo.

Você pode deixar uma oferenda se quiser: amarre uma fita em uma árvore, despeje um pouco de creme no chão ou cante uma música. Você pode deixar saliva ou um fio de seu cabelo. Água limpa e clara também é apreciada. Agradeça aos espíritos do lugar e a qualquer um dos seres feéricos que possam estar presentes. É bom recolher qualquer lixo que esteja à mostra. Este é um sinal de boa fé e respeito, pois mostra que você se importa com todos os reinos.

Ao cultivar esses relacionamentos, você pode querer fazer oferendas em sua casa ou jardim. Apenas certifique-se de que todas as ofertas em um ambiente natural sejam biodegradáveis. Ouça internamente o que os seres que você está tentando sentir podem querer. Monte um local bonito e deixe suas oferendas lá. Você pode descobrir que seus projetos criativos fluem mais suavemente e se tornam mais inspirados à medida que seu relacionamento com os outros reinos cresce.

Depois de dar início a isso, tome cuidado em continuar, ou pode descobrir que algumas das lendas sobre o povo das fadas, como a de pegar objetos brilhantes ou quebrar óculos, por exemplo, podem ser verdadeiras! Quando essas coisas acontecem, faço uma pausa e pergunto: "*O que está tentando chamar minha atenção e por quê?*" Às vezes, fico presa em minhas próprias ideias de como o mundo deveria funcionar, então preciso ouvir mais profundamente e ter mais cuidado com o mundo que está realmente ao meu redor.

Por meio da prática ativa de presença e atenção, descobri que os casos de chaves perdidas ou vidros quebrando quando ninguém estava perto deles diminuíram para nada. Ao fazer isso, estou prestando atenção e vivendo mais conectada com o multiverso, então os outros reinos não precisam mais me agarrar pelo colarinho.

Esse tipo de consciência dos outros reinos também serve para me tornar mais feérica. Não estou mais presa a um mundo industrializado e computadorizado – tenho acesso à natureza, à poesia, à beleza selvagem e sinto um formigamento na espinha ou um brilho no canto do olho. Estou aberta à imaginação da criança e a todas as possibilidades que ela possui.

Desdobrando seu Poder

Você lançou a Esfera Sagrada e começou a notar seu corpo físico e sua própria natureza feérica, agora é hora de abrir os portais para seu poder, o que está dentro de você e o poder que pode compartilhar com os outros. Isso pode assumir muitas formas e afetar a maneira como opera ou funciona em sua família.

Na Tradição Feri, nosso poder está contido no conceito da Magia sendo multicolorida em vez de "negra" ou "branca",[14] embora Victor fosse conhecido por gracejar: "*A Magia branca é poesia. Magia negra é qualquer coisa que funcione!*" Com a Magia multicolorida, não há regras fixas: você deve tomar decisões com base em seu conhecimento interior, autoexame e consciência. Em outras palavras, assume-se a responsabilidade, que é o reconhecimento de que você detém o poder e aceitou a retribuição por suas ações.

Começaremos este processo fazendo uma viagem em nós mesmos. Esta é uma meditação em nosso próprio lugar de poder. Recomendo que você a leia primeiro, então peça a um amigo para guiá-lo através do exercício. Pode também gravar a si mesmo lendo se for mais confortável. Faça isso devagar. Você tem tempo.

Arrume um espaço onde possa se sentar ou ficar de pé ou até mesmo deitar confortavelmente. Prefiro fazer esses tipos de meditações, as chamadas "jornadas de transe", em pé, para poder envolver mais meu corpo andando ou balançando suavemente ou movendo minhas mãos e braços, se necessário. Recomendo tentar isso, especialmente se tiver a tendência de adormecer quando relaxa. Algumas pessoas fazem

14. A magia multicolorida também evita a categorização tradicional da magia "branca" como "boa" e magia "negra" como "ruim", o que pode ser considerado racista.

essas viagens sem nunca realmente "ver" nada. Isto é bom. Eu mesma posso fazer longas viagens de transe e obter uma grande quantidade de informações enquanto apenas tenho flashes de visão. O resto perambula por onde quiser. Algumas pessoas "ouvem", outras "saboreiam" ou "sentem". Outras ainda apenas "sabem" de alguma forma. Seja qual for a sua experiência, não se preocupe com isso. Seu caminho é único.[15]

Respire fundo. Aterre, centre e então lance a Esfera Sagrada. Você está seguro na bolha azul de energia. Respire novamente, enchendo-se de ar enquanto começa a relaxar. Sinta todas as tensões que carrega fluindo para fora do seu corpo, imaginando--as afundando na terra abaixo do chão em que está. Continue respirando. Continue relaxando. Imagine que um caminho se abre na sua frente. Pise nesse caminho. Ao descer, observe suas curvas e voltas e sinta o ar ao seu redor. O que você vê? O que percebe? O que ouve? Respire fundo. Continue andando até notar uma clareira ou abertura à sua frente. Caminhe em direção a essa abertura e entre. Este é o seu lugar de poder. Sinta o ar aqui. Sinta o tamanho do lugar. Deixe seus pés afundarem no chão. Esta é a sua casa.

De pé em seu lugar de poder, vire-se para o Leste, o lugar do Ar, da aurora e do intelecto. O que há aqui para você? Dê um tempo. Respire.

Vire-se para o Sul, o lugar do Fogo, da vontade e do desejo. O que tem aqui? Não tenha pressa. Respire.

Quando estiver pronto, vire-se para o Oeste, o lugar da Água, da emoção e dos sonhos.

O que há nessa direção? Leve o tempo que precisar. Respire.

Vire-se para o Norte, o lugar da Terra, do corpo e da quietude escura. O que está aqui? Sem pressa. Explore. Respire.

Quando estiver pronto, respire fundo novamente e volte-se para o Centro, o lugar do espírito e da conexão. O que há lá, no meio do redemoinho de todos os elementos que compõem o seu lugar de poder? Respire fundo. Feche os olhos por um momento. Agora é a hora em que, se um aliado ou uma dádiva vier, eles aparecerão. Se deseja um aliado feérico ou uma dádiva para ajudá-lo em seu trabalho espiritual, faça uma oração agora pedindo por um deles. Tome outra respiração. Abra seus olhos internos. Você vê alguma coisa? Sente-se diferente

15. Existe uma versão curta deste exercício no livro *Dança Cósmica das Feiticeiras* de Starhawk. Essa técnica foi passada a mim oralmente há muitos anos, tanto no Reclaiming quanto na Feri.

de antes? Talvez o seu dom esteja dentro de você. Ou talvez um aliado feérico esteja na sua frente. Dê um tempo aqui. Respire.

Lembre-se de que este é o seu lugar; você conhece o caminho até aqui e sempre pode voltar. Quando estiver pronto para ir, agradeça ao seu aliado ou agradeça pela sua dádiva. Às vezes é bom fazer uma promessa aqui como forma de agradecimento. Existe algo que possa dar ou oferecer em troca do que aprendeu hoje?

Respire fundo e agradeça ao Centro. Vire para o Norte e agradeça. Virando novamente, agradeça ao Oeste. Voltando-se novamente, agradeça ao Sul. Uma última vez, agradeça ao Leste e vire-se para a entrada do seu lugar de poder. Respire e recomece o caminho. Desta vez, o caminho o leva para cima, de volta ao seu eu comum, ao seu eu desperto. Deixe que cada volta o aproxime cada vez mais da consciência comum. Ande mais rápido. Seu corpo sagrado chama seu espírito de volta para a sala na qual começou. Respire fundo. Sinta seu corpo, sólido ao seu redor. Sinta seus pés no chão de sua sala. Abra seus olhos. Deixe a respiração preencher você.

Tome um gole de água. Toque as dobras de seu corpo. Agradeça por sua jornada. Agradeça a Esfera Sagrada e libere-a de volta, para reencantar o mundo.[16]

Permanecendo na Esfera Feri, limpo e aberto ao seu poder, sinta-se pronto para o próximo passo e preparado para invocar a divindade dentro de você e no interior do mundo. Vire esta página.

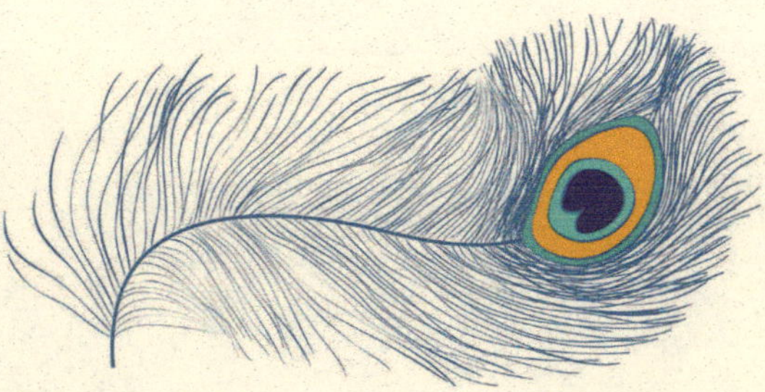

16. Agradecimentos a Ivo Dominguez, Jr., fundador e Elder da *Assembly of the Sacred Wheel,* pelo conceito de deixar fluir a energia do Círculo ou da Esfera como um feitiço de reencantamento.

2

INVOCAÇÃO:
Reconhecendo o Divino Dentro de Si

Deus sou eu e eu sou Deus e Deus é uma pessoa como eu.
– Victor Anderson

A Tradição Feri honra a Deusa Estrela em primeiro lugar, antes que qualquer um dos Elementos da Vida, Guardiões ou outras Deidades sejam chamados para a Esfera Sagrada. Ela é reconhecida, não chamada, pois está sempre conosco. Abrimos todos os trabalhos da Feri com esta oração: "*Sagrada Mãe, na qual vivemos, nos movemos e existimos, de ti todas as coisas emergem e a ti todas as coisas retornam*".

Ao contrário das tradições religiosas que postulam um Deus fora da Terra física, a Deusa Estrela pode transcender a Terra, mas não o nosso Cosmos. Com uma conexão íntima, ela é tecida na teia do mundo natural, no espaço, no tempo, nas estrelas e na grama verde que cresce. Isso é a imanência, o divino dentro de todas as coisas. Em sua vastidão, a Deusa Estrela pode parecer transcendente, mas o Deus-exterior não está separado do imanente Deus-presente-em-todas-as-coisas, que muitos chamam de "Deusa", e Victor e Cora chamavam de o "Deus em si Mesma". Ela é semelhante a Nuit do Egito, Ishtar da Babilônia, Hine Turama dos maori e a Arianrhod galesa – todas elas amantes, criadoras e Deusas Estelares. Ela cria a partir da luxúria e nos sustenta em seu ventre viscoso, pegajoso e cheio de vida. Ela não é a criação do puro intelecto, nascida apenas pelo vento e pela palavra. A Tradição Feri dá a ela o nome de "Quakoralina".[17]

As crenças de um praticante da Feri podem variar desde o politeísmo puro de muitos Deuses,[18] até um monismo adaptado, no qual o próprio "Deus em si Mesma" funciona como a força unificadora de toda a vida. Diz-se que os Deuses e Deusas que incorporam energias particulares que atuam no mundo saíram de seu impulso criativo. Victor diria que "*O Ser Supremo é o próprio Deus em si Mesma. Ela não precisa de ninguém para ajudá-la. Ela é macho e fêmea. O macho é trazido para fora através da fêmea*".

Como veio dela o primeiro ato da criação, o próprio Deus em Si Mesma – a Deusa Estrela – está presente em toda a criação. Imanente, ela preenche os interstícios de nossa vida de mistério e beleza: no pé de abacaxi que atravessa as rachaduras da calçada ou no clarão de um relâmpago estilhaçando o céu. A imanência é a voz da brisa nas árvores e o bater das ondas na areia. É um beijo, um toque, um sopro. É o seu corpo deslizando por seu amante em luxúria e celebração.

As Bruxas acreditam que o mundo natural é sagrado, o sexo é sagrado e o corpo humano é belo e deve ser cuidado. O senso de si mesmo de uma Bruxa está ligado à Terra e a essa divindade. O divino no mundo também está em nós e estabelece uma relação com tudo o que nos rodeia. O praticante da Feri, através do contato direto com esta divindade, torna-se um místico cotidiano. Na Natureza, experimentamos a multiplicidade: a Natureza é a face de onde flui o nosso pluralismo. As coisas podem ser uma, mas também são muitas, variadas e belas. Assim, há unidade na conexão da imanência e na percepção de que existem muitos Deuses e Deusas. Há também espíritos locais onde você mora: nos parques, nos riachos, nos campos. Os reinos invisíveis são tão variados quanto os visíveis.

Embora existam muitos reinos, nossa religião não aspira a algum reino superior que exista além do escopo do mundo material. Os reinos são todos acessíveis a partir da Terra. Para nós, o objetivo não é desprezar o humano a favor do divino, mas, sim, nos tornarmos mais divinos

---

17. Veja Victor Anderson, *Thorns of the Blood Rose* (Cora Anderson, 2003).
18. Uso maiúsculas aqui para indicar que estou falando da Deidade. É padrão usar letras minúsculas para formas politeístas do divino, mas não quero reforçar o preconceito de que meus Deuses são de alguma forma menores por ter múltiplas expressões. Reservar um D maiúsculo para Deidade monoteísta diminui todas as religiões politeístas. A Natureza, sendo divina, também é maiúscula.

como humanos. Somos da Terra e da divindade. A imanência, então, é aquilo dentro de cada humano que nos torna parte do divino e garante a possibilidade de nos tornarmos mais divinos. Vamos agora conhecer nossas próprias almas sagradas.

ENCONTRANDO SUA ALMA TRIPLA

Muitos Deuses têm três faces, ou aspectos. A Tradição Feri nos lembra de que nós também somos uma trindade. Nossa alma é composta de três partes distintas, que podem trabalhar juntas em harmonia ou se desconectar, causando desequilíbrios internos. Embora a Feri seja a única Tradição de Bruxaria a usar o conceito de alma tripartida, a ideia surge em muitas culturas. Os paralelos não são exatos, mudando ligeiramente de cultura para cultura, mas as semelhanças são impressionantes.

Em sua obra *República*, Platão escreveu sobre a natureza tripartida do ser humano: o eu apetitivo, o eu espirituoso e o eu pensante. Para ele, estas partes também correspondem à correta estruturação da sociedade. A Alma Tripla é muito importante na religião havaiana Huna. Aparece no Sufismo e no pensamento nórdico, assim como nos "Três Caldeirões" célticos.[19]

O conceito emerge fortemente nos escritos cabalísticos judaicos baseados no grande texto místico, o Zohar.[20] Mais tarde, ele se infiltrou nos estudos dos alquimistas medievais. A partir daí, as três partes da alma entraram nas práticas da Golden Dawn, que foi fundada no final de uma Grã-Bretanha vitoriana, por Maçons Rosacruzes, e foi o lar de luminares como Maud Gonne e William Butler Yeats. O uso da Golden Dawn da divisão tripartida da alma continua a ser praticado por magistas ainda hoje.

Na Feri, a primeira divisão da alma é o *Pegajoso*, o corpo energético que segue mais de perto o corpo físico. A energia "*pega*" nele e é absorvida e armazenada como em uma bateria. O Pegajoso carrega nossa natureza

19. No livro *A Dança Cósmica das Feiticeiras*, Starhawk utiliza um modelo mais psicológico, chamando-os de "Três Eus" (*Selves*). Esses conceitos também podem ser encontrados no Egito Antigo, na Kundalini Ioga e no trabalho de Rudolf Steiner. Santo Agostinho relaciona a Trindade Cristã ao ser humano. Veja o Caldeirão *The Cauldron of Poesy* para a fonte irlandesa, www.seanet.com/~inisglas/cop1.html.

20. Algumas visões da Cabala pós-Zohar postulam cinco divisões da alma, sendo as duas superiores "dentro do alcance apenas de alguns indivíduos escolhidos". *Kabbalah* de Gershom Scholem (Meridian, 1978).

animal e infantil, nosso instinto e o imediatismo de nossas conexões com sexo, comida, sono e exercício.

Então vem o *Corpo Brilhante*, que inclui sua aura energética, uma forma de ovo ao seu redor. Esta é a sede da comunicação e do intelecto, de dar e receber informações de forma racional, energética e psíquica.

Por último, vem a *Pomba Sagrada*. Fisicamente, esta é uma Esfera que se estende acima de sua cabeça física, como uma auréola, cruzando todas as partes de você. Esta é a nossa própria divindade, ou Alma Divina, e se conecta com todos os outros reinos, incluindo o dos ancestrais e Deuses.[21]

A Alma Tripla na Feri é acessada no plano humano e nos mostra que o físico é tecido inextricavelmente com o espiritual. Como praticante da Feri, acho isso muito útil, pois não estou tão interessada em um espírito desencarnado ou em uma "vida após a morte". Quero viver plenamente e bem aqui e agora, neste plano físico, em meu corpo sagrado em um mundo sagrado.

Na Tradição Feri, todas as três partes da alma podem mudar, crescer, fortalecer e entrar em alinhamento. Comece este trabalho observando a si mesmo e percebendo quais partes estão mais desenvolvidas. Você pode estar fora de equilíbrio de uma forma ou de outra. Por exemplo, embora seja imprudente ser totalmente controlado por nossa natureza animal, o Pegajoso, é igualmente insalubre ignorar sua sabedoria instintiva e existir apenas no plano intelectual, no Corpo Brilhante. O caminho da Bruxa é não abandonar seu corpo e lutar por uma existência puramente espiritual. A Pomba Sagrada, nossa própria Alma Divina, está encarnada. Nossa própria espiritualidade está integrada ao corpo. Todas as três almas são uma, enraizadas em nosso corpo nesta vida.

Quando desalinhadas – fora de contato com as várias partes de nós mesmos – estamos mais propensos a ser controlados por eventos e emoções aleatórios ou pensamentos dispersos. A desconexão de nós mesmos, particularmente de nossa Pomba Sagrada, pode nos desconectar de nossa sociedade e da Terra e, em situações extremas, pode levar a governos totalitários, assassinatos em série, escravidão e desastres ambientais causados pelo homem. Em casos menos extremos, a desconexão da

21. Victor Anderson me deu esses nomes, com exceção de "Pomba Sagrada", que ele chamou de *Paráclito*. Alguns alunos têm dificuldade em chamá-lo de Pomba, pensando que é uma imagem cristã, mas Victor chamava o alinhamento da Alma Tripla de "alimentar a Pomba". Pode-se também chamá-la de "Falcão Sagrado", usando imagens egípcias, se for mais confortável para você, ou de "Alma Divina".

alma pode simplesmente tornar nossa vida muito mais difícil e dolorosa do que o necessário, mantendo-nos presos a velhos padrões e situações insalubres de trabalho ou de amor.

A falta de alinhamento é uma fragmentação de pedaços de nós mesmos uns dos outros. Culturalmente, isolamos a razão da emoção, o corpo da intuição e o masculino do feminino, criando dualidade onde realmente não existe.[22] Isso causa sérias rupturas que têm efeitos psíquicos, psicológicos e repercussões físicas, causando todos os tipos de doenças e enfermidades, incluindo a guerra. Os humanos desejam ser inteiros.

O alinhamento da alma é uma prática espiritual central, ela reconecta nossos espíritos e pode, a longo prazo, ajudar-nos a remodelar as formas como vivemos uns com os outros. Os instrumentos deste livro iniciam esse processo corrigindo a divisão desnecessária entre o psíquico e o físico. Os exercícios a seguir, terminando com a ferramenta mais importante deste livro, a Oração pelo Alinhamento, vão ajudá-lo a se tornar completo, equilibrado, forte, feliz e aberto à abundância do mundo. No restante deste capítulo, exploraremos a natureza de nossa Alma Tripla, começando com o Pegajoso e percorrendo todas as partes até nos familiarizarmos com elas. Então aprenderemos a equilibrar e a alinhar a alma tripartida, tornando-a alinhada dentro de nós.

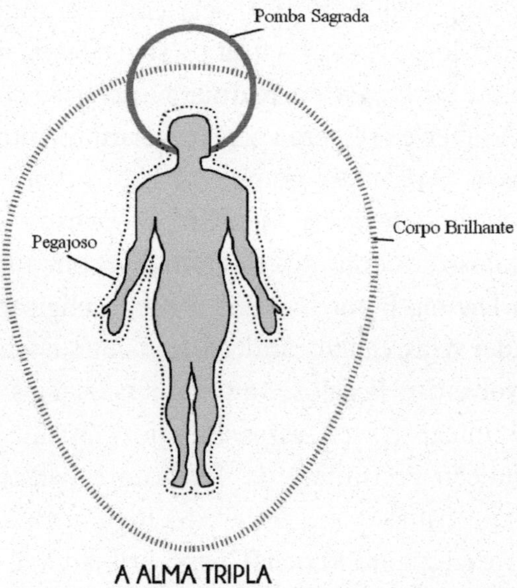

A ALMA TRIPLA

22. Veja Dr. Candace Pert, *Molecules of Emotion* (Simon & Schuster, 1999), para um contraponto científico ao dualismo estrito.

O Pegajoso

Eu quero brincar. Quero experimentar o mundo como ele é, sem nuvens, analisando, catalogando termos. Eu sou sua inocência e sua sabedoria. Venho até você com os olhos arregalados e um corpo flexível e livre, capaz de se curvar para tocar a grama, capaz de alcançar as folhas das árvores e sentir o cheiro de especiarias e flores. Sinto o suave e o áspero. Sinto o sol na minha pele. Conheço todas as coisas e posso mostrá-las a você, mas não posso dizer seus nomes. Leve-me de volta para quando eu estava feliz em uma piscina rasa, ou brincando com tinta nos dedos. Eu não coloco cores dentro das linhas. Eu estou livre. Eu sou novo. Estou cheio de força de vida. Vital. Vivo. Sou animal, rosno, corro, glorifico-me no meu corpo e no mundo.

Pense em uma criança no verão, mãos cobertas de suco de amora, pegajosas, suadas e cheias de vida. O Pegajoso, sendo instintivo e pré-verbal, adora a fisicalidade dos símbolos, rituais, música, cor, dança e de brincar com a mangueira de água no calor. Deleita-se com as bobagens e com as travessuras. Ele gosta de brincar e gosta mais das coisas da natureza, em oposição às coisas feitas de metais e plásticos pelo homem. O Pegajoso sabe o que precisa, seja comida, sono, sexo ou silêncio. Aprenda a ouvi-lo. Se você está ficando sem energia, tem dormido pouco, comido apenas *junk food* ou realmente precisa ser tocado, o Pegajoso deixará você saber e crescerá cada vez mais, quanto maior for o tempo em que essas necessidades forem ignoradas. Se você o ignorar por muito tempo, provavelmente ficará doente ou propenso a acidentes.

O Pegajoso se comunica diretamente com a Pomba Sagrada, com nossa Alma Divina. É por isso que o ritual religioso é tão importante e eficaz. Acender velas, cantar cânticos, trabalhar feitiços físicos, todas essas práticas envolvem o Pegajoso, a consciência mais profunda, podendo então se comunicar através desses símbolos com nossa própria divindade. Nisto, a Tradição Feri difere da Tradição cabalística. O texto místico judaico *Zohar* ensina que o *Nefesh* (o Pegajoso), a alma fundamental, vem primeiro; enquanto *Ruach* (Corpo Brilhante) é construído sobre ele através do trabalho e coroado por *Neshamah* (Pomba Sagrada) somente quando se alcança certo nível espiritual. Nesse sistema então, *Nefesh* se comunica com *Ruach*, não com *Neshamah*. Para aqueles interessados em pesquisas adicionais, pode ser aqui que o filósofo místico Gurdjieff – que teve uma influência significativa nos magos cerimoniais contemporâneos – obteve seu conceito de que não nascemos com uma alma, mas devemos desenvolvê-la.[23]

O Pegajoso é o principal ponto de entrada para a Magia e nosso envolvimento com o mundo, com a natureza, o lar e a sobrevivência. Como uma forma de energia, o Pegajoso é comumente chamado de "Corpo Etérico". A maioria das pessoas experimenta esse corpo energético como residindo de 30 cm a 60 cm da pele, seguindo a curva do corpo físico. Algumas pessoas chamam o Pegajoso de "Duplo", um nome que remete aos antigos contos folclóricos onde a Bruxa enviava um companheiro espiritual durante a noite para cumprir suas ordens. Esses contos podem estar apontando para uma verdade mais profunda: o Xamã, ou Bruxa, tinha a capacidade de separar o Pegajoso de seu corpo físico a tal ponto, que uma parte física de seu espírito vagava pela Terra. Isso aparece fortemente nas tradições nórdicas e siberianas.[24]

O Pegajoso é uma bateria armazenando força vital até que os corpos físico, emocional ou psíquico, ou nossa Alma Divina, precisem dela. Conhecida como *Mana* em havaiano e *Awen* em galês, essa força vital é transportada pela respiração. É a essência viva ligada à inspiração divina. Cada respiração absorve a força vital que existe ao nosso redor. Como está conectado a todas as coisas terrenas, o Pegajoso também pode atrair essa energia através de nossos pés quando eles tocam a terra. Victor me disse que se morrermos despreparados ou com nossa alma desalinhada, o Pegajoso pode ficar para trás, tornando-se um "fantasma barulhento" ou assombrando as pessoas. Este conceito também aparece na Tradição cabalística judaica.

---

23. As informações deste parágrafo vêm de Gershom Scholem, Rabino David Cooper, Ivo Dominguez Jr., e de minha própria pesquisa. Agradeço também a Ivo Dominguez Jr., pelas conversas sobre o Duplo.
24. Veja os ensaios de Diana Paxson sobre a alma em www.hrafnar.org. As correspondências diferem da Feri, mas ainda assim é uma fonte preciosa para os alunos. Os contos folclóricos siberianos também contêm algumas informações interessantes.

Dança Devocional do Pegajoso

Desenvolvi movimentos para melhor familiarizá-lo com as energias da Alma Tripla. Esses movimentos vão ajudar a fortalecer e alinhar sua natureza tripartida e fazem parte de um conjunto maior de movimentos citados neste livro, que chamo de "Dança Devocional". Eles são projetados para dançarinos e não dançarinos como formas de aumentar e limpar a energia e ajudá-lo a se envolver melhor no trabalho de transe ou na meditação. Meus alunos muitas vezes notam uma profunda diferença em seus corpos de energia seguindo os movimentos. Envolver as instalações psíquicas através do corpo dá a muitas pessoas um tipo de informação diferente das meditações guiadas ou do trabalho de transe e ajuda aquelas que não são visuais a se conectarem melhor com suas experiências.

Este movimento é projetado para nos colocar em contato com uma natureza animal brincalhona e para elevar e armazenar uma grande quantidade de energia muito rapidamente.

Comece ereto, braços cruzados sobre o peito, mãos apoiadas em cada ombro. Inale. Acaricie suas mãos contra seus ombros duas vezes ao expirar. Faça uma inspiração grande e ruidosa enquanto balança as mãos para fora e para baixo, ao mesmo tempo separando as pernas, os joelhos dobrados, a coluna curvada, dobrando o suficiente para dar um tapinha nas coxas acima dos joelhos. Dê tapinhas nas coxas duas vezes ao expirar. Agora faça um movimento como se estivesse pegando terra e dando tapinhas em seus ombros. Você pode ficar um pouco mais ereto para esta parte, mas não precisa voltar todo o caminho, a menos que seja muito difícil para seus joelhos ou coxas se moverem em posição dobrada. Sua respiração deve ser grande e barulhenta. Esta respiração juntamente ao movimento armazena energia rapidamente.

Você pode pular enquanto faz isso, batendo os pés, gritando ou fazendo barulhos de animais se quiser. Às vezes eu deixo minha respiração se tornar ofegante, solto um "whoosh!" ou acabo rindo ou rosnando. Tudo isso eleva mais energia e chama a atenção para o Pegajoso. Faça isso até que suas pernas estejam cansadas ou até que se sinta tão repleto de energia a ponto de explodir. Então, deixe-se desacelerar até ficar quieto. Finalmente, ficando de pé novamente, coloque uma mão no coração e outra na barriga. Sinta a energia fluindo através de você.

Dança Devocional do Pegajoso

Se você não puder pular, sente-se em uma cadeira ou mova-se para uma posição ereta, substituindo um movimento de marcha pela flexão e pisada. Fazendo grandes inalações, ofegue duas vezes enquanto dá um tapinha no corpo. Isso servirá bem para aumentar a energia e carregá-lo com vida.

Pegajoso entra no Jogo

O que vem a seguir vai ensiná-lo a entrar em contato com o Pegajoso e recarregar suas baterias de forma simples, natural e prazerosa.

> Saia para uma caminhada na praia, na floresta, em um parque ou em um milharal. Aprecie a glória no ar, os aromas, a sensação de seus pés no chão. Ou vá a uma sorveteria e peça um sundae. Solte pipa. Vá a uma loja cheia de contas de vidro, tecidos ou fios brilhantes. Deixe-se alimentar pela pura beleza sensual. Permita-se se divertir. O que em você é alimentado? O que se deleita nessas coisas? Encontre o que dá prazer àquela parte que está profundamente dentro de você.

O Pássaro dos Desejos como Duplo

Este exercício fortalece a capacidade de manifestar sua vontade no mundo.[25] Nele, você usará o poder do Pegajoso para armazenar energia e se conectar com o mundo ao seu redor. O que você quer ou precisa em sua vida agora? Se a força e a intenção da sua vida estão realmente conectadas com o mundo ao seu redor, se o Pegajoso estiver conectado, você pode alinhar sua vontade com o mundo.

Antes de começar, mantenha um desejo ou intenção claramente em sua mente. Você pode querer anotá-lo primeiro, para ter a certeza de que realmente sabe o que está pedindo, mas deixe espaço para o próprio Deus em si Mesma trabalhar. Se você quer um novo emprego, pense no tipo de ambiente em que deseja trabalhar, no tipo de habilidades que deseja usar e nas pessoas amigáveis ou em qualquer outra coisa que desejar. Peça claramente, mas não defina o multiverso, pois você não tem necessariamente todas as informações à mão. Por exemplo, se você pedir um emprego específico em determinada empresa, o supervisor pode realmente ser um tirano que vai obrigá-lo a trabalhar noventa horas por semana sob condições estressantes. Permaneça aberto aos dons que o próprio Deus em si Mesma pode trazer quando você usa seu Pegajoso para manifestar sua vontade.

25. Aprendi este exercício com o saudoso Raven Moonshadow e com a Akasha Madrone, ambos do Reclaiming, embora eu só o tenha conectado à Alma Tripla e ao Duplo muitos anos depois.

Uma vez que você tenha esclarecido seu desejo, aterre, centre-se e comece devagar, respirando. Deixe sua respiração vir facilmente. Você está respirando força vital para dentro e para fora, invocando o poder do Pegajoso para carregar essa energia. Coloque as mãos em forma de concha na sua frente, deixando espaço entre elas, suficiente para que um pequeno pássaro, do tamanho de um pequeno pardal ou carriça, possa descansar. Com a intenção ainda clara em sua mente, comece a respirar suavemente no espaço entre os dois polegares. Você está respirando seu desejo, repleto de intenção e da força vital contida em sua respiração. Imagine um pássaro se formando em sua mão, feito por sua respiração e intenção, ficando mais sólido e forte quanto mais você soprar. Uma vez que sentir o pássaro vivo e pronto em suas mãos, levante e abra as mãos e observe o pássaro voar para longe. Observe em que direção ele vai, pois isso pode ser uma informação importante. Você pode acender uma vela na cor que representa essa direção para fortalecer o voo do pássaro.

Esta técnica envia a energia armazenada pelo seu Pegajoso para o mundo a fim de fazer a sua função. Dessa forma, seu pássaro dos desejos é seu Duplo, formado pela força vital aliada à vontade e à intenção. Ele vai literalmente sair e "buscar" o que você quer.[26] Por exemplo, eu usei este exercício com sucesso para encontrar um lugar para morar. Enviei o pássaro com um desejo de um lugar grande e acessível o suficiente para meu parceiro e eu. No dia seguinte, vi uma placa anunciando uma casa para alugar. O pássaro voou na mesma direção. Apesar de quatro outros casais terem visto a casa na mesma hora em que estávamos lá, o proprietário alugou para nós e moramos lá felizes.

Depois de ter trabalhado todo este capítulo, você pode começar a incorporar a Oração para o Alinhamento (veja Alinhando a Alma Tripla) no início do exercício do pássaro do desejo para alinhá-lo dentro de si mesmo, com sua intenção e com o Universo. Isso vai fortalecer a capacidade do seu desejo de voar de verdade.

26. Faça isso apenas para coisas pessoais. Não tente produzir a paz mundial.

O Corpo Brilhante

> Eu sou intelecto e aura. Estendo a mão e absorvo informações, comparando-as com os dados que já armazenei. Eu sou o primeiro contato com o outro. Eu falo com você. Eu formulo. Sou inteligente e tenho conhecimento. Eu sou de grande utilidade para você neste mundo que criou. Não subestime minha capacidade. Quando minha aura se espalha, reúno e comunico simultaneamente, ou escondo informações. O que precisar que eu faça, estou apto. Sou capaz. Leia-me. Eu vou ler você. Vou falar, mas também vou conectá-lo com os outros. Sou inteligente e desejo ser respeitado. Trabalho melhor quando estou alinhado com as outras partes da alma.

Agora que estamos firmemente integrados com o Pegajoso e nos acostumamos a aumentar a força vital, podemos usá-la para carregar o Corpo Brilhante, que é o corpo que inclui nossa aura, um campo de energia que cria uma forma oval ao nosso redor. Este campo de energia é a primeira linha de comunicação que temos com o mundo. O Corpo Brilhante inclui o modo intelectual de comunicação, embora isso não seja tudo dessa parte da alma. O prosencéfalo intelectual é útil, mas também se desconecta facilmente do corpo e das emoções. Entrar em contato com o resto das funções do Corpo Brilhante dá ao intelecto um contexto útil dentro do qual ele pode funcionar de forma mais eficaz.

Sua primeira maneira de reunir e difundir informações acontece psiquicamente, por meio do uso de sua aura. Pergunto aos moradores urbanos que insistem que não têm facilidade psíquica: "*Você anda de ônibus, não é? Você não sabe como 'ler' os outros passageiros? Não sabe como ocupar a quantidade certa de espaço e saber quando está pressionando demais alguém ou eles a você?*" Essa percepção é você usando seu Corpo Brilhante para se comunicar com as pessoas ao seu redor.

O Corpo Brilhante ouve e sente, ele se ajusta, comunica-se com os outros e se reajusta novamente. Quanto mais consciente disso se tornar, melhor vai se comunicar e mais informações terá para trabalhar.

Com o tempo, os exercícios do Corpo Brilhante permitirão que você esteja mais plenamente presente em todos os seus centros de comunicação. Os instrumentos a seguir ampliam a atenção e ajudam a envolver o corpo e todos os sentidos. Acho que a vida se torna mais clara, mais completa e mais viva quando meu Corpo Brilhante está engajado. Você vai descobrir que a comunicação melhora, porque estará mais conectado ao mundo ao seu redor e menos trancado dentro de si mesmo.

Dança Devocional do Corpo Brilhante

Para conhecer o Corpo Brilhante, vamos tentar entrar nele fisicamente através da Dança Devocional. Este movimento pode ajudá-lo a descobrir os limites do Corpo Brilhante e carregar, limpar e polir tudo ao mesmo tempo. Adoro fazer isso em um grupo de pessoas e olhar em volta para ver como todos ficam brilhantes de repente. Se estiver fazendo isso em casa sozinho, tente sentir a diferença de como se sente e de como percebe o mundo ao seu redor antes e depois de fazer o movimento. Novamente, como em todas as danças deste livro, não faça nada que cause dor física. Vamos começar.

Em pé, pés confortáveis, joelhos flexíveis e não travados, observe onde está sua coluna e verifique o alinhamento de seu crânio em cima dela. Você pode inclinar a pélvis ligeiramente para a frente, para permitir que a coluna flutue mais livremente para cima, em linha reta.

Dobre os joelhos levemente, afundando. Eles se moverão para cima e para baixo em seu próprio ritmo enquanto você faz esse movimento. Agora, comece uma longa inalação com as costas das mãos juntas, as pontas dos dedos voltadas para baixo ao redor do nível da pelve. Levante as mãos em linha reta até a barriga. Elas começarão a se separar ao redor do nível do peito, quando os cotovelos devem estar retos para os lados. Deixe os cotovelos subirem com o tríceps e os braços, puxando as mãos para cima em uma linha na frente do rosto, até que se separem completamente acima da sua cabeça quando olhar para cima. Tudo isso deveria ser um movimento bastante rápido feito no decorrer desta inalação. Agora abaixe levemente as mãos, coloque-as atrás das orelhas e empurre-as para o céu em uma expiração grande e curta (vamos usar o resto dessa respiração em breve). Imagine que isso limpa todos os centros de sua comunicação: seus ouvidos, olhos, nariz, garganta e boca.

Deixe suas mãos deslizarem para baixo, levemente em concha e voltadas para trás, braços para fora, formando uma curva enquanto inclina a cabeça para a frente, dobrando levemente na cintura. Seus braços varrem todo o caminho atrás de você. Imagine uma energia oval, saindo da trajetória de suas mãos, com você dentro dele. Este movimento acontece em outra grande expiração. O movimento como um todo tem uma grande inspiração para cima, uma expiração curta para limpar a comunicação e uma segunda expiração para descrever e limpar o arco do seu ovo áurico. Esta segunda expiração, juntamente ao movimento de suas mãos, serve para "jogar" a energia de volta sobre sua cabeça. Você deve imaginar suas mãos varrendo do topo da cabeça para a frente, descendo na frente do corpo (mas permanecendo em seu lugar natural nas laterais do corpo, não cruzando na frente) e, em seguida, jogando essa energia de volta atrás de você, então ela se move sobre a sua cabeça novamente.

Comece de novo com as costas das mãos juntas, puxando a energia para cima, depois limpe seus centros de comunicação e lance a energia com as mãos arqueadas para que ela varra para baixo e depois sobre sua cabeça, como uma onda. Este movimento e respiração, feitos repetidamente, vão limpar seu Corpo Brilhante e revitalizá-lo, carregando-o com a energia armazenada pelo Pegajoso. Depois de desacelerar esse movimento até a quietude, fique de pé novamente com uma mão no coração e outra na barriga. Você deve se sentir brilhante, claro e limpo.

Use esse movimento sempre que sentir que sua energia está presa ou precisar de maior clareza ou melhor comunicação. Ao acionar a energia armazenada do Pegajoso, o Corpo Brilhante torna-se claro, limpo e conectado, menos míope e mais vivo.

Atenção Profunda e Expansiva

Este exercício nos permite ficar mais conscientes do poder e das habilidades que nosso Corpo Brilhante possui. Feito ao longo do tempo, pode equilibrar nossa energia, expandir nosso nível de atenção e criar um espaço tranquilo para que possamos pensar e agir.[27]

A primeira vez que tentar este exercício, pode ser mais fácil fazê-lo com os olhos fechados. Grave-se lendo a meditação ou peça a um amigo que o guie lentamente. Possivelmente, você será capaz de fazer isso sem ajuda verbal externa e com os olhos abertos, o que é uma maneira mais útil de passar por nossa vida cotidiana. Esta é uma técnica potente, comum e diária. Eventualmente, deve se tornar tão fácil quanto respirar e exigir pouco tempo e esforço para atingir o estado de atenção abandonada e aberta. Uma vez que estiver familiarizado com esta técnica, ela pode ser útil em muitas situações, incluindo em um ritual de liderança, ao andar na rua ou para se comunicar claramente com alguém. Esta não é uma técnica de transe, mas uma ferramenta para viver.

27. A Sacerdotisa Cibele, do Reclaiming, ensinou-me a técnica "abandonada e aberta" muitos anos atrás. Ela aprendeu com a sensei de Aikido Wendy Palmer, autora de *The Intuitive Body: Aikido as Clairsentient Practice* (North Atlantic Books, 1994). Esta é a minha própria variação.

Dança Devocional do Corpo Brilhante

Sentado ou em pé em uma posição confortável, com o corpo relaxado, coluna ereta para que a energia possa fluir, comece a respirar profundamente. Imagine uma bola de energia no centro de sua cabeça, atrás da área de sua testa, a qual chamamos de "Terceiro Olho". Esta bola de energia é magnética e gira.

Deixe toda sua atenção fluir em direção à bola, aderindo a ela, unindo-se de onde quer que seja. Continue respirando e deixe a bola fazer seu trabalho. Uma vez que sua atenção esteja realmente fixa nessa bola, imagine que ela começa descer lentamente pelo centro do seu corpo, baixando sua atenção cada vez mais para baixo. Deixe essa bola de atenção descer pela garganta, passar pelo esterno, descer até a caixa torácica, de forma que ela descanse suavemente entre o umbigo e o genital, na área da vontade, no centro de gravidade. Para alguns, isso pode ser um pouco mais baixo, para outros um pouco mais para cima. Foque sua atenção aqui por um tempo, sentindo como é esse estado.

Comece a deixar a bola se expandir em todas as direções até atingir os limites do seu berço pélvico. Pause aí. Se parecer muito difícil de segurar, deixe-a voltar a um tamanho menor.

Quando estiver pronto, deixe a bola de sua atenção aumentar até ficar do mesmo tamanho do seu ovo áurico. Sinta como é estar plenamente atento ao seu redor, trezentos e sessenta graus. Agora você tem olhos na parte de trás de sua cabeça e pode deixar sua aura se cruzar com a de outra pessoa, comunicando-se.

Pratique expandir ainda mais esse círculo, deixando-o encolher e depois crescer até preencher uma sala inteira. Eventualmente, isso deve se tornar tão fácil quanto respirar. É sua atenção e sua energia, não algo que precisa forçar. Isso pode necessitar de prática. Seja paciente e continue respirando.

Depois de ter feito o suficiente, deixe sua bola de atenção encolher lentamente, até que mais uma vez preencha seu berço pélvico. Deixe-a diminuir até ficar novamente do tamanho que ela tinha quando começou descansando em sua barriga. Agora deixe sua atenção se mover para onde for mais confortável, seja na barriga, seja atrás da cabeça.

No início, pode achar que sua atenção volta para a cabeça, ou até mesmo para fora do corpo completamente. Não se deixe desencorajar. Este é um exercício, uma prática e, com o tempo, sua atenção pode descansar mais naturalmente em sua barriga e se conectar com seu Corpo Brilhante. Depois de anos de prática, sou capaz de reunir e soltar minha atenção em um ciclo respiratório e expandi-la em outro.

Criando Cores de Aura

Este é um exercício que uso o tempo todo. Você pode experimentá-lo primeiro em casa, para familiarizar-se com ele. Depois disso, pode realizá-lo em uma reunião, quando precisar falar publicamente ou quando precisar se acalmar. Eu uso principalmente quando estou andando na rua e preciso mudar minha energia. Por exemplo, se estou voltando da estação de metrô para casa à noite e vejo um grupo de traficantes ou membros de gangues à minha frente, fico "invisível". Usando minha aura, ajusto minha energia para que eles não prestem atenção em mim.

Você pode começar esta técnica fazendo o movimento de Dança Devocional que limpará e ativará seu ovo áurico. Em seguida, balance os braços suavemente, torcendo o torso para que os braços fiquem em volta de você. Isso também vai ajudar a sentir os parâmetros de sua aura.

> Acalme-se e respire fundo. Sinta seu ovo áurico ao seu redor. Se não puder sentir isso, apenas finja. Imagine que ele está aí. Em uma respiração, imagine aquele ovo se enchendo de amarelo para uma comunicação clara. Agora expire rosa, para amor-próprio. Em seguida, preencha sua aura com o verde da energia de cura. Agora preencha com névoa cinza, para invisibilidade. Deixe-o mudar de cor à vontade. Não demora muito. Segure cada cor por tempo suficiente para realmente se sentir cercado por ela. Uma vez que tiver ideia disso, comece a andar por aí. Enquanto caminha, deixe sua aura mudar de cor. Quando terminar esta sessão, preencha sua aura com a cor que precisa agora. Descanse, colocando uma mão em seu coração e a outra em sua barriga.

Quanto mais praticar, mais fácil vai se tornar. Usar as cores da aura pode se tornar rápido e prático: posso ver e sentir os resultados à medida que estão acontecendo. Conforme for se familiarizando com este exercício, pode alterá-lo para se adequar a qualquer situação. Eu o ensinei aos ativistas que precisam dessas técnicas, seja no meio de uma grande manifestação contra a polícia de choque, seja em uma reunião do conselho escolar. Usei-o com bons resultados nos meus anos no sopão. Ele ajuda a pôr fim em uma briga ou a ouvir alguém que está com dor. Eu posso mudar minha aura para acalmar e tranquilizar a situação. Posso me tornar maior se necessário, quando estou intervindo entre dois homens raivosos de um metro e oitenta de altura, ou posso suavizar a situação com uma presença mais reconfortante. Você também pode experimentar essa técnica em rituais ou durante a narração de histórias, aprimorando a textura e o alcance de sua Arte.

A Pomba Sagrada

Estou dentro de você e flutuo acima de sua coroa, como uma pomba. Eu sou toda a sabedoria, conectada ao conhecimento do Pegajoso. Estou em sintonia com todas as conexões. Eu sou um com tudo, sou antiga. Eu vejo com olhos que se abrem nos mundos internos e nos mundos que estão além. Confie em mim. Ore para mim. Eu o escuto. Eu sou ancestral. Sou a divindade interior e a voz profunda. Sou aquilo que o atrai e é atraído. Eu sou a Deusa, e estou com você. Através de mim, você se conecta com outros Deuses e se conecta com o Mistério. Eu sou seu guia. Sou seu guia interior. Alimente-me. Conte-me seus problemas. Eu vou lhe abraçar e lhe curar. Eu sou sua alma mais profunda.

Exploramos as duas partes da alma que talvez sejam mais facilmente explicadas e experimentadas. Usando isso como base para a compreensão, estamos prontos para nos conectarmos com nossa própria natureza divina, chamada “Pomba Sagrada” ou “Alma Divina”.

Tradicionalmente, a Pomba Sagrada é vista descansando logo acima da cabeça e às vezes é retratada como uma bola de luz azul[28]. Quando você vê um ícone cristão, ou uma imagem de Buda, geralmente está vendo a Pomba Sagrada representada como uma auréola. Ela cruza o ovo áurico, seja tocando fisicamente o topo do Chakra da Coroa, a abertura energética que se comunica com o Divino, seja começando na base do crânio (veja a ilustração da página 55). Assim, ela toca todas as suas partes: o corpo físico, o corpo etérico ou o Pegajoso, e a aura ou o Corpo Brilhante. A Pomba Sagrada está ligada a tudo, mesmo às coisas que não se pode conhecer conscientemente.

Ela tem a capacidade de distribuir a energia armazenada pelo Pegajoso da melhor e mais eficaz forma. Quando preciso de maior compreensão ou de ajuda com uma situação, exponho o problema à minha Pomba Sagrada. Enquanto o Corpo Brilhante pode falar, a Pomba Sagrada ouve, como está implícito na incorporação de *sh'ma*, para “ouvir” ou “escutar”, no nome hebraico para esta parte da alma, *neshamah*.

28. Victor às vezes me dizia para “*acender a luz da minha varanda e ver quem está lá!*” referindo-se à capacidade da Pomba Sagrada de sentir seres desencarnados. Um conceito semelhante é encontrado nos escritos cabalísticos: “*A lâmpada de Deus é a neshama da humanidade*” (Zohar II:99b em Provérbios 20:27).

A Pomba Sagrada também pode ser convocada para ajudar os outros. Quando uma pessoa me pede cura ou ajuda, rezo à minha Pomba Sagrada, pedindo-lhe que fale com a Alma Divina da outra pessoa. Dessa forma, meu cérebro anterior consciente, que pode ter apenas informações parciais, não está tentando tomar decisões por conta própria, mas está trabalhando a partir de um estado de conexão. Isso dá um novo significado ao ditado cristão "*Ofereça a Deus*". Isso é o que você está fazendo, exceto que, no nosso caso, a divindade está bem perto de você. Em termos místicos, é a parte sua que é composta pela centelha divina. Também ajuda a ouvir ou falar se minha Alma Tripla estiver alinhada e todas as partes estiverem em contato umas com as outras, trabalhando em conjunto. Cada situação pode ser melhorada por este esforço.

Dança sagrada Devocional da Pomba

O movimento a seguir não apenas acessa minha divindade interior, mas com ele posso aumentar rapidamente a energia para ajudar a definir minhas intenções e fortalecer minha Magia. Costumo usar este movimento como parte de minha prática matinal, pedindo depois que eu esteja aberta ao meu trabalho e ao serviço dos Deuses. E o uso, também, como uma forma de aumentar a energia necessária para alinhar minha Alma Tripla e enviar uma grande respiração para cima, para a Pomba Sagrada, a cada quatro iteração. Este movimento pode servir para conectar o divino dentro de mim ao divino fora de mim.

> Comece com as mãos logo abaixo do nível do coração. Faça uma inspiração lenta enquanto afasta as mãos uma da outra, inscrevendo um círculo externo até que as mãos se encontrem acima da cabeça, os braços confortavelmente retos, as palmas das mãos se tocando. Em seguida, com as palmas das mãos pressionadas em posição de oração, faça uma expiração lenta, trazendo as mãos para baixo até que descansem na frente do seu coração. Comece o movimento novamente, abrindo as mãos até que elas descansem, as palmas voltadas para cima logo abaixo do coração, e então volte para o círculo novamente. Faça isso quantas vezes achar certo, sentindo a energia atraída pela respiração enchendo seu corpo. Para aumentar mais energia, você pode balançar de um lado para o outro, com os joelhos levemente dobrados. Expire a cada quatro ciclos, alinhando sua Alma Tripla. Quando terminar, faça sua oração ou defina sua intenção.

O "círculo de mãos" é a Deusa Estrela, conhecida na Feri como "Quakoralina", a que abrange tudo, criando, cercando e atraindo. A linha de minhas mãos, movendo-se acima da minha cabeça até meu coração, é a energia de sua primeira criação manifestada no mundo. Todas as coisas começam e terminam com o coração. A linha também é o alinhamento da minha Alma Tripla. Então este movimento representa Deus em si Mesma fora de mim e Deus em si Mesma interiormente.

Dança Devocional da Pomba Sagrada

Sentar e Ouvir

A meditação solitária é quando você entra em contato com o seu Eu Divino. Você também pode meditar em uma multidão.
— Victor Anderson

Faça alguns minutos de meditação todos os dias – descubra quem você é e para onde está indo.
— Cora Anderson

O exercício a seguir usa a capacidade da nossa Alma Divina de ouvir. Isso tem uma importância triplicada. Permite-nos que nos tornemos mais autoconscientes e nos liga com uma parte maior e mais profunda de nós mesmos, cuja presença é muitas vezes drenada, e isso nos ajuda a desacelerar. Este é um exercício difícil, mas muito gratificante, recomendo que faça um contrato consigo mesmo para realizá-lo por dez minutos, todas as manhãs, durante um mês, e veja como as coisas começam a mudar em seu interior. Você pode querer renovar o contrato várias vezes. Isso vai começar a mudar sua postura, sua respiração e seu senso de identidade. E vai ajudá-lo a não se distrair tão facilmente, mostrando partes de si mesmo que normalmente não vê.

Este exercício vai colocá-lo em contato mais próximo com sua divindade interior enquanto você se senta, pacientemente, e alguns de seus medos, sombras ou demônios aparecem. Você pode ficar mal-humorado. A Pomba Sagrada senta-se como testemunha. Pode ficar inseguro. A Pomba Sagrada senta-se como testemunha. Suas costas podem doer. A Pomba Sagrada senta-se como testemunha. Você pode querer correr para fora da sala. Continue respirando. Depois de ter feito isso algumas vezes, pode encerrar sua sessão com a Oração pelo Alinhamento (consulte a página 76).

Fazer este exercício por vários anos ajudou a me tornar mais consciente das histórias que conto a mim mesma, das tangentes em que voei ou dos estados emocionais em que estou propensa a entrar em espiral. A Pomba Sagrada pode ouvir tudo isso enquanto eu medito. Como medito de manhã, posso observar as histórias à medida que elas surgem ao longo do dia e dizer: "*Reconheço você*". Isso me ajuda a ser menos controlada por meus impulsos e pensamentos ou emoções aleatórias.

Amigos *quakers* me dizem que este exercício é semelhante ao *Silenciando e Ouvindo a Luz Quaker*. Aqueles com treinamento em *zazen*, meditação judaica ou oração carismática católica, também podem achar essa prática familiar, embora o foco seja um pouco diferente. Nossa intenção é simplesmente sentar com a gente mesmo, com a Pomba Sagrada observando e nos ouvindo, enquanto respiramos.

Deixe-se acomodar. Comece a respirar profunda e lentamente. Você pode querer acender uma vela branca ou um incenso. Se tiver problemas nos joelhos, pegue uma cadeira na qual possa sentar ereto. Certifique-se de que pode se sentar confortavelmente perto da borda frontal, para que sua coluna fique reta, em vez de descansar contra alguma coisa. Se seus joelhos estão bons, acho melhor empilhar algumas almofadas resistentes no chão. Certifique-se de que sua pélvis esteja mais alta que seus joelhos e pés, caso contrário, pode esticar suas costas. Você pode colocar uma toalha sob os pés para amortecer os ossos se estiver em um piso de madeira. Deixe sua respiração lenta. É hora de começar.

Imagine sua coluna flutuando para cima de sua pélvis e seus ombros pendurados suavemente, como se estivesse em um cabide. Ajuste sua cabeça até que seu crânio pareça estar descansando diretamente em cima de sua coluna. Você pode precisar "dobrar" o queixo para trás para garantir que sua cabeça esteja ereta e não projetada para frente. Deixe as mãos descansarem confortavelmente sobre os joelhos, ou coloque a mão direita em concha com a esquerda, deixando os polegares tocarem suavemente. Deixe a respiração encher o abdômen, sinta-a se expandindo para frente e para trás, à medida que seus músculos se abrem para deixar a respiração entrar. A respiração deve começar na parte inferior da barriga, subindo e enchendo a caixa torácica e, finalmente, o peito. Deixe sua inalação ser tão lenta e constante quanto possível, e deixe sua exalação coincidir com sua inalação. Lenta. Estável. Sinta. Respire. Deixe um espaço parado se abrir profundamente dentro de você.

Há um lugar imóvel em sua barriga. Respire nisso. Sinta essa quietude se abrir. Então sinta a energia subindo pela sua espinha – ancorada no lugar imóvel – fluindo até a parte de trás do seu crânio e se abrindo para o globo da Alma Divina. Sinta a ligação entre a quietude em sua barriga e a energia que se espalha na parte de trás de seu crânio, abraçando a Esfera da Pomba Sagrada como o capuz de uma cobra. Comece a sentir sua Pomba Sagrada: observando, esperando, ouvindo. Toda vez que a conversa ou preocupação começar, respire e sinta sua Pomba Sagrada. Ela é testemunha. É a parte de você que pode olhar para todas as partes contorcidas com compaixão. Continue respirando. Continue sentado. Esteja aberto a todas as partes de si mesmo. Sentar-se em testemunho consigo mesmo é uma das coisas mais difíceis que pode fazer, e uma das mais compassivas. Você é sagrado. Você é amado em todas as suas partes.

Depois de se acostumar com a postura deste exercício, tente se sentar por períodos mais longos. Vinte minutos é muito mais fácil do que dez, acredite ou não, porque todos os sistemas que estão convencidos de que vão morrer se ficar parado mais um momento, finalmente se estabelecerão, e outros, em estados mais profundos, têm espaço para surgir na quietude. Você pode querer trabalhar até conseguir se sentar por quarenta minutos de cada vez. Dito isto, sentar por cinco minutos apenas é mais útil como base para o seu dia de trabalho do que não sentar.

Coletivamente Divino

Eu sou a gota que contém o oceano.
– Yunus Emre[29]

Desenvolvi a seguinte meditação a partir do meu trabalho com o conceito Sufi de a "gota que se tornou o mar", significando a alma individual unida à divindade maior. Isso se reflete na afirmação Pagã "*tu és a Deusa, tu és o Deus*".[30] Essa afirmação engloba um de nossos maiores mistérios: temos o divino dentro de nós e podemos nos unir a outros, criando um mar ou rede divina. Toda vez que você sente a forte conexão que tem com outras pessoas ou seres, está entrando no oceano da divindade.

Este é um exercício maravilhoso para fazer em grupo, porque todos vocês se tornam "gotas" que podem interagir uns com os outros, dissolvendo-se e fundindo-se, formando poças. Fiz isso em um riacho raso, onde todos nos tornamos a Deusa, lavando uns aos outros,

29. De *The Drop That Became the Sea: Lyric Poems* de Yunus Emre, tradução Kabir Helminski e Refik Algan (Shambala, 1999).

30. Esta não é uma frase Feri, ela se originou na *Church of All Worlds,* por meio do escritor Robert Heinlein.

derramando água de nossas mãos em concha e cantando: "*Eu sou a Deusa, sou água corrente*". Também conduzi isso em uma sala de meditação, onde passamos por jarros, enchemos as taças uns dos outros e bebemos profundamente de nossa divindade, dando e recebendo o sagrado.

Novamente recomendo gravar isso se estiver fazendo sozinho, ou ter uma pessoa lendo em voz alta lentamente se estiver tentando fazer isso em um grupo. Uma batida de tambor leve pode ser uma ajuda útil para levar as pessoas mais profundamente à consciência não comum. Invoque sua Pomba Sagrada, sua Alma Divina e mergulhe no oceano da divindade.

Respire fundo. Coloque sua atenção em sua barriga e comece a ouvir profundamente. Ouça sua respiração, ouça os sons ao seu redor e seu sangue fluindo dentro de você. Ouça sua respiração enquanto ela se torna mais lenta, aprofundando-se, cada respiração tornando-se mais longa e mais completa. Sinta as bordas do seu corpo começarem a ficar relaxadas e suavizadas. Toda a água em seu corpo está amaciando você, fluindo para seus ossos, para sua pele. Você está se tornando uma gota de água. Tornando-se cada vez mais suave. Sua respiração desacelera e se aprofunda. Quanto mais aguado se torna, mais suave e lento você é. Deixe a gota que é o seu ser começar a fluir. Existem outros seres no mundo; eles também estão fluindo. Eles são água. Suas bordas suaves se chocam contra as deles. Suas bordas cedem e você se funde. Sua gota e a gota deles se tornam uma. No mundo você flui, fundindo-se, flutuante e saltitante, suave com o fluxo de todos esses corpos, todos esses seres. Tornando-se uma grande piscina de água.

Continuamente você flui, tornando-se um fluxo. E continua crescendo à medida que mais e mais seres se juntam ao fluxo. É um córrego em busca de sua fonte. É uma corrente que conhece sua fonte como conhece o momento de seu nascimento. Flui com facilidade. Seu curso é verdadeiro. Vagando, borbulhando, esse fluxo segue em frente até atingir o oceano. A água doce se choca com o sal em um turbilhão de força extática, em luxúria e alegria selvagem. Sinta-se flutuando neste oceano, neste grande mar de água salgada, neste mar de amor. Deixe-se embalar nessa água. Você é esta água. Esta água é você. Respire. Você nunca estará sozinho. Você é este mar, o ventre da Mãe. Você está aqui com todas essas gotas de vida, fundidas com o divino. Nade com alegria. Você está flutuando neste mar de amor. Todo medo, vergonha, raiva e dor são lavados, fluindo a partir de você. Eles não importam mais. Não aqui. Aqui você é amado. Você é um com a Deusa. Abra seus olhos. Olhe a sua volta. Veja com os olhos da Deusa. Toque com as mãos do divino. Dance a dança do amor divino no mundo. Você está cercado e repleto desse amor. Passe isso adiante. Você é Deusa. Você é Deus. Este é o mistério mais profundo, carregado na água contida em cada célula do seu corpo. Sinta. Veja. Toque. Dance. Respire e flua. Flutue na sabedoria de sua própria natureza divina.

Depois de nadar e dançar o suficiente, prepare-se para se despedir. Honre aqueles com quem se fundiu. Dê suas bênçãos e graças à Deusa, o grande ventre que deu luz a todos nós. Você carrega as sementes desse nascimento. Comece a nadar de volta, em direção àquele riacho que corria aqui. De volta para onde água salgada e fresca se encontram, colidindo em luxúria e êxtase. Comece a fluir facilmente de volta rio acima. Conforme flui, deixe suas bordas se tornarem cada vez mais distintas, até que possa se sentir mais uma vez esbarrando nas outras gotas de água. Flua cada vez mais para trás. Respire. Você está se tornando cada vez mais sólido. Separe-se das outras gotas. Você é sua própria gota d'água. Respire. Você está se tornando mais uma vez pele. Mais uma vez osso. Seu corpo se torna firme ao seu redor. A água se retira para as células, sangue e saliva. Você é humano. Respire. Deixe-se voltar totalmente para o seu corpo. Totalmente humano, totalmente vivo. Dê um tapinha nas pernas, braços, barriga e cabeça. Respire da sola dos pés até o topo da cabeça. Respire um pouco desse amor e energia para alimentar sua Pomba Sagrada. Ao fazer isso, sinta seu espírito fluindo totalmente de volta para sua forma física. Você contém em si mesmo a gota do divino. Olhe para o mundo com novos olhos. Seja abençoado.

Alinhando a Alma Tripla

Quando você tem todas as três almas alinhadas, pode pedir o que quiser aos Deuses e obtê-lo. Você só precisa aprender como pedir.

– Cora Anderson

Agora que explorou as partes de sua Alma Tripla como seres separados, você está pronto para trabalhar consigo mesmo como uma trindade sagrada e unificada. Todas as três partes podem trabalhar em conjunto, criando maior força e plenitude dentro de você e abrindo-o para um estado suave e feroz, pronto para agir de acordo com cada momento. Se todas as suas partes estiverem conectadas, você estará no caminho para ficar totalmente conectado ao mundo. É assim que devemos ser, inteiros e organizados por um princípio interno. A organização interna dá frutos externamente e, assim, ajuda a ordenar o mundo.

ORAÇÃO PARA ALINHAMENTO

Na Tradição Feri, acreditamos que a força vital, a Magia e nosso relacionamento com Deus em si Mesma está disponível para nós todas as vezes que respiramos. A força vital é inspiradora, parte do sopro divino. A Oração pelo Alinhamento é baseada em nossa experiência da respiração como a grande força conectora e animadora.[31] Essa oração treina sua respiração, altera seu corpo e fortalece sua presença espiritual. A respiração em si é a oração, e não as palavras com as quais estamos mais acostumados. A Oração para Alinhamento irá ajudá-lo em todas as coisas, especialmente quando combinada com o trabalho de postura e suas chaves para a lembrança.

O conceito de alinhar as partes de nossa alma não é exclusivo da Tradição Feri, embora ela seja a única Tradição de Bruxaria que conheço com esse foco. A Huna havaiana ensina isso, certos estudos cabalísticos mostram o mesmo, e alguns ramos da Magia Cerimonial também se concentram nisso, através de seu trabalho de contatar o "Santo Anjo Guardião". Os antigos bardos irlandeses não poderiam se abrir ao fogo da inspiração se sua alma estivesse desalinhada. Falei sobre os perigos de permanecer desalinhado no início deste capítulo (veja "Encontrando sua Alma Tripla"). Agora, gostaria de falar um pouco mais sobre o poder que estará disponível para você quando começar uma prática diária de alinhamento interior.

Esta oração é importante para todas as minhas obras de vontade e intenção. Quando a estou usando, sinto-me melhor fisicamente, mais calma emocionalmente e capaz de pensar com mais clareza. Acredito que isso também me torna mais aberta e capaz de me engajar nas batalhas necessárias – ajudar aos outros, ajudar à Terra e defender a mim mesma. É por isso que Cora afirmou que podemos pedir qualquer coisa se estivermos alinhados. Quando alinhados, estamos totalmente presentes e não agindo pela ganância, medo, vício ou qualquer outro estado desconectado. Agimos a partir de um estado de pura generosidade, pois quando estamos alinhados, estamos em sintonia não apenas com a gente

31. Isso geralmente é chamado de oração *Ha*, que vem da palavra havaiana "quatro", significando respiração quádrupla, ou "quadrada", usada para armazenar energia. A Feri ensina a oração *Ha* de maneira ligeiramente diferente da Huna, mas a intenção é semelhante.

mesmo, mas também com a divindade que está presente em tudo ao nosso redor. Em contato com minha Alma Divina, estou em comunhão com Deus em si Mesma. Minha vontade pessoal pode trabalhar em harmonia com a vontade do multiverso sagrado. Esse é o dom deste trabalho. Eu uso o seguinte exercício todos os dias:

> Acalme-se por dentro o máximo possível, sabendo que mais quietude virá à medida que você envolver sua respiração. Alinhe seu esqueleto na postura correta. Respire. Deixe sua barriga ficar flexível. Respire completamente, deixando os músculos das costas se moverem com a respiração também. Então sinta os pulmões se expandirem. Todo o seu torso se expande com o ar, frente, costas e laterais. Deixe sua inalação ser completa e deixe sua exalação corresponder a essa taxa. Toque levemente a língua no céu da boca e tente inspirar e expirar pelo nariz, profundamente, lá no fundo da garganta, como os iogues são treinados a fazer. Isso pode soar como a respiração de uma pessoa adormecida. Esta respiração armazena energia muito rapidamente em seu corpo.
>
> Experimente contar a inspiração em quatro tempos, lentamente. Faça uma pausa contando quatro, expire em quatro contagens e em seguida segure por quatro tempos. Isso ajudará a expandir sua capacidade pulmonar e a aumentar a energia necessária para o alinhamento. Inspire, dois, três, quatro. Segure, dois, três, quatro. Expire, dois, três, quatro. Segure, dois, três, quatro. Faça um ciclo de respiração para o seu corpo físico. Faça um ciclo de respiração para seu corpo etérico, seu Pegajoso. Faça uma respiração para sua aura, seu Corpo Brilhante. Faça uma respiração para sua Alma Divina, a Pomba Sagrada. Continue respirando nestes conjuntos de quatro, repetidamente. Se você tentar isso, certifique-se de estar "segurando" em um estado relaxado e aberto, em vez de tensionar seu corpo e fechar a garganta. Se prender a respiração for muito difícil no início, simplesmente inspire e expire o mais completa e lentamente que puder. Imagine que você está se enchendo da força vital que está ao seu redor.
>
> Continue respirando até começar a formigar fisicamente, até ficar tão cheio que sinta que não pode mais aguentar. Então faça um pouco mais. Você pode se sentir sexualmente aberto, excitado e repleto de vida. Quando estiver formigando e pleno, na quarta respiração, inspire, incline a cabeça para trás e sopre, expirando explosivamente pela boca. Alimente a Pomba.

Você pode sentir o estalo do alinhamento quando todas as três partes de sua alma entrarem em seu relacionamento adequado entre si, formando um todo. Você pode sentir uma onda de energia através de seu corpo conforme sua Pomba Sagrada distribuir a energia onde ela é necessária. Sinta essa energia descer até seus pés. Se você está precisando de cura, peça agora e a Pomba Sagrada fará chover faíscas de fogo azul ao redor de sua aura, limpando-o e trazendo cura. Sua oração está completa.

A Oração pelo Alinhamento é uma ferramenta poderosa para a saúde, autoconsciência e integração. Recomendo que faça dela uma parte de sua prática diária. À medida que se tornar mais adepto desta técnica, pode simplesmente respirar o excesso de energia para alinhar sua Alma Tripla e dizer: "*Todas as três almas são uma*", que é o que faço ao longo do dia, mantendo a prática formal acima como meu trabalho matinal. Você pode respirar energia depois de correr, em uma aula de dança, após o orgasmo, em um show de rock ou quando estiver pleno de alegria. Isso vai ajudar a mantê-lo alinhado e evitar que se sinta sobrecarregado pela energia, expandindo, na verdade, sua capacidade de administrar grandes quantidades de força vital. Também é útil fazê-lo durante o ritual, depois de cantar e dançar por um longo tempo ou elevar um Cone de Poder para a intenção do grupo. Alimente sua Pomba Sagrada e alinhe-se.

Como afirmei anteriormente, também é possível espirar problemas, ansiedade, dor ou raiva para sua Pomba Sagrada, perguntando: "*Você pode me ajudar com isso?*" Acho que entregar essas coisas à minha divindade interior me acalma e muitas vezes me dá uma visão.

Alguns acreditam que uma pessoa deve se valer de meios complicados para garantir que sua energia não seja esgotada por trabalhos mágicos ou de cura. Na verdade, reabastecer nossa energia é tão simples quanto respirar conscientemente. Apenas lembre-se, toda vez que respiramos, estamos respirando força vital.

Victor me ensinou um poema que é central em nossa Tradição, e eu gosto de dizê-lo quando estou totalmente alinhada: "*Quem é esta flor acima de mim, e qual é a obra deste Deus? Eu quero me conhecer, em todas as minhas partes*". Se uma prática espiritual é realmente útil, ela sempre vai levar você a um melhor conhecimento de si mesmo.

Enquanto escrevo isso, tenho velas acesas em meu altar. Ofereço um sopro de força vital para manter meus instrumentos carregados e alimentar quaisquer espíritos que pairam por lá, auxiliando no meu trabalho. Alinhei-me esta manhã e agora tenho energia de sobra, e como disse Cora, sei pedir o que preciso. Ordenada em mim mesma, posso ajudar a trazer ordem ao mundo. Posso aliviar feridas e cheirar as flores. Eu posso amar a justiça e rolar em colinas verdes. Eu sou divina e o mundo pelo qual ando é sagrado.

Que a luz que nasce quando voltamos para o Leste nos ilumine. Que assim seja.

3

Leste:
Abrindo os Sentidos

> Entre pelo Leste, lugar dos inícios. Sinta o ar fresco soprando em seu rosto. Este é o lugar da visão, a estrela da manhã. Veja-a brilhando no céu. Vire-se para saudar o amanhecer. Sinta sua mente acelerar com novos pensamentos. Sinta sua respiração enquanto ela enche seus pulmões. Qual o seu desejo? Ele pode ser concedido aqui, no lugar de recomeçar. Nossa ferramenta aqui é o Bastão, o galho com a capacidade de germinar e fazer brotar novas folhas. O galho que dança ao vento. Este Bastão tem a ponta de um cristal, brilhando como a estrela da manhã. Ele detém o poder do Self e do conhecimento.

Depois que a Deusa Estrela for reconhecida, a Esfera lançada, e nossa própria divindade estiver presente dentro de nós, voltamo-nos para as direções da bússola. As direções têm associações tradicionais, mas dependendo de onde mora, devem ser alteradas para se adequar à sua realidade física. Sou californiana e aprendi uma Tradição baseada nesta paisagem: água no Oeste, calor seco mais ao Sul. Felizmente, algumas coisas permanecem consistentes, não importa onde esteja: o sol nasce no Leste e se põe no Oeste.

Voltemo-nos para o Leste. Na Tradição Feri, o Instrumento aqui é o Bastão, representando o poder de crescimento, o Ar, a fala e novos começos.[32] O Bastão pode ser visto como o cetro do conhecimento. Como

32. Esta associação pode confundir aqueles que estão familiarizados com o Tarô, que é derivado da Magia Cerimonial. No entanto, muitas Tradições de Bruxaria usam essa associação.

o despertar do "conhecer" é um lugar importante para iniciar qualquer busca, é a chave para iniciar nosso trabalho de Magia. Este capítulo vai explorar muitos dos poderes do Ar: a visão, a respiração, o pensamento e a beleza do canto dos pássaros ao amanhecer. Aprenderemos sobre ouvir e falar, sobre invocar e pedir, que é a oração, e sobre estudar nossas formas de pensamento e percepções. Abriremos nossa consciência e purificaremos nossos sentidos, abrindo-nos para os Deuses e o mundo ao nosso redor de maneiras tão frescas quanto a brisa da manhã.

O mundo se expande e se contrai, assim como nossos pulmões, inspirando e expirando. A respiração é a fonte da vida. O ar é um começo, elevando-se a partir do Leste. Como o místico persa Rumi escreveu há muito tempo: "*A brisa do amanhecer tem segredos para lhe contar. Não volte a dormir.*"[33]

Uma Visão de Mundo Mágica

Não temos que nos desculpar pela nossa realidade.
– Victor Anderson

Nesta seção, vamos começar a examinar as concepções que temos sobre o mundo ao nosso redor e sobre nós mesmos. Como afirmei anteriormente, a autoexploração é uma atividade oculta. Ao procurar as raramente sondadas profundezas da alma e da psique, iluminamos nossa consciência sobre o que foi obscurecido. Estamos buscando o oculto: as fontes de nossa força, nosso perigo, as neuroses que nos moldam, o poder que nos guia, nossos espaços afetuosos e vulneráveis. Até que possamos caminhar nos espaços profundos, não podemos voar nas alturas.

O equilíbrio é a chave. Não um equilíbrio estático, mas um equilíbrio variável, com um fulcro que, através da prática, pode se tornar forte e flexível. Isso faz parte da dança de nossa evolução como seres humanos.[34]

Quanto às nossas concepções sobre o mundo para as pessoas do século 21, a crença religiosa muitas vezes vem depois do ceticismo e da religião da ciência. Mas como descobrimos em nosso trabalho

33. De Coleman Barks e John Moyne, *Open Secret: Variations on Rumi* (Threshold Books, 1984).
34. Doreen Valiente escreveu: "*Ao desenvolver seus poderes, o Mago e a Bruxa se desenvolvem e ajudam na sua própria evolução e no seu crescimento como ser humano: e, na medida em que fazem verdadeiramente isso, eles ajudam a evolução da raça humana*". (An ABC of Witchcraft [Bookpeople, 1989]).

com a Alma Tripla, o intelecto não é tudo e a razão não é governante. Nós humanos também somos dançarinos, poetas, cantores, amantes, jardineiros e pessoas que sentem, pessoas psíquicas e aquelas em contato com o nosso corpo. Usando todas as faculdades disponíveis para nós, podemos abrir espaço para a crença, mesmo em meio à descrença. Os Deuses são forças reais e as práticas neste livro funcionam dentro de nós. Mas elas só funcionam por meios que chamaríamos de "psicológicos"? Talvez, e não descarto a força da mente e da emoção, mas também vejo que existem processos mais sutis em ação do que podemos saber a princípio.

Bruxas, buscadores espirituais ou Sacerdotisas precisam ser capazes de manter muitas realidades como possibilidades ao mesmo tempo. Esta é uma habilidade que requer uma mente aberta, bom coração e a vontade de pensar com flexibilidade e firmeza. Como estudante de religiões, uma vez eu estava sentada em uma aula onde discutimos uma teoria postulando que a Torá foi escrita por muitos autores, muitas vezes com pontos de vista conflitantes, ao longo de muitos anos[35], sobre a famosa história do "Bezerro de Ouro", que, abaixo de seu significado religioso, foi também uma peça política escrita pelas tribos do sul de Israel contra as tribos do norte que viviam em Judá. Os judeus e cristãos mais piedosos estavam realmente lutando com isso; eles haviam sido ensinados que a Torá foi *revelada* a Moisés, não ditada por uma cadeia de autores cheios de opinião.

Meu professor se arriscou naquele dia, e suas palavras ficaram comigo. Ele disse: "*Geralmente não trago minha vida pessoal para a aula, mas acho que você deveria saber: não sou ateu*". Ele estava tentando nos explicar que tinha duas realidades ao mesmo tempo. A Bíblia hebraica, incluindo a Torá, era um texto religioso importante para ele, um judeu praticante, mas também um acadêmico do século 21, que teve de examinar outros fatos. Sua fé não foi anulada pela evidência histórica, foi informada por ela.[36]

Como Bruxa, eu preciso fazer o mesmo. Posso me sentir estranha descrevendo minhas experiências com os Deuses, sentindo que essas experiências são irracionais, mas isso não significa que elas sejam menos

35. Veja Richard Friedman, *Who Wrote the Bible?* (HarperSanFrancisco, 1997) sobre a Bíblia Hebraica e veja *Awkward Reverence* de Paul Q. Beeching (Continuum, 1997) sobre as escrituras cristãs.

36. Agradeço ao Dr. Fred Astren, por compartilhar suas experiências comigo durante muitas conversas.

reais. Tenho sentido os Deuses me cercando e se movendo através de mim, mas muitas vezes não consigo explicar essa experiência satisfatoriamente a alguém que não compartilha minha língua. Só posso tentar explicar que a razão é apenas uma maneira de acessar informações. Os Deuses podem ser reais para meu corpo ou emoções e irreais para meu intelecto racional. Aprendi a conviver com o paradoxo e a crescer com a pressão da dissonância.

Abertura para a mente do buscador

Temos a capacidade de funcionar em vários níveis simultaneamente. Quando feito conscientemente, isso é conhecido como "mente de Sacerdotisa". Por exemplo, quando estou guiando uma jornada para o transe (o que algumas Tradições chamam de "jornada interior", ou *pathworking* em inglês), certifico-me de que estou falando alto e devagar o suficiente e mantenho o ritmo e tempo apropriado, tudo isso enquanto eu mesma experimento o transe e faço meu trabalho pessoal, embora em um nível mais raso do que aqueles que estão sendo conduzidos pela jornada. Se estiver completamente fora do transe, não posso avaliar com precisão para onde a jornada está indo ou qual deve ser o ritmo. Se eu estiver muito envolvida em meu trabalho pessoal, vou me perder e ser incapaz de monitorar como as pessoas estão reagindo emocionalmente, se estão respirando regularmente e se estão bem em geral. Exercitar a mente de Sacerdotisa usa os mesmos músculos necessários para manter realidades alternativas ou reconciliar o conhecimento intelectual com experiências físicas ou emocionais.

É saudável ser crédula e cética ao mesmo tempo. A interação me mantém questionando e buscando, mas não de forma cínica. Isso me possibilita começar a pensar em termos tealógicos ou politeaológicos, mas não ficar presa em crenças dogmáticas.[37] Chamo esse estado de "mente do buscador". Em um nível pessoal, isso ajuda a aprofundar meu senso religioso tanto experimental quanto intelectualmente. A mente do buscador também me ajuda a compartilhar esse sentido de aprofundamento com minha comunidade, para que possamos nos explorarmos e nos aprofundarmos enquanto Tradição. Juntos, podemos

37. "Tealogia", uma ortografia não comum, inclui a Deusa, ao passo que "Teologia" geralmente não inclui. Muitos pagãos estudiosos usam esse termo. Às vezes também usam "politealogia".

aprender a discutir, argumentar, apresentar diferentes pontos de vista e levá-los em consideração, construindo Uma Visão de Mundo Mágica que é holística e não fragmentária.

Dito tudo isso, você não precisa acreditar em nada ou ter fé em nenhum conceito. Acredite o suficiente em si mesmo para arriscar-se a se abrir para uma nova consciência do mundo.

Os Guardiões

À medida que avançamos em cada capítulo, encontraremos e pediremos ajuda ao Guardião daquela direção. Mais uma vez, esta é uma faceta única da Tradição Feri. Enquanto um Mago pode invocar arcanjos em cada uma das quatro direções e outra Bruxa pode invocar um Guardião genérico das Torres de Observação, ou simplesmente invocar as qualidades do elemento que ela está chamando, uma Bruxa Feri tem Guardiões específicos com quem ela trabalha. Os Guardiões com os quais nos relacionamos na Feri têm seus próprios nomes e assinaturas de energia.[38] Se você não deseja trabalhar com eles, não precisa. Se decidir convidá-los para seu trabalho sagrado, pode descobrir que eles são de grande ajuda, pois são forças muito poderosas.

Há muitas maneiras pelas quais os Guardiões ajudam meu trabalho. Por exemplo, posso pedir ao Guardian do Oeste energia para ajudar no trabalho emocional. Não se trata de os Guardiões estarem pessoalmente interessados em nossa vida emocional. Em vez disso, quando estamos alinhados interna e externamente, podemos explorar as energias específicas que eles mantêm e usá-las com grande efeito.

Tradicionalmente, esses nomes eram transmitidos oralmente, mas nesta era da Internet, os nomes estão tão amplamente disponíveis que decidi apresentá-los aqui com algumas instruções de trabalho e seus aspectos. Assim, embora os nomes que lhes darei não sejam secretos, eles também não devem ser usados em círculos abertos e públicos, porque nem todos terão estabelecido um relacionamento com eles. Esta é uma advertência sobre o respeito. Se optar por trabalhar com os Guardiões,

38. Também chamados de "Vigilantes", não são seres feéricos, porém estão mais próximos do conceito dos "Vigilantes Enoquianos" ou "Nephilim". Eles guardam a "escuridão exterior", os limites do espaço.

por favor, estabeleça um relacionamento com essas forças antigas. O trabalho que faremos em cada capítulo vai apresentar a sua energia. O relacionamento depois disso é com você.

Os Guardiões estão além de gênero e nome, mudando constantemente. São forças maiores do que conhecemos, nomeá-las ou dar-lhes imagem, forma ou gênero são maneiras de tocá-las e tentar compreendê-las. Forneço aqui algumas associações que vêm de minhas próprias experiências e de dentro da Tradição Feri, mas acho válido que desenvolva seu próprio senso dos Guardiões; eles podem vir a você de formas diferentes das que vêm a mim.

Trabalhamos com os poderes da fala e da nomenclatura. Os nomes dos Guardiões são portas para suas assinaturas de energia. Repita os nomes quantas vezes for necessário, até começar a senti-los, percebê-los ou a vê-los. Trabalharemos em profundidade com um Guardião para cada capítulo seguinte.

Guardião do Leste – Buscador das Estrelas

Agora é hora de conhecer o Guardião do Leste, o portador do Bastão do Ar. Este Guardião ajuda com todos os poderes do Leste. Ele traz a nova energia do nascimento para a Esfera Sagrada e dá uma nova visão e conhecimento ao seu trabalho.

> Alinhe sua Alma Tripla. Centre e lance a Esfera azul ao seu redor. Acenda uma vela amarela pálida ou lavanda em seu altar. Vire-se para o Leste, abra-se para o poder do Guardião de lá. Comece a sussurrar suavemente: "BUSCADOR DAS ESTRELAS, BUSCADOR DAS ESTRELAS". Sinta uma respiração em sua testa. Abra-se ao Guardião do Leste. Cante seu nome, repetidamente. "BUSCADOR DAS ESTRELAS, BUSCADOR DAS ESTRELAS". Comece a sentir a presença se aproximando. Como você sente esse Guardião? Consegue ter um vislumbre dele? "BUSCADOR DAS ESTRELAS, BUSCADOR DAS ESTRELAS, BUSCADOR DAS ESTRELAS. CAVALGUE OS VENTOS E JUNTE-SE A ESTE RITO". Fale o nome repetidamente, sussurre, cante ou grite se preferir. "BUSCADOR DAS ESTRELAS. GUARDIÃO DO AR, DETENTOR DO BASTÃO FLORESCENTE DO CONHECIMENTO, ENCIMADO POR UM CRISTAL QUE TOCA A ESTRELA DA MANHÃ, NOVOS COMEÇOS, O SELF, FOCALIZADOR DA MEMÓRIA E DO INTELECTO".

O Buscador das Estrelas sopra o hálito fresco do amanhecer. Diga seu nome repetidamente. Sinta sua presença. Apresente-se.

BUSCADOR DAS ESTRELAS, BUSCADOR DAS ESTRELAS,
BUSCADOR DAS ESTRELAS.
TU QUE ÉS O PRIMEIRO ALENTO QUE BEIJA A AURORA,
CAVALGUE OS VENTOS E JUNTA-TE AOS NOSSOS RITOS.
ENCHE-NOS COM O SOPRO DA VIDA. VAMOS COMEÇAR, JUNTOS.
COMECEMOS.
TOQUE NOSSOS OLHOS, NOSSOS OUVIDOS, NOSSOS LÁBIOS.
QUE POSSAMOS FALAR SEU NOME.
QUE POSSAMOS CONHECER A VERDADE.
QUE POSSAMOS NOS CONHECER.
BUSCADOR DAS ESTRELAS, BUSCADOR DAS ESTRELAS,
BUSCADOR DAS ESTRELAS. SEJA BEM-VINDO.

Como este Guardião se manifesta para você? Escreva ou desenhe qualquer que seja a informação que lhe for concedida.

Respire fundo. Sinta a presença guardando o quadrante Leste, enorme e belo. Fique na presença deles por um tempo — sentindo, percebendo, olhando. Você pode querer escrever o que sente. Pode haver uma chave para esta presença. Ouça-a. Quando terminar este encontro, diga:

BUSCADOR DAS ESTRELAS,
OBRIGADO PELA SUA PRESENÇA
QUE EU POSSA OUVIR, DISCERNIR E CRESCER.
VÁ SE PRECISAR, FIQUE SE DESEJAR.
SAUDAÇÕES E SIGA EM PAZ.

As invocações são meus próprios exemplos. Use-as livremente, escreva a sua própria ou simplesmente fale com inspiração no momento. A última é geralmente a minha escolha. Toda poesia é inspirada e sagrada para a Feri. Abra-se ao som e à palavra.

O BASTÃO

Na Tradição Feri, a ferramenta do Leste é o Bastão. Isso pode confundir as pessoas familiarizadas com o Tarô ou com qualquer outro sistema mágico influenciado pela Magia Cerimonial. O Bastão da

Bruxa está no Leste e associado ao Ar, porque ele é o ramo dos novos começos. O Bastão se curva na brisa, o vento sussurra através dele e o fogo pode consumi-lo. Mesmo nas profundezas do inverno, um galho tem potencial, e o Bastão é esse galho.

Tradicionalmente, o Bastão tem uma ponta de cristal, como a estrela da manhã chamada pelo Guardião do Leste. Tudo o que você realmente precisa, no entanto, é de um ramo. Meu nome sendo Thorn, o meu Bastão veio de uma roseira. Você encontrará o Bastão que chama por você. Algumas pessoas recebem seus Bastões como presentes da natureza, de galhos caídos. Se for cortar qualquer planta ou árvore viva para seu Bastão, certifique-se de deixar uma oferenda. Sempre pergunte a um jardineiro a melhor época para podar, onde quer que você more.

Aqueles que são praticantes avançados provavelmente já têm um Bastão. Se este for seu caso, e você usou seu Bastão como uma ferramenta do Fogo, talvez queira escolher um novo Bastão ou reconsagrar o atual para representar o Ar. Meu Bastão está envolto em prata e é repleto de espinhos!

Caso esteja familiarizado apenas com o uso de uma lâmina para desenhar um Círculo, talvez se interesse em trabalhar com os limites mais suaves estabelecidos pelo Bastão.[39] É uma demarcação menos ríspida e pode ser um pouco mais acolhedora. Experimente e sinta a diferença. Faço isso especialmente ao convidar os poderes da criatividade, ou quando quero que o Círculo seja público, ou mais aberto.

Se ainda estiver tendo problemas para imaginar um Bastão como um criador de limites, pense na cerca. Elas são muito boas delimitadoras, amplas e adoráveis, firmes o suficiente para manter as coisas grandes do lado de fora, mas suficientemente porosas para permitir a passagem para coisas menores. O gado permanece dentro da cerca, mas os pássaros e as raposas vêm e vão.

Escutando o Bastão

Vá para uma área arborizada ou a um parque. Sinta as árvores ao seu redor. Imagine-se sentindo a seiva correndo por elas, ou permanecendo fria por dentro delas, dependendo da estação. Respire fundo. Ouça as árvores. O que eles têm a lhe dizer?

39. Agradeço a Reya pelas conversas que aprofundaram meu pensamento sobre esse tema.

Aprenda os nomes de cinco árvores em seu bairro, seu parque local ou uma área arborizada próxima. Traga-lhes um pouco de água. Se você encontrar uma árvore de espinheiro, com seus espinhos fortes e bagas vermelhas brilhantes no inverno, despeje um pouco de creme lá, ou deixe nozes para os animais, pois esta árvore é considerada uma porta de entrada para o povo das fadas.

Depois de ouvir as árvores, faça algumas de suas próprias associações para o Bastão e o Leste, do elemento Ar.

Aqui estão algumas das minhas:

AS ÁRVORES ALCANÇAM O CÉU.
UM RAMO OCO SE TORNA UMA FLAUTA.
AS ÁRVORES FORNECEM OXIGÊNIO QUE NOS AJUDAM A RESPIRAR.
AS ÁRVORES DANÇAM AO VENTO, FARFALHANDO E SUSSURRANDO.
ELAS SÃO O LAR DAS CRIATURAS DO AR.

CARREGANDO E CONSAGRANDO SEU BASTÃO

Para este ritual, você vai precisar coletar qualquer coisa com a qual deseja carregar seu Bastão. Você pode querer esfregar óleo nele para manter a madeira flexível. Eu faço isso periodicamente. Ou pode desejar amarrá-lo com fitas nas pontas. Este também pode ser o momento em que, se o seu Bastão tiver uma ponta de cristal, você oca a extremidade, derrete a cera e enrola o fio para mantê-lo firme no lugar. Tome um banho, reúna todos os seus instrumentos e prepare-se para lançar seu Círculo. Algumas pessoas consagram seus instrumentos ao longo do tempo. Você pode levar seu Bastão ao ar livre para aproveitar o sol e o vento antes de fazer a consagração formal dentro do seu Círculo. Se tiver a sorte de ter um lugar privado do lado de fora para fazer esse ritual, melhor ainda!

Aterre, centre e alinhe sua Alma Tripla. Lance a Esfera Sagrada e diga os nomes dos Guardiões. Peça a ajuda particular do Buscador das Estrelas neste trabalho. Acenda uma vela amarela. Se houver um tipo de incenso que goste, pode queimá-lo também. Passe seu Bastão sobre a vela e pela fumaça do incenso, dizendo: "EU O PURIFICO COM FOGO E COM AR, QUE VOCÊ ESTEJA ABERTO PARA RECEBER MINHA INTENÇÃO". Então, lubrifique seu Bastão, pensando o tempo todo no trabalho que quer que ele o ajude – para que ele possa ensiná-lo sobre o Ar, o discernimento e a falar a verdade. Em seguida, aumente a energia tocando tambores, cantando, dançando ou inspirando força vital, como faria na Oração pelo Alinhamento. Uma vez que se sinta pleno de energia, respire no Bastão, carregando-o com sua respiração e intenção. "NA PRESENÇA DO BUSCADOR DAS ESTRELAS E DE TODOS OS GUARDIÕES DA FERI, CARREGUE MINHA INTENÇÃO PARA QUE EU APRENDA PRONTAMENTE, FALE COM VERDADE E GUIA-ME BEM. QUE MINHA VOZ SEJA LEVADA NO MUNDO E QUE VOCÊ REPRESENTE TODAS AS COISAS QUE CRESCEM BEM DENTRO DE MIM." Ao respirar, saiba que seu poder é transferido para o Bastão, consagrando-o e carregando-o.

Outro aspecto importante da consagração dos instrumentos Feri é carregá-los com a força vital na forma potente do sexo. Você pode continuar e fazer esta próxima parte agora, ou pode abrir a Esfera Sagrada e fazer isso em outra ocasião.[40]

Unte-se com um pouco do óleo que foi usado em seu Bastão. Alcance o orgasmo e, no auge de seu poder, imagine a energia saindo de você e entrando em seu Bastão. Veja-o brilhando em sua mente com pura força, limpa e poderosa. Então unte seu Bastão com algumas de suas secreções sexuais, unindo-o ainda mais ao seu trabalho, à sua energia e a sua intenção no mundo.

Agradeça aos Guardiões, apague suas velas e envie o Fogo Azul Feri de volta à terra, abrindo sua Esfera Sagrada. *Blessed Be*[41].

Agora que seu Bastão está consagrado ao trabalho mágico, trate-o bem. Limpe-o e o lubrifique periodicamente. Veja como ele quer repousar sobre o seu altar. Eu às vezes coloco o meu em cima do meu Cálice, quando minha comunicação precisa vir mais de um espaço a partir do coração. Outras vezes o inclino para que fique de pé, correndo a energia de forma clara e limpa, pois quero que minha respiração percorra meu corpo. Seus instrumentos falarão com você ao longo do tempo, se fizer um esforço para ouvir.

---

40. Para mais notas sobre a consagração sexual e o uso da energia sexual no ritual, veja o Capítulo 4.
41. N.T.: termo corrente entre os Pagãos que é usado geralmente para finalizar qualquer ação. Significa "Abençoado(a) seja".

ANDANDO COMO UM BASTÃO

Quando comecei a trabalhar com os instrumentos da Feri, eu os imaginava em meu corpo e andava como um Bastão ou como uma lâmina. Eu sentia a energia do galho, da árvore, dentro de mim, assim como fizemos com o sol e a lua. Fazer isso me traz uma "sensação" de ter o instrumento dentro do meu corpo e uma percepção melhor acerca dele quando preciso lhe transmitir energia. Isso me dá uma noção mais clara do instrumento e de como usá-lo corretamente. Se você fosse um Bastão, o que faria?

Respire. Imagine que você é um Bastão, madeira ou cristal, flexível e forte, com um propósito específico. Caminhe para fora, sinta o ar fluindo ao seu redor e observe como você, agindo como Bastão, responde ao Ar. Caminhe, flua, dance na brisa. Como as árvores se parecem para você? Sente-se atraído por elas? Elas lhe dizem coisas que não lhe diriam em sua forma humana? De volta à sua forma humana, segure seu Bastão na mão. O que o Bastão quer? Ele lhe dirá seu nome secreto?

CIRCULANDO A ENERGIA DO BASTÃO

Como fizemos com o Fogo Azul e a lâmina no Capítulo 1, vamos praticar a aplicação de energia através de nosso Bastões.

Segure seu Bastão em sua mão dominante. Aterre, concentre e absorva alguma energia através das solas dos seus pés. Invoque uma energia dourada, amarela-pálida. Sinta esse fluxo em seu corpo. Deixe o fluxo fluir através do seu coração descendo até o cabo do Bastão. Deixe essa energia ser derramada através de sua mão, de seu Bastão, indo para terra. Experimente dar início e parar a energia. Primeiro, regule-a com a sua respiração, em seguida, imagine a energia fluindo por conta própria, dirigida pela sua intenção. Depois de terminar, deixe a maior parte da energia afundar na terra, como uma oferenda, e imagine o restante da energia sendo puxada de volta, para descansar dentro do seu Bastão.

Se sentir energia em excesso, pode soprá-la até sua Pomba Sagrada para se alinhar. Você também pode enviar um sopro para alimentar o mundo.

Embora este exercício peça para você circular a energia amarela-pálida através de seu Bastão, experimente usar ela e também o Fogo Azul, sentindo o que parece ser mais adequado ao seu instrumento.

Pedindo pelo que você quer

Vimos como o Leste detém os poderes do Ar, os poderes da fala. Agora que você tem um Bastão, pode usá-lo para pedir o que quiser.

> Quando pergunta a si mesmo o que deseja, qual é o primeiro pensamento que vem à tona em sua mente? Segure seu Bastão em sua mão e desenhe um Pentagrama de Invocação com ele, da ponta superior descendo para a esquerda inferior, para a parte superior direita, seguindo transversalmente, indo para a inferior direita e de volta para a ponta superior. Então desenhe um círculo no sentido horário ao redor da estrela. Ao desenhar, diga: "Eu invoco__________em minha vida. Este é o meu desejo, nesta minha estrela."

É muito útil perguntar a si mesmo o que você quer de sua vida, especialmente acerca de seu trabalho espiritual. Algumas pessoas querem evoluir, outras estão comprometidas com a autoconsciência e a descoberta, algumas querem comunidade, outras querem uma maneira de se sentir mais empoderadas, algumas querem se sentir mais próximas da terra, e por aí vai. Esclarecer o que quer de seu trabalho espiritual ajuda o trabalho imensamente. Além de ser uma boa peça de autoconhecimento, revela o seu caminho. Você vai encontrar menos frustrações e becos sem saída se puder avaliar seus desejos desde o início. O ideal é reexaminar isso a cada poucos anos. À medida que você muda, suas respostas às perguntas também mudarão.

> Sente-se calmamente com o Bastão apoiado nas palmas das mãos. Deixe sua respiração afundar em sua barriga. Relaxe. Alinhe sua Alma Tripla, respirando fácil e plenamente. Uma vez que você se sentir centrado, levante seu Bastão para uma posição vertical e pergunte a si mesmo: "O que eu quero acerca do meu caminho espiritual?" Ouça uma resposta de sua Alma Divina. Você pode não obter sua resposta imediatamente. Uma vez que ela apareça, desenhe novamente um Pentagrama de Invocação, deixando sua energia fluir através do Bastão, formando a estrela claramente à sua frente, azul flamejante no éter. Diga: "Eu juro______" ou "Eu chamo para mim".

OUVINDO, MIRANDO, CAMINHANDO

Depois de ter feito o trabalho preliminar de pedir o que quer, você pode fazer algum trabalho adicional de ouvir profundamente quem deseja ser e em que tipo de vida deseja caminhar. Transformaremos nossa escuta em visão e, em seguida, avançaremos nessa visão, permitindo que ela entre em nosso corpo e comece a operar suas mudanças lá. Não vamos esperar que o destino nos dê a cota da vida; em vez disso, ouviremos profundamente e seguiremos nosso próprio destino. Gosto de fazer este exercício com uma testemunha, pois muitas vezes nos sentimos constrangidos sobre aquilo que queremos para nós mesmos, como se não tivéssemos direito ao nosso verdadeiro potencial. Mesmo que você não diga as palavras em voz alta (embora eu recomende fazê-lo), uma testemunha ajuda a confirmar o processo e dar apoio. Se não conseguir encontrar uma testemunha humana, peça à Deusa Estrela e à sua própria natureza divina para testemunhar.

Limpe a si mesmo inspirando pela raiz, pela base da coluna e expirando pelo sexo. Então inspire pelo sexo e expire pela barriga, seu lugar da vontade. Inspire pela vontade e expire pelo coração. Entra pelo coração e sai pela garganta. Entra pela garganta e sai pelo Terceiro Olho. Em seguida, inspire pelo Terceiro Olho e expire pela Coroa da cabeça. Agora tome uma respiração de corpo inteiro. Desça em sua barriga e em seu coração. Comece a ouvir o que sua alma quer para você. Quem você deseja se tornar? Uma vez que uma resposta comece a surgir, mesmo que seja apenas um sentimento, deixe que ela se transforme em uma visão que tenha para si mesmo. Novamente, isso pode ser um senso de si mesmo, de postura e movimento no mundo, ou pode ser uma informação muito específica. Pegue seu Bastão e esta visão e desenhe um Pentagrama de Invocação do tamanho de um corpo no ar à sua frente. Diga o que você está invocando. (Por exemplo: "ARTISTA, PROFESSOR E CURANDOR"). Em seguida, dê um passo à frente no Pentagrama, esticando os braços para encontrar as pontas. Sinta a energia enquanto você e ela se interpenetram. Diga: "EU ACEITO ISSO EM MINHA VIDA. *BLESSED BE*".

Magia Global

Em várias ocasiões, usei meu Bastão para enviar feitiços a longas distâncias. Mais recentemente, depois que minha classe fez os exercícios anteriores, saímos e ficamos de frente uns para os outros, formando um Círculo. Atraindo energia para nossos Bastões, com a intenção de enviá-la através do Círculo e ao redor do globo, gritamos: "Eu invoco a Compaixão e a Visão Clara!" Então enviamos a energia, disparando em grandes arcos para abranger a Terra. Eu só faço essa prática com coisas que estou disposta a invocar também dentro de mim.

Ampliando sua Consciência

Perceba primeiro, acredite depois.
– Victor Anderson

Eu não preciso de fé. Eu tenho experiência.
– Joseph Campbell

Todos os exercícios deste capítulo tentam expandir nossa consciência e desenvolver a mente do buscador. Fazer essas práticas nos dará uma maior capacidade de manter todas as coisas humanas – intelecto, coração, consciência, dor, prazer, empatia e satisfação – e vai nos ajudar a entrar na consciência não comum ou mágica.

A consciência mágica é uma expansão de nossos sentidos regulares. É uma entrada para o sagrado que existe ao nosso redor, mas que pode ser encoberto por nossas ocupações, egocentrismo, depressão, autoimportância ou simples falta de consciência. Entrar no inusitado nos permite empregar atenção, em vez de foco.

Este foco pode ser estreito – como uma visão de túnel que estimula a miopia – enquanto a atenção acessa todos os trezentos e sessenta graus. A atenção permite que você receba informações da parte de trás dos braços, do pescoço, dos pés, do topo da cabeça, com sua visão periférica e seus corpos energéticos, bem como através do nariz, ouvidos e olhos. A capacidade de atenção pode torná-lo mais eficaz, com maior capacidade de processar informações e de se comunicar além dos níveis superficiais.

O exercício a seguir é semelhante à Atenção Profunda e Expansiva do Capítulo 2, porém mais simples e rápido. Acho útil praticá-lo enquanto estou caminhando ou sentada em reuniões, o que me leva a praticar com certa frequência, onde quer que eu esteja, e me ajuda a ver que posso acessar esses sentidos mais amplos a qualquer momento.

Expandindo sua Capacidade de Atenção

Embora eu tenha escrito isso como um exercício de caminhada, ele pode ser alterado para atender às suas próprias necessidades físicas. O importante é respirar e se abrir para o mundo ao seu redor. Dessa forma, você se torna mais eficaz no mundo comum e mais poderoso no não comum.

> Respire fundo. Comece a andar. Deixe seus olhos suavizarem. Sinta sua coluna se endireitar e levantar enquanto respira. Sinta seus pés pressionando o chão e, simultaneamente, sinta-se levantado do topo de sua cabeça. Observe o ângulo em que está andando. Observe seu centro de gravidade e tente respirar nesse ponto, sentindo o balanço baixo de seus quadris e de sua barriga subindo acima deles. Quanto mais pressionar para baixo, mais alto você fica. Observe seus ombros e o balanço de seus braços.
>
> Continue respirando, suave e profundamente, imaginando que sua respiração preenche todo o seu corpo. Ao respirar, sinta a parte de trás do crânio. Deixe sua consciência — sua visão — expandir para incluir a parte de trás de sua cabeça. Deixe-a expandir para os ombros nas costas e para o esterno na frente. Continue a sentir seus pés pressionando o chão e o topo da sua cabeça se abrindo para o céu acima. Continue respirando, consciente do mundo pelo qual você está se movendo, sentindo-o a trezentos e sessenta graus. Deixe sua visão periférica ampliar. Agora deixe a textura entrar, o perfume, o som. Não tente focar demais em qualquer coisa. Em vez disso, deixe a informação entrar em toda a sua consciência. Você está se movendo conscientemente, expandindo sua capacidade de envolver o mundo.

Uma vez que começar a ter facilidade para entrar e sair de estados incomuns de consciência, vai descobrir que mesmo seu estado comum vai se expandir e seus horizontes se ampliarão. Fazer amor vai abri-lo para um compartilhamento ainda mais extático e sua eficácia no local de trabalho vai aumentar, pois você se tornará um "ouvinte" melhor e mais bem capacitado para ler o que é necessário em cada situação. Você pode se encontrar assumindo o papel de mediador, porque vai sentir o que está acontecendo com menos estática emocional. Quanto mais tempo se envolver e respirar com essa prática, menos fechado vai se tornar. Você estará mais aberto à abundância, mais centrado, mais seguro e mais consciente do mundo e de suas dádivas.

Envolvendo a respiração

Provavelmente já deu para perceber que todo o trabalho que fizemos até agora começa com a respiração. Na vida comum, sem a ajuda da consciência expandida, de sentar-se ou do trabalho de postura, a respiração é muitas vezes limitada e tida como certa até quase se findar. Gostaria que você começasse a cultivar a visão de mundo de que toda Magia começa com a respiração. Saiba que pode mudar quase qualquer situação apenas mudando sua respiração. Isso é Magia.

Já começamos a experimentar nossos padrões de respiração observando como ela percorre nosso corpo e onde é bloqueada. Os exercícios a seguir mostram outras maneiras de tomar consciência de sua respiração e de aprender a envolvê-la com atenção, em vez de gastá-la de forma desregrada.

O Poder da Fala

As palavras são as embaixadoras de nossas intenções.
– Susan Harrow

A fala é um poder importante do Ar e do Leste. Enquanto o exercício Expandindo sua Capacidade de Atenção o ajudou a começar a ouvir o mundo ao seu redor, agora eu gostaria que começasse a ouvir a si mesmo. Quais são seus padrões de fala, como eles afetam seus padrões de pensamento e vice-versa? O que será que as outras pessoas ouvem quando escutam você? O que, ou quem, está falando por baixo de suas palavras? Vamos descobrir.

Comece a se perguntar: "O QUE QUERO QUE CRESÇA COM MINHAS PALAVRAS?" Essa pergunta contém o poder do Leste, o poder do Bastão. Como você usa a sua fala? Costuma jogar suas palavras fora sem pensar? Ou as acumula, engolindo-as mesmo quando a fala seria uma partilha de seu poder? Você derruba os outros com suas palavras, gastando toda a sua energia se preocupando com as ações dos outros? Não compartilha informações quando é necessário, ou, inversamente, compartilha uma superabundância de informações, falando mais do que o necessário?

A partir de agora, comece a olhar para suas palavras e para seus hábitos de fala. Observe seus padrões, seu tom de voz. Você fala sarcasticamente ou sempre com um tom questionador? Como você fala com intenção? Da próxima vez, antes de falar, pratique a inspiração consciente, observe sua coluna, enquanto estiver sentado ou em pé. Sinta as palavras crescerem dentro de você, acumulando poder. Quando sentir que elas devem ser faladas, abra a boca.

Ouvir a mim mesmo dessa maneira me ajudou a falar com mais clareza, a me envolver cada vez menos em fofocas maliciosas e a falar com mais intenção e autoridade. Você pode notar que, quando fala com mais intenção, sua voz fica um pouco mais profunda do que o normal e é menos apimentada com lixo verbal, como "umm" ou "sei". As pessoas podem começar a responder a você de maneiras surpreendentes. Se começar a ouvir a si mesmo, as pessoas podem realmente ouvi-lo.

O exercício a seguir é outra maneira de avançar em direção à integridade e à graça.

Antes de falar, respire fundo e imagine um Bastão, um galho brilhando em sua mão. Segurar este instrumento mágico em sua mente o ajudará a falar como uma pessoa de respiração profunda e intenção sonora, pois isso irá lembrá-lo de que suas palavras são ferramentas mágicas. Que palavras você quer que cresçam a partir do seu Bastão? Fale essas palavras.

O Poder de Nomear

Eu sou seu anão.
Eu sou o inimigo interior.
Eu sou o chefe dos seus sonhos.
– Anne Sexton, "Rumpelstiltskin"[42]

Nomear é outro poder da fala, um poder do Ar. Em contos de fadas e mitos antigos, muitas vezes lemos que uma vez que um feiticeiro ou criatura mágica encontrou seu verdadeiro nome, ele teve controle sobre sua alma. Essas histórias nos dão uma pista importante de que os nomes estabelecem relações. Quando criança, aprendemos que nomear algo é um passo para ter maior conhecimento de sua natureza. "Cão" é diferente de "grama" ou "céu".

Por outro lado, uma vez que uma coisa é nomeada, seu poder sobre nós deixa de prevalecer, como no conto de Rumpelstiltskin, quando a revelação do nome mágico do homem permitiu que a filha do moleiro ficasse com seu filho. Esse poder de nomear pode estabelecer uma relação com nossos pontos cegos, hábitos e as cenas emocionais que mantêm partes escondidas de nós mesmos. Ao usar nossos exercícios e chaves para a lembrança, podemos ter vislumbres rápidos de nossos estados. Ao nos tornarmos conscientes de atividades quase inconscientes – como uma frase que repetimos para nós mesmos, por exemplo –, podemos começar a ver nossa psique. Uma vez que começamos a obter esses vislumbres, podemos começar a rastreá-los, sobrepondo essa impressão de hoje com outra da semana passada, até que uma imagem lentamente comece a se formar. Então podemos tentar nomear nossos pontos cegos, hábitos ou cenas.

Uma vez que nomeamos nossas tendências, elas não têm mais tanto controle sobre nós, pois não estão trabalhando apenas nas sombras. Ganhamos algum controle sobre elas e podemos observá-las, comentar sobre elas e talvez não agir sempre de acordo com os desejos delas. Por exemplo, quando percebi que estava extremamente impaciente, e até vi que uma parte do meu cérebro parecia estar conectada dessa maneira, querendo pular da estaca zero para a estaca quatro, pude começar a exercitar cada vez

42. From Anne Sexton, *Transformations* (Mariner, 2001).

mais paciência em minha vida. Minha impaciência ainda está presente, mas não tenho mais controle sobre meu comportamento. Rumpelstiltskin não pode fugir com os frutos do meu trabalho.

> Use os exercícios de consciência que já começamos a praticar e comece a observar as partes de você que ainda não têm nome. Um diário para mapear seu trabalho interno pode ajudar. Nomear algo, escrevendo-o, é poderoso. Também vai ajudar, daqui a três meses ou um ano, a olhar para trás em seu trabalho e ver como progrediu e o que pode ter perdido.

Contando sua Respiração

Este exercício é uma ajuda para que sua prática tenha maior oportunidade de ouvir sua Alma Divina. Ele vai ajudar a acalmar seu cérebro e a aumentar sua capacidade de permanecer presente. No entanto, é importante não ficar preso na contagem. Assim, eu o projetei para ser feito apenas até a metade da sua sessão. Então você deixa a técnica fluir e permanece sentado, deixando a Pomba Sagrada se aprofundar e subir, observando e ouvindo.

> Segure a imagem da chama azul no olho da sua mente. Deixe-a flutuar bem na sua frente, saindo do espaço do seu Terceiro Olho. Agora, comece a observar sua respiração. Tente fazer com que sua inspiração corresponda à sua expiração. Comece a contar sua expiração. Inale. Expire. Um. Inale. Expire. Dois. Tente fazer isso até a contagem de trinta exalações, mantendo a chama azul no olho da mente o tempo todo. Pensamentos intrusos podem borbulhar, como a necessidade de ajustar sua postura, por exemplo. Se você ficar preso em um pensamento e perceber de repente que está em nove, mas o último número que se lembra de ter contado é o cinco, comece sua contagem novamente. Inale. Expire. Um. Inale. Expire. Dois. Comece isso quantas vezes for necessário, até chegar à contagem de trinta. Feito isso, deixe a contagem e o visual da chama azul se evanescerem. Sente-se em silêncio consigo mesmo.

Eu gosto dessa prática, porque ela me mostra o quão rápido os pensamentos podem entrar e eu posso ser pega por eles, basta o espaço entre uma inspiração e uma expiração. Os pensamentos são rápidos e, se estiverem ligados às emoções, são muito mais tenazes. Sentei-me outro dia com alguma agitação emocional. Meus pensamentos continuaram pegando essas emoções, mergulhando-me em conversas detalhadas, embora fantasmas, em minha mente. Tive que me reorientar várias vezes com a contagem e a visualização. Foi muito útil e minhas emoções finalmente se sossegaram o suficiente para eu me sentar com calma. Tem dias que não preciso dessa prática, mas quando preciso, fico feliz. Isso permite que meu observador parado se aprofunde mesmo em meio ao tumulto.

Algumas pessoas relataram que ficam frustradas por não conseguirem completar a contagem. Elas continuamente têm que começar de novo. Ressalto que essa é uma ótima informação sobre elas mesmas que não tinham antes! Tudo pode me dar informações. Se posso dizer: "*Ah, fico frustrada se não consigo fazer algo perfeitamente*", então me lembrei de um pedaço de mim. Posso então olhar para esta parte de forma mais profunda e completa, começando a mapear suas conexões com outras partes, formando um senso mais holístico do Self.

Limpando os Sentidos

...a perda de qualquer um dos sentidos acarreta a perda de uma porção correspondente de conhecimento.

– Aristóteles[43]

Coloco este exercício no capítulo sobre o Leste, porque nossos sentidos iniciam nosso relacionamento com tudo que está fora de nós mesmos. Nossos sentidos nos conectam com o resto do mundo – ver, saborear, tocar – e são encontrados dentro dos elementos da vida. Por exemplo, o espírito se conecta com a visão, porque temos diferentes camadas de visão – tanto física quanto o que chamo de "olhos do espírito", o psíquico ou intuitivo. O ar traz ondas sonoras aos nossos

43. *Posterior Analytics*, I:18, 81a 36. Ver *The Basic Works of Aristotle*, editado por Richard McKeon (Random House, 1941).

ouvidos e o fogo carrega os cheiros de frutas amadurecendo ao sol ou de pão assando em forno quente. A água em nossas bocas espalha sabor em nossas línguas, carregada pela saliva. Nosso corpo, ossos e carne, sólidos como a terra, são as casas do toque, e nossa pele está viva como a casca de uma árvore. Toque a terra, pois à terra pertencemos.

> Visão, olfato, audição, tato, paladar. Faça uma respiração profunda. Sinta ela preenchendo-o. Agora imagine que está respirando pelos olhos, clareando a visão. Respire através deles novamente, pedindo uma nova visão, uma maneira nova e feérica de ver o mundo. Deixe seus olhos se abrirem para a Magia do mundo, para uma paisagem secreta cheia de belezas ocultas. Faça uma grande e limpa respiração pelo nariz. Agora respire novamente, pedindo um olfato mais sutil, uma forma de captar os aromas da vida e da morte, dos animais, das plantas, das brisas perfumadas. Seus ouvidos também estão conectados à garganta e às vias aéreas. Envie sua respiração pelos ouvidos, sentindo-os abertos. Peça que seus ouvidos estejam mais sintonizados com o som, a música, o vento suspirando, o farfalhar dos galhos, as palavras verdadeiramente ditas. Envie sua respiração ao longo de sua pele. Sopre em suas mãos, nas pontas dos dedos. Ore por um toque sensível, por profundidade de comunicação através de seu corpo. Respire através de suas papilas gustativas, sentindo sua respiração flutuar no topo de sua língua, limpando velhos gostos e atraindo pureza. Peça agora por um paladar expandido, tão aguçado que quase pode sentir os cheiros atraídos pelo seu nariz. Prove a maravilha do mundo, aberto a cada mordida.

À medida que sua facilidade para a plena consciência aumenta, o próprio mundo se abrirá para você, mostrando-se em toda a sua sacralidade. Parte do que sentir com suas faculdades recém-despertadas pode ser desconcertante, surpreendente ou até assustador. Você não está acostumado a ver o mundo dessa maneira. Respire, conecte-se com a Pomba Sagrada e saiba de seu poder, e de que está vivo. Quando seus sentidos se tornarem mais aguçados, tente ativá-los, em vez de voltar aos seus hábitos normais.

> Prepare uma refeição ou vá ao seu restaurante ou café favorito. Sinta a fragrância das coisas frescas, vivas. Deixe seus olhos realmente observarem cada movimento que faz. Toque nos vegetais ao cortá-los. Ouça os sons do vapor chacoalhando a tampa da panela. Não deixe que levar um garfo à boca se torne automático. Sinta o peso disso. Sinta a mudança de temperatura

contra seus lábios à medida que a comida se aproxima da sua boca. Então deixe o gosto se abrir em sua língua. Se estiver comendo com outras pessoas, absorva-as também com seus sentidos. Respire fundo, converse e fique atento ao toque do guardanapo e ao sabor da comida na língua. A vida é boa.

Sentindo o Mundo dentro de Você

Você está conectado ao mundo. Os ciclos da vida se movem, fluem; Continue diariamente e mensalmente com projetos, relacionamentos e mudanças ao longo de sua vida. Desta forma, você é como as estações, como o dia se transformando em noite, os pássaros bicando as águas-vivas na praia e como o próprio oceano, a maré entrando e saindo, enchendo e esvaziando praias, bacias e poças.

A Tradição Feri é uma Tradição de Bruxaria baseada no êxtase, e não na fertilidade. Isso significa que nós, como humanos, temos conexão direta com os elementos da vida, com a Natureza e com os Deuses. Podemos desenvolver liturgia e há belos poemas, lançamentos de Círculos e rituais dentro da Feri, mas o importante é que, através do uso de nossos instrumentos, podemos nos tornar mais abertos a uma conexão direta com a vida, criar novos rituais e invocar espontaneamente.

Tradições de Bruxaria baseadas na fertilidade tendem a procurar a polaridade sexual fora do indivíduo, desenvolvendo formas de trabalhar com sexo e gênero, vendo homens e mulheres como representantes de qualidades específicas que são masculinas ou femininas. A Feri não faz isso, sentindo que cada pessoa pode equilibrar as qualidades sexuais dentro de si, tanto energética quanto fisicamente. Todos os Deuses e humanos, sejam masculinos, sejam femininos em sua forma, detêm o poder de Deus em si Mesma, a energia da criação, luxúria, amor e uma conexão com os inícios. Todas as mulheres mantêm o masculino dentro de si e todos os homens têm o feminino dentro de si mesmo, juntamente às inúmeras formas de ser que estão além e entre os gêneros. Não uma coisa ou outra, somos humanos em todas as suas formas.

Observe como você se sente "masculino" ou "feminino" em um determinado momento. Quais qualidades fazem você se sentir assim? Esse sentido muda de acordo com as diferentes situações em que se encontra? Ou sempre se sentiu muito de uma forma ou de outra? Como esse sentimento de energias e qualidades de gênero formam sua identidade internamente?

CONECTANDO COM OS DEUSES

No capítulo anterior, consideramos a imanência e nossa própria divindade. Dentro dessa conexão, existe a multiplicidade. Em meio à dança da imanência, sobressaem as especificidades, formando-se em torno de ideias, emoções, forças naturais ou lugares e culturas específicas. Estes são os Deuses, e podemos experimentá-los em nossa vida cotidiana a qualquer momento. Por causa do frescor da atitude necessária para encontrar a Divindade dessa maneira, coloco os exercícios seguintes neste capítulo do Leste.

Nossa percepção dos Deuses começa na meia-luz entre a noite e a manhã, pois as Divindades vivem no lugar da poesia e da sombra, bem como nos reflexos da luz do sol, tão brilhantes que os olhos humanos não conseguem ver. Os Deuses habitam as áreas entre o espaço, o tempo e a consciência. Nossas ligações com eles podem ser tênues, principalmente emocionais, às vezes físicas – um formigamento na parte de trás da cabeça, uma sensação no peito, o toque de um dedo na testa. É por isso que os estados alterados de consciência provocados pelo canto ou lançamento da Esfera são úteis para entrar em contato com os Deuses. Esse contato não faz parte da consciência comum para a maioria de nós, mas requer treinamento, uma habituação. Os talismãs nos ajudam como ferramentas de foco: o martelo de Thor ou a cruz de Brigit, um galho em flor, um chifre encontrado no chão da floresta, uma pena de pavão ou uma estátua. Todos esses objetos podem ajudar a focalizar nossa consciência, dando-nos um sistema de símbolos como forma de entrar em relacionamento com os Deuses.

Abra as janelas e deixe o ar fresco soprar pelos quartos, enchendo os pulmões e abrindo os olhos. Prepare-se para deixar de lado seus preconceitos e abra-se para a experiência. Na Feri, o gênero é fluido, tão mutável e variado quanto os Deuses, embora às vezes eu use palavras de gênero para descrever as energias das Divindades, porque nossa cultura não tem palavras para abranger a totalidade da experiência de gêneros, sexualidades e Deidades. A Feri tem Deuses específicos, que encontraremos mais tarde. Por enquanto, tentaremos sentir o divino na natureza, em suas diferentes formas.

Parte um

Vá para um lugar na natureza onde possa ver, sentir, tocar ou saborear um ou mais elementos. Enquanto se move pelo espaço, sinta o ar em sua pele: está quente, frio? Sinta a terra abaixo de você. Comece a respirar profundamente, levando-se ainda mais a um estado de consciência incomum. Ao respirar, diminua o movimento. Sua atenção deve estar ao seu redor, trezentos e sessenta graus. Permita-se sentir o que está atrás, acima e abaixo de si mesmo. Agora, permita que sua atenção recaia sobre algo menor: uma flor, uma árvore, um pássaro, um pouco de água. Respire. Abra-se para essa pequena coisa. Peça por mais informações. Peça que a divindade venha até você. Sinta a divindade que flui através da Natureza. Tente sentir o Espírito do Lugar, bem como a presença imanente maior. Sinta como sua própria natureza divina responde a isso.

Parte dois

Sente-se em seu altar de frente a um objeto que represente uma Divindade. Este objeto pode ser feito pelo homem ou vir da Natureza. Usando o mesmo método que usou para o ar livre, comece a desacelerar sua respiração e mova-se para um estado alterado de consciência. Deixe o objeto crescer. Peça pela presença da divindade. Deixe a presença crescer ao seu redor enquanto respira. Permita-se sentir. Esteja aberto a ouvir ou ver algo incomum.

Passe algum tempo nesta presença divina, então abra-se para o espaço quieto que reside em sua barriga e envie uma respiração lá para centrar você. Agradeça à Deidade e deixe a energia retroceder. Abençoe-se e a sua própria Alma Divina.

Conectando-se com os Deuses da Feri

Esses Deuses estão sendo apresentados neste capítulo no Leste, porque são deidades que iniciam os ciclos de vida e novidade. Eles emergem dos primeiros impulsos da criação e estão ligados à lua nova e à primavera florescente.

NIMUE

Ela ri em meu coração, a sabedoria da juventude e da primavera. Ela é profunda inocência e engloba a selvageria dos primeiros movimentos de luxúria, corpo e conexão com a Natureza. Nimue é o frescor e o poder de seduzi-lo para o sol e a floresta. Ela também pode o atrair, se não for cuidadoso, para espaços que se tornam perigosos se seus olhos não estiverem abertos. Ela pode cegá-lo com prazer, seduzi-lo à embriaguez e selá-lo em uma árvore. Ela é inocente e, portanto, não é moral como os adultos humanos são. Nimue é brincalhona e perigosa. Abra-se a ela para o perigo contido na verdadeira alegria. Você não tem nada a perder a não ser sua vida austera. Ela é toda a primavera bombeando em seu corpo fresco, salvando seu coração com esperança.

DIAN Y GLAS

O Deus Azul, o mesmo azul esverdeado do oceano e a parte inferior das folhas novas. Ele também é a felicidade sexual da juventude. E está mais próximo de sua própria alma divina. Pense em Krishna em sua aparência de flautista. Todos o amam. Em sua forma madura, ele é o pavão, lindo e terrível.[44] Mas como Dian y Glas, o Deus Azul é o espírito brincalhão, o riacho que desce. Ele é a sexualidade inocente, polimorfo, vivo com a terra. Você está em contato com ele quando todos os seus sentidos estão vivos, quando o vento ou o sol em sua pele o enchem de prazer. Quando alinha sua Alma Tripla e sente a adrenalina. Esta é a sexualidade engajada com o mundo, aberta a todas as possibilidades.[45]

Nossa Tradição é de poesia, mas também do êxtase que vem do contato direto com as forças da natureza e do espírito. A poesia mais verdadeira vem desse poço de conexão. Os Deuses se movem através de nós e os Elementos da Vida compõem nossa respiração, ossos e sangue. A brisa canta através de nós e o oceano chama a água em nossas células.

A inspiração é essencial para Feri. Aprenda a ouvir com seus ossos. Aprenda a falar com suas sinapses. Começaremos esta prática abrindo-nos para duas grandes forças em nossa vida na Terra, e em nossa vida como Bruxas: o sol e a lua.

---

44. Vamos encontrar o pavão no Capítulo 9.
45. Esses nomes de Deus são galeses e pronuncia-se "*Nímue*" e "*Dianíglés*".

Dançando o Sol e a Lua

Se eu estivesse com você agora, tocaríamos tambor e dançaríamos e eu o convidaria para o centro do Círculo, para invocar e dançar a energia do sol, sentir seu calor em sua pele, suar e chamá-lo para dentro de você até que estivesse correndo com ele, quente, vibrante, vital.

E se o dia estiver ensolarado, vá ficar de pé ao ar livre enquanto termina de ler esta seção. Se não tiver sol, lembre-se de um dia em que o sol brilhava acima de você aquecendo seus ombros. Sinta-o mesmo em um dia chuvoso, com neve ou nevoeiro. Ele ainda projeta brilho por trás das nuvens ou da neblina que o obscurece. O sol está lá fora, flamejando constantemente enquanto nos movemos em uma dança em arco ao redor dele, atraídos por seu calor e pela força giratória da gravidade.

> Respire fundo. Feche os olhos por um momento e sinta o sol. Vire-se para ficar de frente para ele. Comece a respirar. Imagine que você pode respirar o poder do sol, seu calor, sua força. Leve-o para a barriga. Permita-se começar a se mover com ele. Dance a dança do sol. Se for desconfortável para você estar ao ar livre, simplesmente faça isso dentro de si, guardando-o para mais tarde, quando puder dançar a dança do sol. Puxe o sol para baixo, chame-o para o seu Círculo. Dance o sol. Dance. Cante isso. Toque tambor. Como é sentir o sol? Puxe, puxe para baixo. Você está repleto de sol. Ele não está mais fora de você. Comunique-se com ele. Dance com ele. Toque o sol assim como ele toca você. Dance com o sol por mais um tempo. Você é uma beleza radiante, poderosa, vivificante e forte.
>
> Realize outra respiração. Comece a desacelerar. Sinta a sua pele tornar-se sua, sinta o sol retroceder além do seu alcance. Ele ainda aquece e alimenta você, mas está longe novamente. Sinta seu corpo, humano e vivo. Inspire e expire. Você é lindo. Agradeça ao sol. Mande um beijo para ele. Alinhe sua Alma Tripla com a energia que passa por você. *Blessed Be*.

Se eu estivesse com você agora, cantaríamos e dançaríamos e eu o convidaria ao centro do Círculo para invocar e dançar a energia da lua, senti-la brilhando em seu rosto, sentir o ar da noite ao seu redor, chamando o brilho no meio da escuridão para dentro de você, até que fluísse com ela, clara, radiante e profunda.

E se a noite estiver enluarada, vá para a área externa ou fique em uma janela onde ela possa brilhar sobre você. Se não puder ver a lua, sinta sua atração nas águas do seu corpo. Saiba que ela está se movendo no céu, além da terra. Comece a respirar o brilho da lua e sua luz branca prateada. Sinta-a em qualquer fase em que a lua brilhe: ela é uma crescente promissora ou uma gibosa, grávida, mas ainda não completamente cheia? Está a caminho da escuridão e da sombra, ou brilha totalmente acima de você, mantendo toda a força da beleza, distância e desejo?

> Respire fundo. Feche os olhos por um momento e sinta a lua. Vire-se para ficar de frente para ela. Comece a respirar. Imagine que você pode respirar o poder da lua – sua quietude, sua promessa. Leve-a para a barriga. Permita-se começar a se mover com ela. Dance a dança da lua. Se for desconfortável para você dançar ao ar livre, fora da segurança de sua casa, apenas leve isso para dentro de si, guardando-a para mais tarde, quando puder dançar a dança da lua abandonadamente. Puxe a lua para baixo, chame-a para o seu Círculo. Dance a lua. Dance. Cante isso. Toque tambor. Como é sentir a lua? Puxe, puxe-a para baixo. Você está repleto da lua. Ela não está mais fora de você. Comunique-se com ela. Dance com ela. Ela brilha dentro de sua barriga. Toque a lua assim como ela toca você. Dance com a lua por um tempo.
>
> Realize outra respiração. Comece a desacelerar. Sinta sua pele tornar-se sua, sinta a lua retroceder além do seu alcance. Ela ainda brilha em você e o alimenta, mas está longe novamente. Sinta seu corpo, humano, vivo. Inspire e expire. Você é lindo. Agradeça a lua. Manda um beijo para ela. Alinhe sua Alma Tripla com a energia que passa por você.

A dança com o sol e a lua não é apenas uma maneira de trabalhar com energias externas a você de uma maneira inspirada e física, é o primeiro passo para as práticas avançadas de aspectação e possessão, nas quais os Deuses podem realmente falar e se mover através de seu corpo, em graus variados de intensidade. Isso é algo feito apenas por Sacerdotes e Sacerdotisas treinados. No entanto, qualquer pessoa é encorajada a se abrir para a inspiração.

Colocando a Fala em Ação

Tendo respirado os poderes do Ar, examinado nossos padrões de fala e invocado nossas visões, é hora de voltar-se para o Fogo, elemento que concede os poderes da vontade e da ação às nossas palavras, permitindo-nos avançar mais plenamente para a vida que desejamos viver.

4

Sul: Acionando a Chama

Entre no quadrante Sul: o lugar do Fogo, da vontade e do desejo. Nosso instrumento aqui é a lâmina – o Athame ou a Espada. A lâmina, forjada no fogo, é temperada pela nossa vontade e pelo mundo. Quanto mais ela for temperada por nossa vontade e pela vontade da Deusa, por meio de nossa conexão com a Divindade, menos será forjada pela cultura circundante. Faça a sua própria lâmina, alimente-a com seu fogo. Seja claro sobre o que quer; aprimore-se. Esta não é uma lâmina fria e intelectual, é uma lâmina quente, cheia de sexualidade e desejo e a força vital que percorre todas as coisas. Quanto mais forte essa lâmina se torna, repleta da confiança do orgulho, mais ela traz consigo o poder da lei.

O Ar alimenta o Fogo e viramos do Leste para o Sul. Tradicionalmente, este é o lugar da chama, do calor, da energia ascendente e da ação.

A hora é o meio-dia, com o sol em plena potência; isso se opõe ao Norte, que guarda o mistério obscuro da meia-noite. O instrumento aqui é a lâmina, forjada no fogo. A lâmina – seja a Espada ou o Athame da Bruxa[46] – representa a força de vontade e o poder de escolha. Como você vai exercer suas habilidades? O que desperta sua energia? O que alimenta sua força vital? Caminhe em direção ao Fogo.

46. Um nome de origem incerta, usado para a lâmina consagrada que uma Bruxa usa para lançar seu Círculo ou Esfera.

Tocando os Quatro Fogos

Victor Anderson falou sobre quatro tipos de energia do Fogo – brasa, chama, fagulha e estrela – e me perguntou: "*Qual tipo você está usando?*" Esta é uma questão importante. A *brasa*, é o mais sustentável, mas precisa de combustível externo para fazer qualquer coisa funcionar e até para continuar queimando. Brasas não queimarão para sempre se não for dado a elas mais combustível para se tornarem chamas. Este Fogo é o nível básico de saúde e bem-estar com o qual nascemos. A chama é o produto de nosso trabalho, da nossa intenção e da alimentação física, sexo e exercício, tudo isso alimentado por um fogo constante em brasa. Por sua vez, a chama mantém o leito de brasas queimando forte e firmemente. *Fagulha* é o poder do relâmpago, o clarão de inspiração difícil de sustentar, mas que pode nos dar *insights* ou rajadas extras de energia, que retornam para alimentar a criatividade ou a ação. É também a chama de conexão do maçarico do soldador e pode ajudar a juntar peças díspares, mas não pode fazer o trabalho de formar as peças em si. Essa é a energia que usamos quando estamos apaixonados ou quando trabalhamos em um novo projeto empolgante.

Fogo estelar é o êxtase dos Deuses; guarda aqueles pontos de comunhão alcançado durante a meditação ou oração intensiva, na dança selvagem ou no sexo alegre, onde me sinto tão aberta e tão em chamas que estou quase consumida. Posso obter *insights* valiosos nesses espaços, mas eles não são sustentáveis. O fogo estelar não é uma energia na qual devemos permanecer. Se nosso trabalho é nos tornarmos mais humanos, devemos trazer o êxtase de volta, em nossa vida diária. Embora possamos tocar os reinos dos Deuses ou das fadas, não devemos fugir para eles. Tanto o fogo estelar quanto a fagulha podem elevar os níveis gerais dos fogos mais básicos da brasa e das chamas. Eles fazem isso emprestando vitalidade e inspiração. E sem carvão e brasa fortes, a fagulha elétrica ou o fogo das estrelas podem nos queimar rapidamente.

Força vital alimenta mais força vital. Precisamos aprender o que nos alimenta e como não temer os incêndios que, a longo prazo, alimentarão nossa capacidade de sermos saudáveis, felizes, sexy, criativos e produtivos.

Se estamos acostumados a viver em um nível baixo de energia, bem contido e seguro, uma onda de nova energia pode parecer esmagadora, fazendo com que queiramos parar. Ou se estamos acostumados a usar alta energia apenas em rajadas curtas que nos deixam esgotados, como ficar muito zangados e depois nos sentirmos exaustos ou sair para dançar e não conseguir levantar no dia seguinte, podemos desconfiar dessa energia e ter dificuldade de encontrar formas de tornar nossa vida e nossos trabalhos mais sustentáveis.

> Comece a perceber onde e como você gasta sua energia. Você é insano, fica facilmente esgotado, é deprimido, doente? Você se superestima? Tem dificuldade para sair da cama? O que poderia ajudá-lo a se equilibrar? Pergunte a si mesmo: "como posso fazer melhor o meu trabalho na Terra? Como posso alimentar um fogo sustentável? O que posso alimentar que também me manterá alimentado? Qual é a minha linha de base de energia e como posso aumentar esse nível para manter mais energia de maneira saudável?".

Os padrões que considero úteis para sustentar a brasa e a chama, bem como para facilitar o acesso à fagulha e ao fogo estelar, são exercícios físicos regulares e práticas diárias de meditação, juntamente ao alinhamento da Alma Tripla. Comida e sexo satisfatórios e saudáveis também são eficazes.

O Fogo da Vontade

A vontade é uma faceta importante do nosso ser. Sem vontade, não nos movemos no mundo, perambulamos por aí como a galinha do cartunista Gary Larson's em *"Boneless Chicken Ranch"*. Nosso próprio compromisso de fazer o trabalho espiritual depende de nossa vontade, caso contrário, recorremos apenas ao comportamento habitual e giramos nossas rodas sem propósito. Para ser uma Bruxa, é preciso se relacionar com a vontade. É o primeiro ato da religião esotérica em vez de exotérica. Se quisermos nos abrir para nossa vida espiritual, devemos nos esforçar para estudar aquilo que permanece no interior – o esotérico – em vez de confiar em uma estrutura definida fora de nós mesmos para nos ensinar as qualidades exotéricas ou externas.

Como uma Tradição de Magia multicolorida, a Feri exige nossa total atenção ao esotérico do porquê nós, como indivíduos, teremos que tomar nossas próprias decisões éticas e mágicas. Podemos ter guias ao longo do caminho, mas ninguém pode nos dar respostas absolutas. Eu aprecio essa ênfase no comportamento ético em vez da moralidade prescrita. Ela coloca a responsabilidade firmemente sobre meus ombros, exigindo que eu use todas as minhas habilidades e cultive os colegas para focalizar a mim mesma e tentar discernir a verdade e a ação correta com mais clareza.

O centro da vontade se encontra em sua barriga. No sistema de chakras, ele brilha em amarelo-dourado. É o centro de força e energia em muitas Tradições. Aqueles que estudam medicina asiática ou artes marciais estarão familiarizados com *chi* ou *qi*. Também existem tradições celtas sobre "fogo na barriga". Os músculos do abdômen retêm fisicamente sua capacidade de se mover para fora e para trás. Como esses músculos sustentam fortemente as costas, sua vontade apoia a capacidade de assumir responsabilidades. É bom conhecer sua barriga.

Envolvendo a Barriga

Você tem vontade de continuar? Seu interesse está desperto? Você está respirando e presente? Então vamos continuar, agora que fizemos essa escolha. A seguir está um exercício para ajudá-lo a envolver sua vontade usando seus músculos abdominais.

> Ao longo do dia, observe sua barriga. Tente envolver seus músculos enquanto caminha. Aperte e solte-os enquanto estiver na fila em algum lugar. Experimente com os músculos abaixo do umbigo e os que estão mais acima, perto do diafragma. Faça uma aula de ioga, faça abdominais, aprenda dança do ventre ou *qigong*, ou simplesmente tente andar o mais ereto possível, envolvendo os músculos do estômago enquanto se move. Ao fortalecer seus músculos, deixe sua intenção fortalecer sua vontade. Ao inspirar, imagine o amarelo-dourado ficando mais claro e mais forte, refletindo a presença de sua vontade e disposição. Deixe que os músculos da barriga o segurem com firmeza, porém com suavidade, assim como você mantém sua vontade.

O Guardião do Sul – Chama Brilhante

Agora é hora de conhecer o Guardião do Sul, o Guardião do Fogo e da lâmina. Faça os preparativos necessários para este trabalho. Alinhe sua Alma Tripla e lance a Esfera Sagrada. Este Guardião pode ajudá-lo com trabalhos que precisam de alta energia, coragem e clareza de vontade.

Acenda uma vela vermelha ou laranja. Vire para o Sul. Comece a se abrir para a presença do Guardião. Respire fundo. Respire profundamente, conectando-se ao seu cordão de aterramento. Lance a Esfera azul ao seu redor. De frente para o Sul, comece a sussurrar, bem baixinho: "CHAMA BRILHANTE, CHAMA BRILHANTE. CHAMA BRILHANTE. ACENDA OS FOGOS E JUNTE-SE A ESTE RITO". Sinta o calor em sua barriga.

Abra-se ao Guardião do Sul. Cante seu nome repetidamente. Cante, grite. "CHAMA BRILHANTE. CHAMA BRILHANTE. CHAMA BRILHANTE". O portador da espada, forjada na chama da vontade do calor do sol do meio-dia. Diga seu nome repetidamente. Sinta a presença. Apresente-se.

CHAMA BRILHANTE, CHAMA BRILHANTE, CHAMA BRILHANTE.
VOCÊ QUE É O LAMPEJO DE CALOR NO SOL DO MEIO-DIA,
ACENDA OS FOGOS E PARTICIPE DE NOSSOS RITOS.
ENCHA-NOS COM O CALOR DO PROPÓSITO.
QUE POSSAMOS NOS ELEVARMOS, JUNTOS,
VAMOS SUBIR.
TOQUE NOSSA PELE, NOSSO SEXO, NOSSAS MÃOS.
QUE POSSAMOS APRENDER SOBRE NOSSA VONTADE.
QUE POSSAMOS CONHECER OS CAMINHOS DA JUSTIÇA.
QUE POSSAMOS FALAR COM ORGULHO.
CHAMA BRILHANTE, CHAMA BRILHANTE, CHAMA BRILHANTE.
SEJA BEM-VINDO.

Como este Guardião se manifesta para você? Escreva ou desenhe as informações que recebe. Respire fundo. Sinta a presença guardando o quadrante Sul, enorme e belo. Quando terminar esta reunião, diga:

CHAMA BRILHANTE
OBRIGADO POR SUA PRESENÇA
OBRIGADO PELAS DÁDIVAS DO FOGO.
QUE EU POSSA SENTIR A ESSÊNCIA
E APRENDER SOBRE MINHA VONTADE.
VÁ SE PRECISAR, FIQUE SE DESEJAR.
SAUDAÇÕES E SIGA EM PAZ.

A Lâmina

Na Tradição Feri, a lâmina – seja a faca chamada "Athame", seja a "Espada" – é um instrumento do Sul. A lâmina é forjada no fogo e pode conduzir calor. Representa a força de sua vontade, que repousa no fogo de sua barriga. Alguns Sacerdotes da Feri usam lâminas que não são de aço por causa das lendas de que o povo das fadas é alérgico ao ferro. Devemos lembrar, no entanto, que somos humanos, e o ferro chama nosso sangue, tornando-o uma substância adequada para um instrumento humano. É como humanos que empunhamos esse instrumento, para cortar cordas e traçar limites e conhecer as fronteiras sobre as quais caminhamos.

Já vi lâminas feitas de sílex, obsidiana, cobre, prata ou madeira. Eu tenho uma lâmina de aço e uma feita de azeviche. O Athame da Bruxa tradicional é de aço com dois gumes e cabo preto. Veja o que é melhor para você e pense nas qualidades de uma lâmina que melhor refletem sua vontade.

Estendendo sua Vontade

Segure a lâmina em sua mão. Aterre e centre. Chame o Fogo da Terra para dentro de você. Respire a força vital. Encha sua barriga de vida, de fogo, de vontade. Toque seu abdômen e sinta sua vontade crescendo sob suas mãos. Sua vontade é forte ou fraca? O fogo que desce por seu braço e entra em sua lâmina cresce e é refinado em sua barriga. Imagine que a lâmina é uma extensão de sua vontade. Sinta-a em sua mão. Segure-a. Mova-se com ela. Ao estender o braço com o Athame nele, você está estendendo sua vontade para o mundo. Cada respiração pode fortalecê-la.

Defina a intenção de sua vontade. Comece a se mover com essa vontade, deixando seu corpo se mover, girando enquanto sua lâmina corta o ar. Se sua vontade está em sua lâmina, o que você está colocando no mundo? Como você sente isso? Observe se você se move claramente para frente, finta para o lado ou para trás antes de mover a lâmina para fora. Todos esses movimentos podem ensinar algo sobre como usar sua vontade. Isso pode trazer à tona a consciência de qualidades passivo-agressivas, força, força interior, raiva, medo ou timidez.

Quando terminar, traga-se para a quietude, uma mão em seu coração, a faca plana contra sua barriga. Respire. Beije sua lâmina em agradecimento. Qualquer excesso de energia pode ser soprado para a Pomba Sagrada.

Fazendo Escolhas

O poder da escolha anda de mãos dadas com o poder da vontade. A base para todos os atos mágicos está em nosso poder de escolha. Um princípio fundamental da Feri é "*Não submeta sua força vital a ninguém ou a qualquer coisa*". Enquanto estiver em contato com sua força vital, estará em contato com sua divindade e suas conexões com os Deuses e o mundo ao seu redor. Você pode invocar o poder de sua vontade e sua capacidade de escolha. Dessa forma, a Tradição Feri tem uma inclinação existencialista: mesmo que a escolha seja morrer, você pode escolher como fazer isso.

Quanto mais aprender a exercitar a vontade e a escolha, menos poderá culpar os outros por sua situação. Quando culpo outra pessoa ou circunstância por meus próprios problemas, em vez de procurar como posso assumir a responsabilidade por minha parte na situação, estou submetendo minha força vital a outra pessoa. Quando digo: "*A culpa é dela*", estou entregando minha força vital a essa pessoa. De repente, "ela" detém o poder da minha vida. É isso que eu quero para mim? De jeito nenhum. Eu prefiro ter escolha na situação. Prefiro dizer: "*Cometi um erro aqui*" e manter minha força vital fluindo através de minhas palavras, meu corpo e minhas ações, fortalecendo minha integridade e minha capacidade de ser uma mulher ética.

Muitas vezes invoco compaixão ao fazer este trabalho. Força e compaixão precisam crescer em igual medida para que uma pessoa seja equilibrada e inteira. Isso também é uma escolha.

> Segure a lâmina na sua frente. Olhe para suas bordas e respire a ideia de que a ponta da lâmina é onde residem as escolhas de sua vida. Quão perto você pode manter todas as suas escolhas? Olhe para elas, sinta-as. Perceba que elas se encontram na ponta da lâmina. Quando suas escolhas se juntam, surge uma terceira escolha? Segure a tensão de cada lado e do local de encontro. Contraia os músculos de sua barriga. Respire fundo. Invoque sua vontade. Agora use sua lâmina para escolher, deixando aqui o que não foi escolhido cair e afundar na terra. *Blessed Be*.

Andar como uma ferramenta de fogo

Às vezes gosto de me imaginar sendo minha própria lâmina. Eu ando pela rua como uma lâmina, uma criatura de fogo. Percebo como ela se sente em meu corpo, como é ser temperada pela vida, Magia, tristeza e riso. Uma vez uma Sacerdotisa amiga minha disse que sentia como se estivesse sendo metafisicamente cortada por sua própria Espada. Eu sugeri que imaginasse a Espada dentro dela, com a guarda cruzada pendurada na clavícula, apontada para baixo. Pedi a ela que começasse a girar a Espada em um círculo, para cima e para baixo dentro dela. Com o tempo, a Espada deixou de cortá-la e ela ficou mais confortável. Conheça sua lâmina, assim como conhece sua vontade, tanto por dentro quanto por fora. Consagre-a, assim como fez com seu Bastão no capítulo anterior, com um ritual e sexo. Afie, tempere, esfregue-a com óleo de cravo. Trate-a bem. Este é outro instrumento que às vezes descanso em meu Cálice, para temperar vontade com compaixão.

O Pentáculo de Ferro

As palavras pertencem a quem as usa apenas
até que alguém as roube de volta.
– Hakim Bey[47]

A Tradição Feri trabalha com muitos Pentáculos como instrumento de transformação. O Pentáculo é um instrumento do Norte e do elemento Terra na maioria das Tradições de Bruxaria. Um instrumento que foi emprestado da Magia Cerimonial e da alquimia, representando o corpo humano, equilibrado e belo. O Pentáculo representa os cinco sentidos, os cinco estágios da vida e a presença em nosso corpo dos cinco elementos sagrados: Terra, Ar, Fogo, Água e Espírito ou Éter. O Homem de Vitrúvio de Da Vinci é um bom exemplo de um Pentáculo usando a forma humana como modelo de Geometria Sagrada.[48]

47. De T.A.Z.: *Temporary Autonomous Zone* (Autonomedia, 1991).
48. Mario Livio, *The Golden Ration* (Broadway Books, 2002), contém uma explicação muito boa sobre isso e sua relação com a Proporção Áurea.

Na Tradição Feri, o Pentáculo com a ponta para cima às vezes representa a energia da Deusa e o Pentáculo apontando para baixo, a energia do Deus. Como uma Bruxa Feri, prefiro agir, em vez de reagir. O Pentáculo, com seu encapsulamento de energia construindo de ponta a ponta, é um símbolo desse movimento em direção à ação.

Coloco o Pentáculo de Ferro neste capítulo no Sul, porque ele usa o fogo vermelho, a energia do ferro da Terra, como catalisador para transformação e reequilíbrio. Esta energia, quando passa pelas pontas do Pentáculo, torna-se a energia básica da chama, pois estas são qualidades humanas básicas. Quando a energia dentro dessas pontas é liberada para uso, podemos ser saudáveis e viver em um relacionamento correto. As chamas do Pentáculo de Ferro alimentam as brasas da energia de nossa vida. Quando invocamos os Guardiões ou Deuses para ajudar em nosso trabalho, estamos lidando com as energias da fagulha ou do fogo estelar para ajudar a fazer conexões e nos inspirar. Mas a energia do Ferro sempre retorna à nossa humanidade, que vive nos reinos onde a brasa e a chama sustentam a vida e o movimento.

O Pentáculo de Ferro é uma ferramenta central desenvolvida e transmitida por Victor e Cora Anderson e é fundamental para o trabalho de se tornar um ser humano mais pleno. Encontrado apenas na Tradição Feri dos Anderson,[49] é uma ferramenta conceitual e energética, fazendo uso de palavras potentes e liberando suas energias para nosso uso. Use esta ferramenta e comece uma revolução dentro de você.

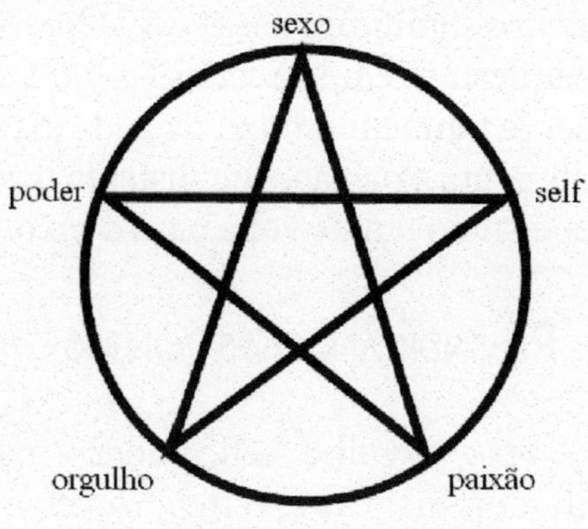

PENTÁCULO DE FERRO

49. E ramificações da Tradição Feri, como o Reclaiming.

Ao recuperar as energias do sexo, orgulho, self, poder e paixão, reintegramos aquilo que nos foi tirado pela cultura dominante ou distorcido além do reconhecimento. As energias percorrem nossos corpos como se Deus em si Mesma estivesse desenhando um Pentáculo de Invocação sobre nosso corpo. Se você olhar para ele na página, imagine-se deitado de costas em cima do Pentáculo: seu pé direito estará no orgulho, a mão esquerda no self, e assim por diante. O círculo que o contém é desenhado ao seu redor no sentido horário, ou deosil[50]: do sexo ao self à paixão ao orgulho ao poder. Este é o seu limite pessoal e você, o indivíduo, é responsável por manter esse limite. Ninguém pode mantê-lo para você – lembre-se, não submeta sua força vital a ninguém e a nada. Você contém e dirige a energia de sua força vital, e quanto mais treinar para fazer isso, mais fácil e natural se tornará.

Assim como aprender a postura física correta pode ser doloroso no início, também pode ser ao lidar com a energia desses pontos. Devemos eliminar velhos hábitos, pensamentos e emoções incrustados antes que a energia possa correr forte e verdadeira, antes que possamos realmente sentir nosso orgulho ou paixão ou um forte senso de identidade. Nossa cultura sobrepôs tantas mensagens sobre quais são verdadeiramente nossos direitos de nascença que eles podem ser difíceis de encarar. O que o sexo significa para mim? Como o orgulho é diferente da arrogância? Posso ser eu mesma, integralmente, no mundo?

Todas as coisas começam com a força vital, o sexo. Observe a ilustração e veja todas as conexões que fluem dela. Existem seis triângulos de influência, começando com sexo, orgulho e ego. Observe isso. O que os relacionamentos significam para você? Como a conexão de self, poder e paixão se manifestam em sua vida? Como isso pode ajudar ou fortalecer você? Observe também o fluxo na roda externa, como o sexo alimenta o self, que alimenta a paixão, que sustenta o verdadeiro orgulho e cria nosso poder, que então flui de volta para o sexo.

Reivindicando as pontas

Essas pontas – sexo, orgulho, self, poder e paixão – são todas energias que a cultura dominante perverteu, torceu ou tentou arrancar de nós. É nosso trabalho chamá-las de volta e nos imbuirmos com essas energias para podermos começar a trabalhar melhor com elas. Nas

50. Gaélico, pronunciado "*jeshull*".

seções seguintes, examinaremos cada ponta para ver como elas podem funcionar em nossa vida. Primeiro, porém, é importante ter as energias dentro de nós e à nossa frente, para que possamos sentir visceralmente o que elas contêm. Esse sentimento pode então informar e guiar nossos pensamentos e nos fornece a energia para aproveitar enquanto fazemos nosso trabalho.

Então, vamos começar o processo de chamá-las de volta. Lembre-se, se você não puder acreditar ou sentir nada disso, pode imaginar o processo. Tudo o que você pode imaginar, pode começar a se manifestar, abrindo-se para mudanças energéticas, físicas, espirituais ou psicológicas. Isso é trabalho poderoso.

Vou guiá-lo por uma meditação que pode ser lida por um parceiro, ou pode ser gravada e reproduzida para guiar você. Esta meditação pode ser feita deitado no chão em posição de estrela, ou em pé. Eu a escrevi para ser feita como uma meditação em pé, porque essa é minha preferência pessoal. Ambas as formas são eficazes. Mais tarde, quando estiver familiarizado com os movimentos da Dança Devocional para cada ponta, você poderá usar os movimentos para chamar as energias de volta, limpá-las e revitalizá-las.

> Mergulhe em si mesmo. Respire profundamente, o máximo que puder, dobrando levemente os joelhos e endireitando a coluna. Deixe-se balançar um pouco, sentindo seus pés firmemente embaixo de você. Agora imagine que tem um cordão brilhante emergindo da base de sua coluna. Este cordão está sempre conectado ao núcleo da Terra, derretida e quente, movendo-se abaixo de você. Em sua próxima respiração, libere quaisquer medos que possa ter sobre este trabalho ou quaisquer tensões em seu corpo e deixe a terra pegar isso e transformar em uma energia que você possa usar. Em sua próxima respiração, comece a desenhar o vermelho, a energia de ferro do centro da Terra.
>
> Inspire-a, imagine-a subindo rapidamente por sua medula, entrando na base de sua coluna, enchendo-a de energia. Sinta essa energia se acumulando em seu corpo e depois correndo por todo o corpo. Fique na posição de estrela, pernas afastadas, braços estendidos (sabendo que se seus braços ficarem cansados, pode baixá-los e retorná-los na posição novamente conforme necessário). Permita-se sentir como é ser um Pentáculo de luz e energia.
>
> A energia do ferro começa a se concentrar em um ponto, uma bola, no centro de sua cabeça, atrás de sua testa ou Terceiro

Olho. Sinta este ponto e chame-o de "sexo". Comece a chamar sua energia de volta. Chame o sexo de volta de todos os lugares que você possa tê-lo deixado. Chame de volta de seus amantes, de seu parceiro, chame de volta de pessoas que você gostaria que fossem seus amantes, chame de volta dos desapontamentos por não ter a vida sexual que você deseja. Chame o sexo de volta de ex-amantes, de pessoas que não fazem você se sentir sexy, ou daqueles que fazem você se sentir repleto de energia sexual. Chame o sexo de volta. Esta energia é sua. Esta é a força vital que percorre todas as coisas, tornando o mundo vibrante e vivo. Comece a sentir essa energia subindo e descendo através de você. Quando a energia sexual é sua, e somente sua, ela sobe e desce conectando você à terra e ao céu, enchendo-o de força vital. Deixe-se preencher pela energia do sexo. Abençoado seja o sexo.

A energia vermelha do ferro flui através de seu corpo, descendo em uma linha brilhante até atingir seu pé direito, formando uma bola ali. Nomeie essa ponta de "orgulho". Sinta a conexão entre sexo e orgulho. Esta linha é clara e forte? É lamacenta ou lenta? Retorne ao orgulho. Deixe a energia do orgulho começar a preencher seu corpo à medida que o chama de volta para si mesmo. Chame para si o orgulho que ficou em todas as vezes que disse a si mesmo que não poderia fazer algo. Chame-o de volta de todas as realizações com as quais se sente bem. Chame o orgulho de volta de todas as vezes que foi arrogante. Chame o orgulho de volta de todas as vezes que se sentiu envergonhado ou não digno. Chame-o de volta. Chame o orgulho de volta das pessoas que lhe disseram que o orgulho era errado. Esta energia é sua. Deixe a energia do orgulho correr através de você. Abençoado seja o orgulho.

Essa energia vermelha flui através de seu corpo, em sua mão esquerda, brilhando, acumulando-se no ponto do "self". Sinta a linha que conecta o orgulho com o self. A energia parece que corre rápida ou claramente nesta linha? É brilhante ou escura? Agora volte sua atenção e veja ou sinta a tríade de energia enquanto o sexo alimenta o orgulho e o orgulho alimenta o self. Sinta essa tríade de conexão. Comece a chamar de volta a energia do self. Chame-a de volta para si de todas as coisas que sempre quis ser. Chame para si mesmo qualquer expectativa que outras pessoas tenham de você. Chame o self de volta. Esta energia é sua. Chame o self de volta daquele sentimento que deve desempenhar algum papel na sua vida. Chame o self de volta do medo de ser totalmente você mesmo. Como se sente quando sua própria energia o preenche, total e completamente? Sinta isso. Sinta a energia do self. Assuma o seu lugar no mundo. Abençoado seja o self.

Deixe o vermelho, a energia de ferro brilhante, mover-se através de você, através de seu coração, conectando-se ao seu poder. Sinta essa linha dentro de você. É quente ou fria, rápida ou lenta? A conexão entre o self e o poder parece forte ou pouco presente? Sinta também a tríade entre orgulho, self e poder. Como eles se apoiam e se equilibram? O orgulho alimenta o self, que alimenta o poder.

Enquanto a energia de ferro flui em sua mão direita, nomeie esse ponto de poder. Comece a chamar o poder de volta para si mesmo. Chame o poder presente em todas as vezes que ele foi usado contra você. Chame o poder de volta de todas as vezes que usou o poder sobre os outros. Comece a ser preenchido pelo poder. Chame-o de volta de todas as vezes que se sentiu impotente. Chame-o de volta da força. Comece a se preencher com o poder da vida, da Terra. Sinta a mudança de equilíbrio de poder crescer e se mover dentro de você. Sinta a força na coxa e no ombro, sinta a sua coluna, flexível e forte. Respire no poder. Seja preenchido de força e beleza. Abençoado seja o poder.

A energia vermelha ardente passa pelo seu corpo novamente, descendo até o seu pé esquerdo. Esta é a linha que une o poder à paixão. Sinta esta linha. Está funcionando de forma clara, lenta, rápida ou turva? Como o poder alimenta sua paixão? Sinta a tríade de self, poder e paixão. Sinta a paixão como uma bola de luz vermelha em seu pé esquerdo. Dê o nome de Paixão para ela. Comece a chamar de volta a paixão presente em todos os seus sonhos. Chame a paixão de volta daquele livro definhando na gaveta da sua escrivaninha, das pinturas que não completou, do jardim à espera da semente. Chame a paixão de volta de todas as causas para as quais você esteja trabalhando. Comece a se preencher com a energia da paixão. Sinta-a subindo de seus órgãos genitais e se derramando no Universo, sinta a paixão como um presente. E sinta o Universo responder, a energia fluindo de volta para você, recíproca. Sinta-se repleto de paixão brilhante. Respire a paixão. Abençoada seja a paixão.

Sinta a energia do ferro fluindo de volta para o sexo, para aquele ponto em sua cabeça. Sinta a conexão entre paixão e sexo. Como isso se parece ou é percebido? Sinta a tríade entre poder, paixão e sexo, enquanto um alimenta o outro. Fique com isso por um momento. Agora sinta a tríade entre paixão, sexo e orgulho. Todos os pontos se alimentam um do outro, correndo nos ciclos de força vital, saúde e abundância, energia e criatividade.

E agora, Deus em si Mesma desenha o círculo ao seu redor. Desenhe esse círculo com ela, criando seu próprio limite, movendo-se do sexo para o self à paixão ao orgulho ao poder ao sexo, da maneira como o sol se move pela Terra, revitalizando, revigorando. Respire. Você é o Pentáculo de Ferro. Você brilha. Respire qualquer excesso de energia, alinhando sua Alma Tripla.

Entremos agora mais plenamente no ardente Pentáculo de Ferro, começando, como todas as coisas, com o poder do sexo.

Sexo

O sexo é a corrida da seiva na árvore e nas minhas pernas. É a carícia da pata da abelha na pétala de rosa, a entrada da toupeira na terra. É a linha da minha carne gravada no espaço pela minha respiração. É a linha de sua carne gravada por minha mão. É o batimento cardíaco da Terra e o sol levantando gotas de suor na minha pele. É o choque da água do oceano e um formigamento interior, dos genitais aos dedos dos pés. Sexo é conexão com toda a vida.

Em nossa cultura, o sexo é complicado. É glorificado de maneiras estranhas e distorcidas, mas simultaneamente varrido para debaixo do tapete. Para recuperar o sexo, devemos recuperar o poder da força vital, que está em todos os atos criativos. Devemos entrar no reino dos vermes, arejando o solo, para que as raízes possam crescer melhor. Das raízes cravadas naquela terra, acariciando-a na escuridão. Imagine pássaros voando, acasalando, vindo em direção à terra em uma espiral vertiginosa. Sinta esse poder. No meio de uma incrível tempestade de verão na Virgínia Ocidental, o Deus Pavão disse: "*Faça amor quando o relâmpago atingir a terra e a terra se erguer ao encontro do relâmpago.*"[51] Esse é o poder da força vital: o relâmpago arqueando para baixo e a terra subindo para beijá-lo. Este é um poder conectado a todas as coisas, não divorciado do fluxo, não arruinando nosso ambiente por tudo estar muito dentro de nossas cabeças, propenso a construir mais e mais caixas

51. Este era o Sacerdote do Reclaiming e da Feri, Gwydion, aspectado, carregando a energia do Deus Pavão.

para nos proteger dos elementos e uns dos outros, destruindo lentamente a Terra.

Na vida comum, ou reprimimos a energia sexual tão profundamente que mal podemos senti-la ou a administramos de tal maneira que ela se derrama de nós e atinge outras pessoas. Podemos aprender a fazer essa energia subir e descer em vez de deixá-la escapar. Ao agitá-la para cima e para baixo, ficamos repletos de força vital e podemos usar essa energia para alimentar todos os nossos empreendimentos, estudando, trabalhando, jardinando, dançando, pintando, bloqueando o Edifício Federal, ou mesmo, *surpresa*, *surpresa*, fazendo sexo! Posso usá-la em toda a minha vida e posso estar mais presente enquanto estiver envolvida com o próprio sexo.

Reivindicar o sexo de volta também é um reconhecimento de que não posso atribuir a responsabilidade pelo meu ser sexual a nenhuma outra pessoa. Cabe a mim estar conectada a todas as coisas em crescimento. A toda a vida. E se esta é a minha energia, não preciso mais temê-la. É a energia que posso usar. Posso me sentir sexy por mim mesma e desfrutar do meu próprio prazer na sexualidade. Deixar a força vital correr livremente não é comum para aqueles de nós que vivem isolados do que chamamos de "mundo natural", onde a força vital não é impedida por interferências concretas e elétricas.

DANÇA DEVOCIONAL PARA O SEXO

Respire fundo. Envie seu cordão de aterramento para o centro da Terra e atraia a energia vermelha do ferro para seu corpo. Sinta o ponto sexual brilhando em sua testa, descansando atrás de seu Terceiro Olho. Afaste os pés um pouco mais do que a largura dos ombros. "Sente-se" sobre as coxas, como se estivesse em plié. Comece a balançar de um lado para o outro, sentindo a energia subindo pela coluna. Agora, na altura do peito, cotovelos para fora, coloque a palma de uma mão contra o dorso da outra na posição vertical, de modo que um conjunto de dedos fique para cima e o outro para baixo. Comece a mover uma mão (com os dedos para baixo) para cima e a outra para baixo até atingir sua testa e sua área genital. Agora inverta as mãos, dedos apontando para baixo e para cima em oposição e repita o movimento, permitindo que as mãos se rocem enquanto passam ao redor da altura do seu peito. Continue andando permitindo que suas pernas bombeie a energia e suas mãos e braços movam a energia do sexo para cima e para baixo através do seu corpo. Essa energia sexual é só para você. É a força vital e sua conexão com o sexo que compõe toda a Terra. Suas mãos podem ocasionalmente roçar sua testa ou seus genitais enquanto a energia sobe e desce. Você está repleto de sexo. Inspire-o para dentro. Sinta-o fluindo através de você. Isso é sexo.

Orgasmo Sagrado

Como eu disse antes, para as Bruxas, o sexo é sagrado. Você pode usar sua energia sexual para muitas coisas: carregar instrumentos e feitiços, alinhar sua alma, abrir-se para a abundância, alimentar a Divindade. Aqui vamos explorar o mistério do Orgasmo Sagrado. Este exercício começa a promover uma reparação para alguns dos danos que muitos de nós sofremos por meio de conceitos culturais de beleza física, abusos sexuais ou tristezas.

O Orgasmo Sagrado é uma reentrada no sexo, para você e para si mesmo, como uma pura celebração da vida, onde usamos a energia sexual para abençoar a nós mesmos, nosso corpo e nosso espírito. Isso significa tudo o que existe em nós mesmos, aquelas partes que tentam fugir do sexo ou do confronto com o self em sua forma mais nua. É um exercício para estarmos presentes em nós mesmos. Muitos de nós têm padrões arraigados em torno da sexualidade. O que esses padrões podem nos ensinar? Assim como nosso exercício meditativo pode nos mostrar os padrões de nossos pensamentos e emoções, podemos observar o que este exercício nos traz em relação ao sexo.

Convido você a olhar para qualquer um de seus hábitos sexuais (fantasia, repulsa, coisas que sempre faz, coisas que nunca faz) e ver como eles desconectam ou conectam você à energia sexual. Tente uma experiência: observe os padrões usuais de sua mente ou corpo à medida que surgem durante o sexo e, como no exercício meditativo, tente não se prender a eles. Veja-os como informações e volte à sua respiração, tentando realmente estar consigo mesmo neste momento. Esteja consigo mesmo, faça sexo consigo mesmo, apenas pela duração deste exercício. Se achar isso difícil, ou se isso trouxer emoções de raiva, frustração, medo ou tristeza, saiba que pode fazer o exercício de Limpeza do Amor--próprio. Cerque-se de amor e saiba que pode tentar outra vez.

> Acenda algumas velas ou deite-se em uma banheira perfumada. Comece a inspirar a força vital como se estivesse começando a Oração pelo Alinhamento. Sinta a Esfera Sagrada crescendo ao seu redor. Respire nela. Relaxe nas energias. Deixe-se abrir para elas, flutuando sobre elas. Beije sua mão e toque seus olhos, ouvidos, nariz, boca, seios, genitais, pernas e pés. Diga: "BEM-AVENTURADOS VOCÊS QUE VEEM, OUVEM, CHEIRAM, PROVAM E FALAM O SAGRADO. BEM-AVENTURADO ÉS TU, FORMADO EM BELEZA E FORÇA. QUE VOCÊ POSSA TRILHAR O CAMINHO, GUIADO PELOS DEUSES."[52] Passe as mãos sobre sua linda pele, seu corpo sagrado. Diga: "SOU AMADO E BONITO. EU SOU SEXO E SACRALIDADE". Entregue-se ao orgasmo nesta Esfera Sagrada. Ao atingir o seu ápice, sopre a energia para alimentar a Pomba Sagrada e alinhar-se. Deleite-se com a sensação de totalidade que isso lhe dá. Se surgirem emoções, sinta-as também. Se ainda restar alguma energia, sopre-a para quaisquer Guardiões ou Divindades que possa ter invocado, ou libere-a na Esfera. À medida que a Esfera se dissipa, diga: "QUE VOCÊ REENCANTE O MUNDO".[53]

Se você teve problemas com este exercício, recomendo Alinhar a Alma Tripla como mostrado no Capítulo 3, percorrendo o Pentáculo de Ferro pelo seu corpo. Ambos ajudarão a estabelecer um relacionamento correto com sua energia sexual e com todas as energias do ser humano. Então, por todos os meios, volte sua atenção para o que gosta no sexo, para o que combina com você. Eu recomendo verificar periodicamente, voltar a olhar para seus padrões sexuais e perceber o efeito que eles têm em você e como eles podem mudar com o tempo. O sexo é sagrado, você é sagrado e a força vital está sempre disponível para você.

---

52. Alguns de vocês podem estar familiarizados com o "beijo quíntuplo" de outras Tradições da Arte. Esta é a minha variação desta bênção, uma não tradicional.
53. Gostaria de agradecer a Ivo Dominguez, Jr., por este conceito da energia do Círculo saindo para reencantar o mundo.

Dança Devocional para o Sexo

CONSAGRANDO INSTRUMENTOS COM O SEXO

Gostaria de falar um pouco mais aqui sobre a consagração sexual de objetos rituais. Recomendo que faça isso através de atos autossexuais. Embora a energia mágica gerada através do sexo com outra pessoa seja potente, prefiro consagrar meus instrumentos através do ato autossexual, pois assim tenho clareza sobre de quem é a energia que está em meus instrumentos. Também sei, sem dúvida, que a energia sexual tem sido usada de forma consensual!

> Em uma Esfera Sagrada, atinja ao orgasmo e imagine a energia do seu orgasmo formando um arco em direção ao seu altar, onde seu instrumento repousa. Unte seu instrumento com um pouco dos seus fluídos corporais, abençoando-o com a energia de sua vida.

Uma coisa que faço regularmente é alinhar minha Alma Tripla após o orgasmo, como você fez no Rito do Orgasmo Sagrado. Não o faço no momento do orgasmo, pois essa energia é compartilhada mais plenamente se estou com outra pessoa, mas logo depois, quando a energia se separou. Com a energia correndo rapidamente pelo meu corpo, simplesmente inclino minha cabeça para trás e a sopro um pouco para minha Pomba Sagrada. Para mim, esta é outra afirmação de que, embora eu possa compartilhar minha energia sexual, a energia ainda é minha para usar como eu quiser, para minha saúde e bem-estar e para saúde e bem-estar do mundo.

ORGULHO

A energia ígnea do Pentáculo de Ferro vai do sexo ao orgulho, que é aquilo que entra quando minha coluna se alinha e fico de pé, quando falo meu texto e meu peito se abre para a ressonância da minha voz. O orgulho entra quando estou totalmente imersa na dança da vida: orgulhosa de ser humana, de estar viva, do meu trabalho, de conhecer você e de começar a conhecer a mim mesma. O orgulho surge quando nossa vontade está engajada e permanecemos firmes em nossa verdade.

Muitas vezes somos mal-informados sobre o que é o orgulho. O que é chamado de "orgulho" em nossa cultura é muitas vezes apenas arrogância, ou o que chamo de "falso orgulho". A arrogância tem seu outro lado na autodepreciação, que é apenas mais uma face da postura arrogante. Sempre que não medimos verdadeiramente nosso próprio valor, nosso ponto de orgulho está desequilibrado. Exploraremos isso mais a fundo no Capítulo 8, quando examinarmos o Pentáculos de Ferrugem e o Dourado.

Você se comporta com orgulho, ou se curva para a frente, escondendo-se, com a cabeça baixa, os braços dobrados, tentando ocupar o mínimo de espaço possível? Ocupar espaço é bom. Seja tão grande quanto você é, seja o que minha amiga Reya chama de "tamanho certo". Isso não é o mesmo que entrar em uma sala e exigir atenção de todos os presentes. Em vez disso, este é um sentimento de retidão, um sentimento de pertencer a si mesmo e ter orgulho de quem você é.

O mundo precisa que os bons seres humanos parem de se esconder e se posicionem, façam seu trabalho e o façam bem. Como você serve o mundo dessa maneira? Do que você se orgulha?

> O que você é realmente bom fazendo? Entre no Círculo e diga-nos. Você é um ouvinte bondoso? É paciente com crianças? Entra na briga para combater a injustiça, mesmo que esteja com medo? É um bom dançarino, um músico sensível ou um jardineiro dedicado? Você sabe a melhor maneira de descascar cem quilos de batatas para o sopão do abrigo local destinado aos sem-teto? O que faz de você um ser humano?

Dança Devocional para o Orgulho

Use este movimento para chamar o orgulho de volta.

> O fulcro do orgulho é o seu pé direito. Coloque-o ligeiramente para a frente e o pé esquerdo ligeiramente para trás. Sinta a energia vermelha do ferro entrar em seu corpo. Sinta-a brilhando em seu pé direito. Comece a balançar para trás e para frente sobre seus pés. Estenda as duas mãos acima de você, ligeiramente à frente. Olhe para elas. Faça um movimento como se estivesse agarrando algo para si. Feche as mãos ao redor disso e puxe para você, segurando contra o peito por apenas um momento. Então alcance-o com a tua mão direita, agarre o orgulho. Em seguida, agarre com as duas mãos. Depois só com a esquerda. Clame o orgulho para si. Sinta a energia do orgulho fluindo pelo seu corpo. Reivindique isso. Isso é o Orgulho.

Dança Devocional para o Orgulho

Escrita Automática

Esta ferramenta pode ser familiar para aqueles que trabalham com treinamento para escrita. Os ocultistas vitorianos usavam um método semelhante para contatar espíritos desencarnados. Eu uso para comungar com os Deuses e com a minha Pomba Sagrada. Usaremos a escrita automática para contatar nosso próprio espírito, que vive, às vezes enterrado, dentro de nós.

Para este exercício, você vai precisar de papel sem pauta, uma caneta de escrita rápida e um despertador ou um relógio com cronômetro. Um relógio regular colocado à sua frente funciona se for disciplinado o suficiente para apenas dar uma olhada nele de vez em quando e acompanhar o tempo. Você deve escrever em dois segmentos, um até o relógio tocar e depois por mais alguns minutos. Sugiro papel sem pauta, porque sua caligrafia pode ficar grande e solta depois que se aquecer e as coisas começarem a fluir.

Acenda uma vela e respire para chamar sua alma. Defina o temporizador do relógio para seis minutos. Comece a escrever usando as palavras "*O que é orgulho? Orgulho é...*" Não se preocupe se não conseguir pensar em nada para escrever. Este exercício não é sobre pensar, é sobre descobrir as imagens, palavras e sentimentos que nos ensinaram sobre o orgulho. Dependendo de onde estiver em sua vida e do seu nível de confiança, qualquer coisa pode surgir, desde "*O orgulho vem antes da queda*" até "*O orgulho são dentes de leão amarelos no verão*". Não apague palavras ou tente fazer sentido. Apenas escreva. Se ficar preso, volte a escrever "*O que é orgulho? Orgulho é...*"

> O relógio está ajustado. Respire fundo. Deixe a caneta começar a se mover pela página. Não pare. Continue respirando. Orgulho é. "O que é orgulho?" Deixe as palavras fluírem da sua caneta cada vez mais rápido. Não pense. Deixe seu corpo relaxar e sua escrita ficar maior e menos contida. Orgulho. Palavras de orgulho estão fluindo de sua caneta. Tudo o que lhe foi ensinado, tudo o que aprendeu sobre orgulho. O que é isso? Continue escrevendo. Continue respirando. Deixe fluir de você, como palavras ardendo no papel. Potente. Preto como fumaça. Azul como o coração da chama.
>
> Quando o relógio tocar, não pare. Comece a escrever as palavras: "ESTOU ORGULHOSO DE............" Respire fundo. "ESTOU ORGULHOSO QUE.........." Continue escrevendo. "O ORGULHO É..."

> "EU SOU........."". Chama, palavras, papel, caneta. Respire fundo. Você está escrevendo de um lugar de orgulho. Está escrevendo do fundo da sua barriga. Continue até não poder mais. Escreva. Escreva. Escreva. Em breve você poderá encontrar frases se repetindo. Continue escrevendo. As frases lhe dirão o que precisa saber. Elas vão lhe dizer quando é hora de parar. Não desista. Force até o fim. Continue. Você está correndo. Você está escrevendo. Você cruzou a linha de chegada. Você é humano. Você está orgulhoso.

Pare. Abaixe sua caneta. Respire fundo. O que você aprendeu sobre orgulho? Leia a primeira seção. O que soa verdadeiro e o que soa uma nota falsa? Passando para a segunda seção, o que surgiu para dizer do que está realmente orgulhoso? As coisas se repetiram? Surgiu um tema? Escolha a frase mais forte que você escreveu. Leia a frase. Agora diga em voz alta. Diga isso para o seu espelho, olhando sem vacilar em seus olhos.

TIRANDO O ORGULHO DA CAIXA

Este é um exercício de exploração que exige que falemos aos outros sobre orgulho. Parte do que mantém a energia presa é não falar e manter as coisas escondidas por vergonha, medo do ridículo ou medo de ser visto. Consequentemente, nem sempre falamos honestamente para nós mesmos ou para outras pessoas. O próximo exercício pode nos ajudar a admitir nossa curiosidade e a falar sem medo. Pergunte a si mesmo se você encaixotou ou não seu orgulho para mantê-lo pequeno ou escondido do público. Às vezes, encaixotamos o orgulho tão bem que ele fica escondido até de nós mesmos. Solte e veja o que acontece.

> Pergunte a seus amigos, colegas de trabalho, familiares e companheiros de Círculo. Pergunte ao merceeiro da esquina, ao carteiro ou ao seu bibliotecário. "DO QUE VOCÊ SENTE ORGULHO?" Não pergunte a eles: "O QUE VOCÊ ACHA DO ORGULHO?" Pergunte: "DO QUE VOCÊ SE ORGULHA?" A pergunta pode pegá-los desprevenidos e vocês dois podem se surpreender com a resposta que aparece! Ou pode descobrir que eles estiveram pensando sobre isso por um tempo e têm uma resposta fundamentada. Inicie uma discussão casual em sua vizinhança. Faça as pessoas pensarem. Isso espalha orgulho por aí. Só o fato de você estar disposto a fazer a pergunta já vai plantar a semente de que o orgulho é uma coisa natural.

À medida que se orgulha de sua caixa, ela começará a crescer ao seu redor. Você fará Magia no mundo ajudando a todos nós. Quanto mais as pessoas perceberem sobre o que elas têm para se orgulhar, mais pessoas vão começar a andar de cabeça erguida e mais facilmente faremos nosso trabalho com alegria, plenitude e um sentimento de generosidade pelo mundo. A abundância cresce com o orgulho. O amor também.

Self

Profundamente dentro do Pentáculo de Ferro, flui a energia incandescente do Ferro para cima, conectando o orgulho ao self, àquela essência, pequena ou grande, que não pode ser tirada de nós sem luta. Em algum lugar em todos nós há uma certeza sobre quem somos e o que é importante para nós. Podemos enterrá-lo ou tentar entregá-lo, mas com alguma descoberta ou recuperação, vamos encontrá-lo dentro de nós, cantando sua canção.

Nosso senso de identidade é formado por muitas circunstâncias. Por mais que queiramos escolher quem somos, nem sempre isso é possível. Somos moldados por nossas experiências de infância, circunstâncias econômicas ou pelas expectativas e desejos de outras pessoas sobre nós. Esses desejos podem incluir a necessidade de permanecermos tão pequenos quanto possível, de não sermos tão inteligentes, talentosos ou grandes quanto poderíamos ser. Ou o contrário, desejando que brilhemos de maneiras que não queremos. Qualquer um dos conjuntos de expectativas pode fazer com que não nos sintamos suficientemente bons, pois raramente uma pessoa consegue corresponder às expectativas de outras, principalmente durante a infância, quando não nos conhecemos bem o suficiente para escolher se as expectativas se encaixam ou não a nós. Isso pode se manifestar em nossa vida adulta, atrapalhando-nos e causando dissonância quando nossos desejos superam nossas habilidades ou quando nos falta a confiança para seguir em frente, sabendo que, avançar, significa nos arriscar ao desconhecido.

Neste ponto de sua vida, enquanto percorre os caminhos da Magia e do espírito, é bom começar a usar seus instrumentos de pensamento e discernimento e aplicá-los ao tema do self. Você pode começar a observar como seu senso sobre seu self foi formado e perceber se esse sentido se adequa ou não ao propósito mais profundo do seu self real, sua essência central ou o que algumas tradições chamam de "*eu sou*". Comece a respirar nesse "*eu sou*" se puder senti-lo completamente nesta ponta ou não. Isso fortalecerá o senso de seu verdadeiro eu.

DANÇA DEVOCIONAL PARA O SELF

O movimento para o self parece simples, mas é difícil, assim como tocar em quem você realmente é.

Comece com os pés abaixo de você, joelhos levemente dobrados. Sinta a energia vermelha do ferro da terra entrar em você. Sinta o ferro brilhando em sua mão esquerda, o ponto do self. Coloque a mão direita no coração e a esquerda na barriga. Respire. Chame por você mesmo. Agora, olhando por cima do ombro direito, mova sua mão direita para fora, fluindo para o mundo. Então olhe para a esquerda, movendo sua mão esquerda para fora. Em seguida, mova a esquerda de volta, descansando em seu coração, e mova a direita de volta, descansando em sua barriga. Volte a si mesmo. Agora, mova-se novamente para o mundo. Fora e fora. Dentro e dentro. Torcendo-se suavemente, girando, recolhendo-se e oferecendo seus dons ao mundo. Respire. Chame por você mesmo. Preencha-se de si mesmo. Quem é Você? Respire.

QUESTIONANDO SEU SENSO DE SELF

Questionar é uma boa atitude para a Magia, porque enquanto pudermos fazer perguntas, o inesperado tem espaço para surgir.

Qual é o seu senso de si mesmo? Quando questionado sobre quem você é, o que vem a sua cabeça? O que é verdadeiramente o seu self essencial e o que foi acumulado sobre você por anos de expectativas ou falta de incentivo? Quais histórias conta a si mesmo sobre quem você é? Mergulhe em uma dessas histórias... quão verdadeira ela se parece para você?

Pergunte a si mesmo quem você poderia ser se permitisse ser. O que você estaria fazendo em sua vida se não estivesse cheio de medo ou ambição equivocada, raiva ou complacência? E quem é você agora, em seu trabalho, sua família, sua escolaridade? Seus sonhos são tão estranhos que nunca poderão acontecer, mantendo-o estacionado no mesmo lugar? Ou você gasta toda a sua energia sonhando com eles para nunca acontecerem?

Por outro lado, você diz a si mesmo que seus sonhos são irreais quando talvez sejam alcançáveis? Se fosse escrever um conto mítico sobre você mesmo, como se fosse um herói, qual seria esse conto? Em quais aventuras você se envolveu? Qual é a história do seu nascimento e crescimento? Com quais monstros você lutou, sobrevivendo para contar a história? Você enfrenta demônios no trabalho todos os dias? Quem ganha?

Dança Devocional do Self

CORTANDO O NÚCLEO

Para este exercício, você vai precisar de três velas e de seu Athame, sua faca consagrada ao trabalho mágico e espiritual. Este instrumento representa o Fogo e a força de sua vontade. Se você ainda não tem um Athame, use sua faca de cozinha favorita ou, para os jardineiros, use sua tesoura de poda preferida. Apenas saiba que, por enquanto, isso representa tanto sua vontade quanto sua capacidade de cortar um limite em torno daquilo que é e do que não é seu.

Respire fundo. Acenda as velas para dar força ao seu trabalho. Recomendo que use cores quentes: vermelho para sua conexão com o lar e o poder da terra, laranja para sua conexão com a força vital e amarelo para representar sua vontade e lhe dar confiança. Há três delas para lembrá-lo de que não há uma fonte de ajuda e força, mas muitas. Se o trabalho ficar difícil, você pode olhar para uma das cores, inspirar e continuar na próxima fase.

> Respire fundo. Respire um pouco da energia do fogo azul para carregar sua lâmina para este trabalho. Respire ao longo da lâmina e na ponta. Centre. Você vai usar seu Athame para demarcar a fronteira onde aquilo que "você é" começa a se interseccionar com aquilo que "você não é". Aquilo que "você não é" pode assumir a forma de papéis ou identidades que foram colocadas sobre si, ou as maneiras pelas quais você se modificou para se encaixar. Tudo isso suga seu senso do self.
>
> Comece a remover camadas até sua essência, seu núcleo. Deixe que todos os eus, as máscaras que foram colocadas sobre você ou que colocou sobre si mesmo, caiam em uma pilha ao seu lado. Continue olhando, sentindo, cortando. "Isso sou eu?" "Não sou eu?" Pai, amante, filho, professor, fracasso, sucesso, trabalhador, dançarino, Sacerdotisa, o engraçado, o desajeitado: deixe todos esses nomes e identidades caírem, ruindo no chão ao seu redor. Quando achar que acabou, tente descer mais uma camada, preste atenção no seu rosto, no seu coração, nas suas costas, nas solas dos pés. Às vezes há máscaras em seu rosto que são difíceis de ver, porque você as manteve por muito tempo. Existe algum lugar esquecido que possa manter outro nome, rosto, postura ou crença sobre você? Corte-o.
>
> Sinta como é estar no fundo de si mesmo. O que tem lá? Você é uma cor, um perfume, uma faixa de luz, um tom puro?

Maravilhe-se neste sentido consigo mesmo. Inspire-se. Curve-se em sua honra. Permaneça dentro dela. Qual é a postura que pode adotar para lembrar desse estado? Ancore esse sentimento a essa postura, sabendo que mesmo que esqueça de quem é, ela está lá, em seu corpo. Toda vez que ficar assim, será trazido de volta à sua verdadeira natureza. Agora, volte para sua pilha de máscaras e energia perdida. Se houver alguma identidade que decida manter, tire-a da pilha e coloque-a de volta em si, como se fosse uma roupa. Como isso lhe parece? Sinta o núcleo do self abaixo disso. Saiba que este é um trabalho que pode ser feito novamente.

Agora, imagine as máscaras restantes se transformando em energia neutra e afundando na terra, tornando-se adubo para alimentar um novo crescimento.

Quanto mais você praticar isso ao longo dos anos, menos disparidade haverá entre suas máscaras e em sua essência. Você se tornará cada vez mais verdadeiro com quem realmente é.

Poder

Sinta a energia ígnea do Ferro fluindo através do Pentáculo, conectando o self com o poder. O que é poder? Eu o sinto quando cantamos juntos, ou quando me sento quieta e me sinto forte em minha quietude. Poder é a capacidade de ficar em silêncio, acumulando energia. É a capacidade de falar, gritar, espalhar. O poder é mutável, não estático – ele deve mudar para permanecer poderoso, caso contrário, torna-se frágil. O poder está em meus pulmões e coração, músculos e ossos. O poder é o sol, dando vida às plantas e às pessoas, é o potencial escuro da semente enterrada.

Eu costumava temer meu poder, pois não entendia o que ele poderia ser exatamente. Durante a minha infância, o poder significava um temperamento fora de controle e um deslize para a irracionalidade, violência e traição. Cresci para ver que o poder não tem que funcionar dessa maneira. Agora tenho ampla evidência de que, quando trabalho com outras pessoas que se sentem poderosas, nosso trabalho desperta e ganha vida de muitas maneiras interessantes. O poder compartilhado é ampliado. Quando estou cheia do meu poder, estou mais segura. Quanto mais segura estou, mais generosa posso ser.

A insegurança gera uma mentalidade de escassez. Torna-se fácil sentir que não há amor, comida, dinheiro, atenção ou trabalho suficientes para todos. Portanto, sinto que devo lutar por isso, usando o poder sobre os outros para conseguir o que quero. Por outro lado, posso temer ser usada e abusada, porque não avanço o suficiente na competição pelo poder. São mentiras perpetuadas por sistemas de dominação. Infelizmente, elas trabalham em nós de maneiras insidiosas. Podemos nos sentir esmagados em tal sistema ou sentir que devemos abrir o caminho, até o topo.

Porém, não existe um topo, porque não há escada. Em vez disso, esforçamo-nos para ficar de pé em formas circulares, passando nosso poder de mão em mão. Nós não somos os mesmos, pois eu tenho habilidades que você não tem, e você tem outras que eu não tenho, mas podemos trabalhar juntos e aprender. Na Tradição Feri, esforçamo-nos para levar uns aos outros ao poder compartilhado, não por assumirmos uma igualdade instantânea de habilidades, mas para transmitir o que sabemos uns aos outros. Ao trazer uns aos outros ao círculo da vida compartilhada, nosso poder cresce. Podemos ouvir aqueles que trilharam os caminhos espirais à nossa frente e podemos praticar, tornando-nos fortes.

Dança Devocional para o Poder

Sentir a energia vermelha do ferro da Terra nos preenche. Inspire esta energia. Sinta-a brilhando em sua mão direita. Afaste os pés um pouco mais do que a altura dos ombros e faça um quase plié, deixando seu centro de gravidade abaixar-se, conectando-se à terra. Deixe seus braços pendurados naturalmente. Agora, coloque os antebraços em repouso, um em cima do outro, a mão direita voltada para cima, segurando suavemente o braço logo abaixo do cotovelo, a mão esquerda voltada para baixo, mantendo também o braço abaixo do cotovelo. Comece a balançar de um lado para o outro, deixando o tronco mover-se acima das coxas. Ao fazer isso, mova os braços para fora em arcos subindo e descendo, depois movendo-se para os lados, até que eles descrevam um círculo entre si. As pernas e o tronco balançam, e os braços rodam para fora, formando um círculo e parando novamente nas posições opostas em que começaram. A esquerda agora está voltada para cima e para a direita, ambas as mãos segurando suavemente os braços acima e abaixo deles. Continue balançando de um lado para o outro, girando os braços para fora. Sinta o poder fluindo em você. Sinta como ele muda e transforma, encontrando-se e equilibrando-se e se abrindo novamente. É grandioso acima e profundamente abaixo, reunindo energia e formando-se em conjunto. Os braços trabalham juntos. Sinta a energia fluindo em uma Esfera entre eles, abrindo e compactando novamente. O poder muda. O poder se move. Suas pernas são fortes embaixo de você e seus braços dançam como os braços giratórios de um Deus hindu, ou como um entrelaçamento de yin e yang. Respire. Você é poderoso. Você é forte. Deixe isso preencher você. Mova-se com ele. Isso é Poder.

Dança Devocional para o Poder

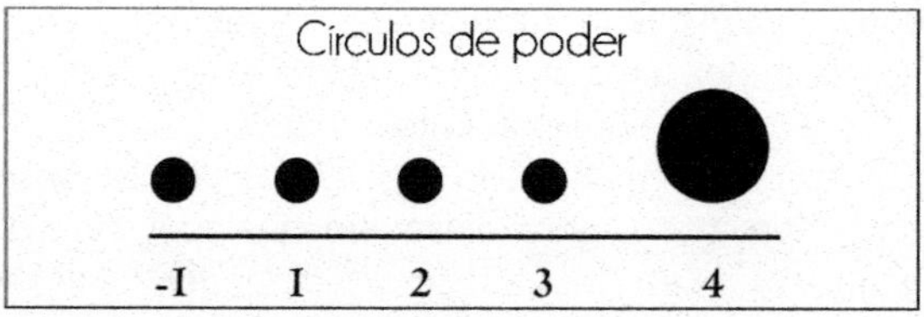

Alguns de nós podem ter muito poder neste mundo e outros nem tanto. Olhe para isso agora: Qual é a sua definição de poder e como você o usa? Acredito firmemente que quanto maior for nossa capacidade de manter o poder, maior será nossa capacidade de usá-lo com sabedoria, compaixão e equilíbrio. Este exercício vai ajudar a expandir nossa capacidade de poder, força vital e energia em geral.

Para este exercício, lembre-se de como a energia ígnea do núcleo externo derretido da Terra fluiu do sexo, para o orgulho e para o self, e agora para o poder. Iremos avançar e retroceder em círculos de graus crescentes e decrescentes de poder.

Respire fundo. Conecte-se com o cordão de aterramento. Imagine que você está em um círculo que se ajusta confortavelmente ao seu corpo (Círculo 1). Deixe a circunferência cercar você aproximadamente três polegadas maior do que a largura dos seus ombros. Feche os olhos por um momento e sinta a si mesmo: seus pés, sua pele, sua respiração, seu batimento cardíaco. Respire novamente e sinta o poder fluindo ao seu redor, no círculo onde você está. Esta é a quantidade de poder em que você vive, caminha, trabalha. Este é o círculo em que você se sente mais confortável em ficar. Fique aqui por um tempo, absorvendo isso. Quando estiver pronto, dê um passo para trás (1). Você está entrando em um círculo de poder e capacidade diminuídos. Como é esse círculo para você? O que acontece com sua postura aqui? Respire.

Agora dê dois grandes passos à frente, movendo-se pelo círculo em que começou e aterrissando no que está logo à frente (Círculo 2), que é um círculo de maior poder. Sinta o poder formigando ao seu redor. Como está o seu corpo aqui? Como está sua postura? Respire isso. Sinta. Quando estiver pronto, dê um passo para trás no círculo em que começou (Círculo 1). Fique lá até que esteja pronto para se mover novamente.

Agora dê dois passos à frente, movendo-se através do círculo à sua frente e dentro do círculo.

O Círculo 3 contém ainda mais energia e poder. Como isso lhe parece? Isso é bom ou mau? Sua postura muda? Inspire isso. Permaneça neste círculo por um momento, realmente sentindo a energia girando ao redor e através de seu corpo. Respire novamente e dê um passo à frente mais uma vez. Ahhh. Círculo 4. Sinta-o ao seu redor. Sinta seu corpo. O que acontece com isso? Respire. Deixe-se ficar aqui enquanto puder.

Trabalhe seu caminho de volta ao seu círculo inicial. Descanse lá por um momento. Agora entre em qualquer círculo que escolher trabalhar. Entre em um círculo de poder. Pode ser um passo à frente, ou três. Ou pode decidir permanecer onde está agora. Respire nesse círculo de poder. Reivindique-o para si mesmo. Ele agora é seu território. Expanda em saúde, equilíbrio e sabedoria. Aproveite. *Blessed Be*.

Os círculos podem parecer incrivelmente intensos ou a intensidade pode simplesmente diminuir. A última vez que fiz este exercício descobri um truque que estava pregando em mim mesma. Eu tinha capacidade para uma quantidade muito maior de poder do que estava deixando transparecer. Quando dei um passo atrás de mim, cedi. Quando entrei no Círculo 2, eu me senti bem, mas tive que realmente me concentrar para absorver o poder. Isso alterou muito meu corpo. Quando avancei para os Círculos 3 e 4, no entanto, a intensidade caiu e me senti simplesmente ótima. Acabei reivindicando o quarto círculo de poder, embora quando comecei, pensei que só seria capaz de reivindicar o Círculo 2. Brinque. Veja o que acontece. Talvez você se surpreenda.

Quando conduzi este exercício em grupos, descobri que no momento em que todos entraram no Círculo 4, ficamos lado a lado em um grande Círculo de poder compartilhado. Essa é a magia de trabalhar em conjunto: quando entro em meu próprio poder, abro espaço para que outros compartilhem o poder ao meu lado.

Retratos de poder

O próximo exercício nos leva a ver "retratos de poder" em galerias e museus. Adoro ver a arte desta forma: *The Floor Scrapers*, de Gustave Caillebotte, mostra pessoas trabalhando juntas, compartilhando o poder da pura força e trabalho comum. As conchas e flores de Georgia O'Keeffe mostram o poder da cor, da forma, da natureza e do sexo. Mary Cassatt nos mostra o poder de mães e filhos.

Os retratos de poder mais potentes que já vi foram de Wolfgang Leib. No Smithsonian, em Washington, DC, fui subitamente surpreendida por uma obra de arte vibrante, latejante, pulsante, brilhante e poderosa. Era um quadrado de cerca de um metro e meio, plano no chão, explodindo em amarelo e dourado. Havia movimento fluindo através dele, mas estava absolutamente imóvel. Era pura força vital: o poder do sexo e de todas as coisas vivas, capturado neste quarto branco. O que foi isso? Um quadrado de pólen, preso ao chão apenas pelo calor das lâmpadas acima. Era a selvageria mantida em cativeiro e a potência mantida à espera. No *Art Institute* de Chicago, vi uma peça de Glenn Ligon, que era ao mesmo tempo uma expressão de poder e uma crítica aos sistemas de poder. O artista usou pó de carvão para mapear uma página da escrita de James Baldwin em relevo sobre tela. A escuridão, a intenção do artista, a intensidade do carvão e as palavras de Baldwin tinham seu próprio poder. Muitas das palavras foram obscurecidas, borradas pelo carvão, pela própria escuridão que lhes dava substância. Essa foi a crítica ao poder sobre o racismo e uma cultura que vê a negritude como causa e fonte de apagamento e subordinação. No entanto, através de tudo isso, o puro poder e a beleza da escuridão em si brilharam naquela tela.

Faça uma viagem a uma galeria de arte ou museu. Procure imagens que você associe ao poder. Procure primeiro o que você acha que a cultura dominante associa ao poder: fotos militares, estátuas de generais ou estadistas, fotos de navios, dos ricos e famosos. Olhe ao redor.

O que você vê? Como essas imagens fazem você se sentir? Há muita variedade nas representações do poder? Inspire isso.

Em seguida, comece a se concentrar em outras formas de poder. Existem fotos ou pinturas do oceano? De árvores velhas? Animais fortes? Dançarinos? Existem retratos de pessoas trabalhando juntas? Existem imagens – mesmo abstratas – que apenas falam de poder para você? Inspire isso.

Agora, volte-se para imagens que você normalmente não associa ao poder: flores, pequenos animais, crianças ou Madonas. Qual é o poder de uma pincelada japonesa? Que poder é mantido em um pedaço de madeira, alisado e polido para um brilho refletivo?

O que todas essas visões de poder dizem a você? O que você quer cultivar, extrair de si mesmo e dos outros?

Paixão

A energia de Ferro, derretida e vermelha, traça seu caminho através de você, mapeando uma linha do poder à paixão, a última ponta no Pentáculo de Ferro, antes que a energia complete o circuito com a ponta do sexo. Qual é a fonte da sua paixão? O que move você? O que deseja mais do que tudo? Fale, perceba, sinta. Você tem medo disso?

O que você arriscaria por sua paixão? Às vezes preciso arriscar o medo e o conforto. Por exemplo, com a minha escrita, posso criar um milhão de bloqueios emocionais tão sutis e fortes que nem os noto. De repente estou muito ocupada para escrever, ou vou fazer uma pequena pausa e acabo tirando uma soneca de duas horas, ou decido, no meio da primeira página, que aquilo não vai ser muito bom mesmo. Então eu paro. Eu frustro minha paixão. Isso novamente está ligado à minha ponta do orgulho, em me sentir impotente e a perder meu senso de identidade. Também se liga diretamente ao sexo, se estou ou não repleta de força vital e se estou ou não disposta a canalizar ainda mais força vital sem me desconectar.

A paixão flui das emoções e as emoções também podem ser usadas para bloquear nossa paixão. Quando estou travada, é útil para mim lembrar que a paixão pode vir da compaixão – paixão compartilhada. Se eu tiver compaixão por minhas necessidades e desejos e meus bloqueios e falhas, isso cria uma sensação de tranquilidade em minha vida. Com facilidade, a energia pode fluir. Se eu puder liberar o medo ou o julgamento, minha paixão pode desenvolver algo forte e adorável.

Também é útil perceber quando evito o que me apaixona. Uma vez que reconheço isso, fica mais fácil perceber o momento que está acontecendo. A princípio, pode demorar uma hora ou até alguns dias, quando percebo: "*Ah, eu sentei para fazer isso... o que aconteceu?*" ou "*Fui fazer aquela ligação, mas me distraí, não foi?*" Com o tempo, fico melhor em perceber a vontade de parar ou de adiar enquanto isso está acontecendo. Então posso notar: "*Hmm, parece haver algum medo aqui, e alguma tristeza em torno disso...*"

Essa prática permite que as partes não racionais, muitas vezes emocionais, de mim, saibam que estão sendo vistas e lhes dá menos capacidade de controlar a situação. Posso ter meus medos e ainda assim fazer meu trabalho. Isso torna muito mais provável que, em vez de me afastar da minha paixão, eu vá fazer uma xícara de chá, dar uma breve caminhada ou até mesmo respirar fundo. Então posso voltar a escrever, enviar currículos para um novo emprego, ir àquela reunião de planejamento ou fazer amor com aquela pessoa que desejo há muito tempo. Eu posso respirar, permitindo que a facilidade entre e a paixão flua mais uma vez.

É claro que a recíproca desta situação também pode ser verdadeira. Você deve ser o tipo de pessoa (como às vezes sou) que mergulha de cabeça em uma causa, projeto ou relacionamento. Você pode demorar alguns dias, semanas ou meses depois e pensar: "*O que eu ganhei com isso?*" Situação que pode deixar você e outros se sentindo confusos e magoados. Eu ainda faço isso, mas com um olho aberto sobre mim e minhas tendências. Aprendi a dedicar mais tempo às minhas paixões duradouras e permanente, mesmo quando elas estão um pouco mornas. Essas paixões me sustentam. As paixões repentinas podem me excitar no momento, e podem alimentar uma criatividade muito boa, mas não quero mais dedicar toda a minha energia a elas. Caso contrário, elas acabam afogando minhas outras vozes, não deixando nada para o trabalho que me sustenta, o trabalho que rega meu jardim a longo prazo. O trabalho mantido leva à verdadeira maestria.

DANÇA DEVOCIONAL PARA A PAIXÃO

Respire a energia vermelha do ferro da terra. Sinta essa energia brilhando em seu pé esquerdo, o ponto da paixão. Mova esse pé ligeiramente para a frente. Esse será o seu fulcro. Deslize o pé direito ligeiramente para trás. Agora mova suas mãos na forma de um berço ou de uma lua crescente virada para cima perto de seus órgãos genitais, os dedos médio e indicador estendidos com o resto dos dedos dobrados contra os polegares. Deixe seus dedos centrais se tocarem suavemente. Agora comece a mover os dedos estendidos para cima e para a direita. Você está formando uma escada em espiral para cima e para cima e para cima. Expire, as mãos se movendo para cima e para cima quatro vezes, até que se separem acima de sua cabeça, apontando para o Universo. Olhe para elas. Agora o Universo responde de volta e suas mãos começam a espiralar novamente enquanto você inala, até formar aquele crescente perto de seu receptáculo de criatividade. Seus pés balançam para frente e para trás. Quando suas mãos estão em seus genitais, seu pé esquerdo se levanta um pouco, então desce novamente para fornecer a base para a ascensão da energia da paixão. Qual é o cálice da sua paixão? Respire nele. Envie essa paixão para o Universo. Sinta o Universo responder, alimentando sua paixão. Você está repleto, vital, vibrante. Isso é Paixão.

Dizendo Sim à Paixão

Desenvolvi dois exercícios para cultivar a paixão equilibrada. Ambos têm a ver com a ingestão de algo. Eu preciso literalmente aceitar minhas paixões para que elas possam trabalhar dentro de mim, antes de oferecer os frutos da minha paixão para o mundo. Esta também é uma maneira de tornar a fonte de minhas paixões mais tangível e pertencente aos reinos físicos, em vez de estritamente metafóricas.

Alimentando sua Paixão

Tome algum tempo para perceber como você impede a si mesmo de sentir plenamente sua paixão. Faça uma lista de diferentes maneiras pelas quais se sente frustrado em suas tentativas de ter o tipo de vida, trabalho e amor que deseja. Agora, assuma o compromisso de alimentar sua paixão.

Respire fundo. Todos os dias, durante uma lunação completa, você se comprometerá a alimentar sua paixão. Reúna vinte e oito sementes ou nozes ou algo semelhante que possa comer ao longo de vinte e oito dias. Deve ser algo significativo para você, mas que não requer um esforço elaborado. Você deseja reforçar para si mesmo que alimentar suas paixões pode ser simples e fácil. Talvez a cada semana você queira colher a fruta mais saborosa que encontrar e comer um pedaço todos os dias. O que você deseja? O que irá alimentá-lo em sabor, cor e nutrição? A crocância e a leve resistência da amêndoa rica em proteínas? O brilho e a doçura de um pêssego? Ouça seu desejo de paixão e siga seu exemplo. Esta é uma maneira pela qual o Pegajoso pode ajudá-lo. Ele sabe o que deseja!

Segure a comida que escolheu – que é seu sacrifício sagrado à paixão – em sua mão. Sinta a força vital nele, reunida do sol, da água, da terra e do ar. Aterre e centre. Diga: "Eu me comprometo a alimentar minha paixão. Estou aberto à energia da paixão em meu corpo, minha alma e minha vida". Respire em sua comida, enchendo-a com sua intenção. Faça outra respiração. Agora coma, sentindo o poder de todos os elementos reunidos nesse alimento enquanto ele entra em você. Deixe-se começar a se encher de paixão. Agradeça. *Blessed Be*.

Dança Devocional para a Paixão

A cada semana, ao fazer este exercício de comer, comece a meditar sobre quais ações positivas você pode tomar para cultivar sua paixão: comece um diário, faça uma aula de dança, faça sexo com mais frequência, faça algo que você sempre quis fazer.

Bebendo a Paixão

Este exercício reconhece seu poder de libertar sua paixão e tornar seus desejos manifestos no mundo. Ele usa a força vital contida em sua respiração, o poder espiritual que cresce dentro de seu ser quanto mais trabalho fizer em si mesmo. Para este exercício, tudo que precisa é da sua imaginação, respiração e de seu Cálice; o Cálice da compaixão.

> Encha seu cálice com água limpa. Respire fundo. Comece a respirar a força vital. Em cada respiração, mergulhe mais profundamente em seu centro. Mergulhe em sua barriga como mergulharia no oceano ou em um lago parado. Mergulhe. Alcance sua paixão. Sinta sua paixão borbulhando dentro de você. O que é isso? Diga. Veja. Cheire isso. Experimente isso. Ela se move pela sua pele ou queima nos dedos dos pés? O que você deseja? O que tanto anseia, mas tem medo de nomear? Não fique envergonhado. Ninguém está aqui para julgar nada. Isso é entre você e os Deuses. Qual é a sua paixão? Permita que ela se forme dentro de você, crescendo em substância e força. Respire. Mergulhe fundo. Você está nadando em sua paixão. Ela acaricia e alimenta você. É o desejo do seu coração. É o que você realmente quer, aquilo que sempre quis.
>
> Deixe-se preencher por sua paixão. Deixe o desejo do seu coração tomar conta de você, apenas neste momento. Seja preenchido por ele. Apaixone-se. Agora, carregado pela sua paixão, pelo convite da própria Deusa, testemunhado pelos Deuses, abra os olhos. Segure seu cálice em suas belas mãos. Olhe para ele. Veja a superfície da água enquanto ela se move. Isso é reflexo do oceano, da fonte profunda dentro de você. Respire fundo. Sinta a força vital preenchê-lo. Sinta sua paixão crescendo dentro de você. Expire sobre o Cálice, carregando a água com sua força vital. Contemple a água. Você tem o poder de manifestar seus sonhos e desejos no mundo. Abra-se à paixão. Beba-o. Esvazie esse Cálice. Beba sua paixão. Esteja preenchido. Saiba que você pode alcançar o seu desejo. Beba em sua sabedoria. *Blessed Be*.

O FOGO DA PRÁTICA

Continue a revisitar as pontas do Pentáculo de Ferro e observe como elas se desenrolam em sua vida. Fazer o Pentáculo de Ferro percorrer o seu corpo regularmente é uma maneira rápida de ver quais pontas são fortes, fracas ou desequilibradas. Deixe que a energia derretida que flui ao redor do núcleo da Terra o preencha, revitalizando sua vontade de praticar. Com os pés plantados no chão e os braços estendidos para abraçar o mundo, respire o fogo e acenda sua vida. Sexo, orgulho, self, poder, paixão. Você é uma estrela, filho da terra e dos céus.

Agora você está pronto para enfrentar a fonte da saciedade e satisfazer a sede provocada pelo seu trabalho interior.

5

Oeste: Mergulhando na Compaixão

Cubra suas mãos. Encha-as com água limpa e fria. Deixe-a escorrer sobre sua pele, escorrendo pelos braços. Leve as mãos ao rosto, sinta a água escorrer pelas maçãs do rosto, banhando os olhos, o nariz, a boca. Respire fundo. Sinta a água preenchendo você. Fluindo. Você é água limpa e fresca. Você está limpo. Nosso instrumento aqui é o Cálice. Você é o Cálice, o vaso da sabedoria, portador da compaixão. Beba.

A construção da Esfera Sagrada continua à medida que voltamos nossa atenção para o Oeste nas tradições da Arte, este lugar é tradicionalmente visto como o lugar da água, o repositório de sonhos e visões mais profundas, do fluxo de emoções e da atração da lua em nossas próprias marés físicas.[54] Aqui, a hora do dia é o crepúsculo, a penumbra, entre dia e noite, oposto do Leste, onde o tempo intermediário é o amanhecer. O instrumento da água é o Cálice. A água derrama, transborda e flui e, ao observar e experimentar, ao beber a água, podemos começar a notar esses mesmos padrões em nós mesmos.

Neste capítulo, exploraremos os instrumentos da água, tanto de forma física quanto metafísica. Seguraremos o cálice da compaixão e beberemos. Vamos respirar em nossos corações e viver. Nós nos tornaremos a ostra, vendo a pérola sendo forjada a partir da nossa própria dor.

54. Pessoas que moram em lugares onde não há água, no Oeste, frequentemente alteram a associação desta direção, mas as associações de água tendem a ser consistentes.

O Cálice

O útero. O Santo Graal. A Taça da cura. O Cálice representa as fontes sagradas que eram portais para outros reinos – para os sonhos, para o Submundo – as fontes onde nada o salmão da sabedoria, sobre os quais cresciam as árvores sagradas, onde as pessoas penduravam panos de desejo e orações. O Cálice também é o oceano, dando e tirando vida.

Há muitos Cálices no mundo: grandes taças de porcelana branca para café com leite, delicadas taças de cristal para champanhe, taças de água resistentes, tingidas de verde. Que tipo de Cálice você é? Como você se vê? O que espera para o mundo? E uma última pergunta: Que tipo de Cálice mais atrai você?

Tenho um lindo Cálice de vidro mosaico feito por um amigo. Ele tem espelhos em sua base e, na frente do copo, tem uma linda imagem do pé de Krishna, seu rosto se ergue dentro dele como se fosse a lua, enquanto eu bebo. É o meu Cálice do Deus Pavão. Tenho um Cálice Feri de cobalto e uma tigela marrom de Deméter com uma flor verde escovada dentro. Todos eles me servem de maneiras diferentes. Mantenho os Cálices do Pavão e da Feri cheios com água e ainda tenho uma xícara de chá irlandesa, que encho com oferendas de uísque ou creme para as fadas.

Os Cálices representam a minha capacidade de manter as coisas. Eu gosto de poder manter muitas coisas diferentes, muitas emoções, situações e tipos de energia. Ao usar meus cálices, expando minha capacidade de beber em cura, amor, calma, paz, coragem, força vital e compaixão. O que você quer conter no seu copo? O que precisa beber em sua vida?

Se eu pudesse beber o mundo, beberia a luz do sol e as rosas e todas as tonalidades variadas de rostos que passam na rua. Beberia a lua e o amor, uísque defumado e cidra doce, chá preto com mel e a água mais límpida que eu pudesse encontrar. Beberia na capacidade de continuar, de saudar cada dia com um sopro, de falar, de amar, de dançar, de trabalhar. Beberia também para ter a capacidade de transbordar. Para derramar compaixão e sabedoria, um bálsamo calmante sobre um corpo dolorido. Eu transbordaria meu coração, pois meu coração estaria cheio de toda essa bebida, com muito para compartilhar. Eu derramaria abundância.

Você pode ler o exercício a seguir uma vez, e então se imaginar como um Cálice sendo preenchido. Se quiser, pode gravá-lo e reproduzir a meditação para si mesmo.

Faça uma respiração profunda. Imagine-se como uma taça, um vaso. Qual é a sua forma e cor? Você é resistente ou delicado, brilhante, escuro ou claro? Envie uma respiração através do seu coração, abrindo-se para receber. Imagine a Deusa Estrela acima de você, cheia de amor infinito. Em suas mãos, ela segura uma jarra, derramando estrelas líquidas, derramando amor e compaixão. Veja a inclinação da jarra e sinta o líquido caindo em cascata. Deixe esta água da vida e o amor preencherem você. Respire novamente. Ao expirar, imagine que você expande ainda mais os limites de sua xícara. A Deusa Estrela transborda e você é preenchido mais uma vez, agora mais profunda e amplamente. Você tem uma grande capacidade de manter amor, vida e compaixão.

E ainda assim o Cálice transborda. Deixe-se preencher até o topo, o líquido saindo do topo do seu Cálice. Imagine que você está no topo do globo terrestre. Deixe o amor, a vida e a compaixão brotarem de você, caindo em cascata sobre a terra, banhando tudo o que ela toca.

Abra seus olhos. Tente manter o sentido de você mesmo como um Cálice, enchendo e compartilhando seus dons com o mundo. Envie uma respiração pelas solas dos pés e pela coroa da cabeça. Assim, conforme é abençoado, abençoa o mundo.

Temperando suas emoções

As emoções são a base metafísica da Água, assim como a vontade é para o Fogo, ou o intelecto para o Ar. Temperar nossas emoções é um processo interior semelhante ao forjamento físico. A temperagem une os opostos para tornar algo verdadeiro. Ao forjar o metal, o Fogo e a Água se unem, junto ao Ar do fole e a Terra da bigorna. O exercício a seguir nos ajuda a misturar opostos aparentes, representados por dois copos de água. Eu encorajo você a trazer este conceito para sua prática de meditação. Sentar-se com ideias, emoções ou desejos conflitantes aumenta nossa força e abertura.

Este exercício mostra como as coisas podem se desequilibrar internamente. Nós podemos usar esses insights para equilibrar as coisas externas também, trabalhando lentamente nossa libertação: primeiro olhamos para nós mesmos, depois para nossas respostas internas ao mundo externo, depois para o próprio mundo externo.

Este exercício requer duas taças cheias até a boca com água.[55] Eu recomendo que o faça ao ar livre, ou em um lugar que não se importe em derramar o conteúdo. Algumas coisas devem ser liberadas para entrar em maior equilíbrio. Não podemos esperar conter tudo, não podemos esperar misturar opostos sem derramar água.

Leia o exercício, pegue suas taças e comece.

> Encha suas duas taças até que a água quase atinja a borda. Respire fundo. Pense no que mais odeia em si mesmo. Permita que isso se torne a água de uma taça. Pense no que mais ama em si mesmo. Permita que isso seja a água da outra taça. Isso é feito para forçar você. Às vezes censuramos palavras como amor e ódio, mas esconder isso embaixo do tapete pode trazer à tona nossas emoções ainda mais profundas e primitivas. Realmente, permita-se sentir o que ama e o que odeia nesses dois copos. Sinta o peso deles em suas mãos. Sinta o que é segurar os copos, com seu coração como o ponto de equilíbrio central.
>
> Comece a derramar o que ama e o que odeia de um lado para o outro. Sinta essa dança enquanto balança, para frente e para trás, para frente e para trás. Ouça o som da água caindo. O que isso faz com o seu coração? Quando a água derramar, saiba que você está abrindo espaço para uma nova possibilidade. Continue derramando até sentir que tem uma mistura de amor e ódio, até que eles se tornem uma substância. Quando realmente sentir isso, respire fundo e se aquiete, deixando toda a água se acomodar em uma das taças. Olhe essa água. Segure-a na frente de seu coração. O que precisou cair para dar lugar a essa nova mistura? Inspire, enchendo-se de força vital, pronto para receber esta substância mágica.

Você também pode fazer este exercício com seus sentimentos sobre as situações do mundo: esperança e desespero, raiva e eficácia. Pode colocar sentimentos sobre seus amigos ou heróis nas taças, colocando-os em oposição a pessoas que podem difamar, especialmente políticos. É possível permitir que essa mistura de herói e vilão chegue a um ponto de equilíbrio e uma transformação mais próxima da verdade? É possível usar a temperança contra meus preconceitos? É possível fazer isso como um ato mágico para efetuar mudanças no mundo?

55. Uma variação disso me foi ensinada inicialmente por Hilary Valentine.

Esse processo é mais satisfatório para mim do que as simples elevações e quedas que tantas vezes fazemos. Quando faço este exercício em relação a pessoas ou situações fora de mim, bebo metade da mistura, para internalizar a mudança, e então despejo a outra metade no chão como uma oferenda para ajudar e abençoar a situação.

O Guardião do Oeste – Fazedor de Água

O Guardião do Oeste se chama "Fazedor de Água", aquele que pode nos ajudar com todo o trabalho do coração, dando-nos profundidade e compaixão. Ele pode aparecer para você em qualquer forma ou gênero. Façamos uma viagem ao encontro deste Guardião, o portador do Cálice e dos poderes da água.

> Respire fundo e concentre-se. Lance a Esfera azul ao seu redor. Acenda uma vela azul-clara ou verde-mar sobre o seu altar. Vire para o Oeste; abra-se ao poder do Guardião de lá, enquanto respira profundamente dentro de si mesmo. Comece a sussurrar, bem baixinho: "Fazedor de Água. Fazedor de Água". Sinta um toque em seu coração. Abra-o ao Guardião do Oeste. Cante seu nome, repetidamente. "Fazedor de Água. Fazedor de Água". Comece a sentir a presença se aproximando de você. Como você sente este Guardião? "Fazedor de Água". Fale seu nome repetidamente, sussurre, cante, grite. "Fazedor de Água, Fazedor de Água, Fazedor de Água. Levante-se das profundezas e junte-se a este rito". Você pode ter um vislumbre? Este é o Guardião da Água, o portador da taça cintilante que contém as profundezas do seu coração e intuição. Aqui fluem os segredos do crepúsculo e espaços intermediários, abridor, refletor de sonhos. Aqui respira a névoa do crepúsculo. Sinta a presença. Apresente-se.

> Fazedor de Água, Fazedor de Água, Fazedor de Água,
> Você que nada em espaços crepusculares,
> Levante-se das profundezas e junte-se aos nossos ritos.
> Encha nossos sonhos com graça fluida.
> Vamos fluir juntos.
> Deixe-nos fluir.
> Toque nosso coração, nossa saliva, nosso sangue.
> Que possamos falar seu nome.
> Que possamos falar de coração.
> Que possamos andar em compaixão.
> Fazedor de Água, Fazedor de Água, Fazedor de Água,
> Seja bem-vindo.

Respire fundo. Sinta a presença guardando o quadrante Oeste, enorme e belo. Como este Guardião se manifesta para você? Desenhe ou escreva qualquer informação que receber. Quando terminar este encontro, diga:

Fazedor de Água
Obrigado pela sua presença
Obrigado pelas dádivas da água.
Que eu possa provar a vida e sondar meu coração.
Vá se precisar, fique se desejar
Saudações e siga em paz.

Consagrando sua Capacidade de Conter

Seu Cálice representa sua capacidade de conter emoções, amar a si mesmo e beber o que precisar. Consagre-o como fez com seu Bastão e Athame. Este é um instrumento sagrado do coração.

Configure a Esfera Sagrada e invoque o Fazedor de Água para abençoar sua taça. Você pode desejar dedicar esse ato à sua capacidade de conter quantidades maiores com graça fluida, ou pode querer consagrá-la à compaixão, ou à capacidade de beber profundamente a vida. Envie ao seu cálice um beijo do amor da vida e de sua paixão.

Relacionando-se com o Coração

O Fazedor de Água segura a taça da profundidade e da compaixão. As coisas podem ficar obscuras nessas profundezas, mas ao trazer compaixão para situações com correntes fortes e ocultas, podemos sondar o que realmente está lá, em vez de cobri-la com mais escombros ou permitir que permaneçamos à deriva. Compaixão é a capacidade de ouvir o que está abaixo das aparências. Essa escuta profunda permite uma ação correta que varia de acordo com a situação. Nem sempre significa agir de forma que seja bom para todos, mas agir da maneira que for mais útil.

Comecei a encontrar esse conceito de maneira profunda quando trabalhei por um tempo em uma cozinha de sopão. Às vezes as pessoas precisavam de um ouvido atento e outras vezes precisavam ter suas ações questionadas. Às vezes eu tinha que acabar com as brigas e escoltar as pessoas até a porta. Isso foi falta de compaixão? Não, era um sinal de respeito. Se eu respeito outro ser, eu os trato como se eles tivessem a capacidade de cuidar de si mesmos e de seu mundo de alguma maneira. Porém, tenho que avaliar essa capacidade, pois não é a mesma para todos. Eu espero mais daqueles que são capazes de dar. Não esperar nada dos outros é sinal de que você sente que eles não são capazes de nada. Isso não é compaixão, isso é pena e pode desvalorizar uma vida. Como disse o Sacerdote budista Issan Dorsey: "*Muitos professores budistas descreveram a compaixão como a capacidade de reagir livremente e com precisão em qualquer situação. Ser legal ou sentir pena de alguém pode ser necessário, mas também pode ser feroz ou inflexível. Quando a doçura é aplicada indiscriminadamente, é vista como compaixão tola!*"[56]

Aqui está um exercício para envolver, limpar e fortalecer nosso coração.

Respiração do Coração

Este exercício não tem a intenção de evitar que fiquemos zangados ou tristes, mas, sim, de impedir de nos atacar de maneira prejudicial e improdutiva.[57] Recentemente, eu estava tendo uma forte discussão por e-mail com alguém da minha comunidade. Ela disse algumas coisas que eu achei muito dolorosas. Então desliguei meu computador, acendi uma vela, fiz algumas orações e tomei um banho. Depois fiz o exercício da Respiração do Coração mostrado a seguir e liguei para ela, apenas para descobrir que ela também tinha acabado de aterrar e tomar banho. Nós duas estávamos agindo como Sacerdotisas para evitar que o problema aumentasse. Porém, poderíamos ter feito isso um pouco antes e talvez tivéssemos ferido menos uma à outra, mas ainda assim, agimos o mais rápido possível e nossa comunicação ficou muito mais clara a partir daquele momento.

---

56. De David Schneider, *Street Zen* (Marlowe and Co., 2000).
57. Esta é uma variação de um exercício ensinado pela Sacerdotisa do Reclaiming, Madrone e outros professores que trabalham com o sistema de chakra indiano, conforme ele se traduz na prática ocidental.

Quando estiver ansioso, sobrecarregado ou com raiva, concentre-se com o exercício de aterramento do Capítulo 1, tornando-se Presente e Integrado. Sinta seus pés embaixo de você. Esteja presente em seu corpo, sem que sua cabeça esteja em um turbilhão ou influenciada por suas emoções. Seu corpo serve como um equilíbrio para ambos. Enquanto você respira, imagine sua expiração movendo-se através de seu coração. Sinta um leve formigamento ao longo do esterno à medida que a respiração se move. Deixe seu coração suavizar e abrir, só um pouco. Deixe-se relaxar enquanto a respiração passa por você, enchendo seu corpo na inspiração e saindo pelo coração. Se desejar, agora você pode pedir perdão, paciência e compaixão. Sinta-os entrar em cada respiração, um dom. Sinta seu coração crescer luminoso, radiante. Traga a respiração por todo caminho acima de seus pés e para fora através de seu coração. Você está calmo, aterrado e presente. Está pronto para enfrentar os desafios que precisar com o coração aberto.

O Pentáculo de Pérola

...lá estava, a grande pérola, perfeita como a lua.
Capturou a luz e a refinou, e a devolveu em incandescência prateada.
– John Steinbeck

Coloco este Pentáculo aqui, no capítulo sobre a Água, porque traz a imagem da ostra no fundo do mar, revestindo um grão de areia, até que uma pérola surge, brilhante, dentro da casca dura. Esta pérola também reflete a lua, que controla as marés oceânicas e as águas de nosso corpo. Este Pentáculo mostra os frutos de nossos trabalhos com o Pentáculo de Ferro. A irritação e a dor foram fortalecidas e se tornaram belas.

Trabalhando com as energias do amor, lei, conhecimento, liberdade e sabedoria, o Pentáculo de Pérola contém a visão de uma nova sociedade. É uma ferramenta de esperança, fornecendo uma maneira de mudar o equilíbrio de poder para algo mais libertador, alegre, são e comunitário. O Pentáculo de Pérola aparece quando o Pentáculo de Ferro está totalmente presente. Se a energia sexual não está correndo claramente dentro de mim, não tenho pleno acesso ao amor. Sem um poder equilibrado, não pode haver liberdade.

As energias da Pérola vibram uma oitava acima do Ferro, elas cantam juntas as mesmas notas em um tom diferente. Quando estou sintonizada com elas, vibro também, para todos os mundos. Uma de minhas primeiras professoras, Pandora, disse-me que o Pentáculo de Ferro é o trabalho de uma vida inteira, e o Pentáculo de Pérola, o trabalho de muitas vidas. Com o tempo, entendi que essa afirmação significa que, enquanto o de Ferro é meu trabalho pessoal, o de Pérola é um trabalho que só posso fazer em conexão com os outros. Neste caso, "muitas vidas" significa as vidas de muitas pessoas, todas fazendo seu trabalho pessoal e trabalhando umas com as outras.

O Pentáculo de Ferro é sobre construir nossa *psique*, nossa composição emocional e como encaramos o mundo em um nível pessoal. O Pentáculo de Pérola é como interagimos, como existimos em relacionamentos e os sistemas maiores de comunidade, governos ou enclaves.

Esses Pentáculos não são separados; eles estão inextricavelmente ligados e afetam fortemente todos os mundos. Eu percorri o Pentáculo de Pérola através do meu próprio corpo e campo de energia e desenhei este Pentáculo ao redor do Pentágono, em Washington, DC, que é o coração de um Pentáculo. Eu cantei essas pontas em grupos e sozinha. Minha amiga Reya, Sacerdotisa e Xamã, visita edifícios e locais ao redor de sua cidade, que representam para ela o Pentáculo de Pérola. Ela traz água de um ponto a outro, deixa alpiste ou toca taças tibetanas em cada um. Dessa forma, seu equilíbrio interno ajuda a equilibrar o lugar onde vive.

Começamos esta tarefa de equilíbrio mudando as energias da Pérola dentro de nós mesmos, primeiro trabalhando a partir do Ferro. Por exemplo, se estivermos confiantes o suficiente para deixar de assumir sistemas de dominação e controle, podemos nos tornar capazes de apoiar e criar sistemas mais sustentáveis e compassivos. Criamos uma cultura que é formada por e, consequentemente, pela forma do amor, da lei, do conhecimento, da liberdade e da sabedoria. Se eu entendo a lei dentro de mim, posso melhor ajudar a criação da lei no mundo. Se tenho liberdade dentro de mim, posso trabalhar pela liberdade de todos. Como dentro, é fora.

Invocando a Pérola

As energias dessas pontas não podem ser distorcidas como as do Pentáculo de Ferro, mas nossas concepções mentais ou emocionais sobre elas podem precisar de reestruturação. Se estou tendo problemas com a sabedoria em minha vida, trabalho nisso voltando à paixão e vendo o que está desequilibrado ou ausente nela. Se o amor é um problema, revisito o sexo e minha relação com a força vital, o que pode afetar todos os meus problemas de sobrevivência: casa, trabalho e dinheiro. Isso vale para todas as pontas do Pentáculo de Pérola.

No exercício a seguir, invocamos e reivindicamos amor, lei, conhecimento, liberdade e sabedoria. Essas pontas brilham no Pentáculo de Pérola e vivem dentro de nós, ajudando-nos a criar novas sociedades. Todo o trabalho que fazemos para recuperar as pontas do Pentáculo de Ferro traz as pontas do Pentáculo de Pérola. Como a ostra cobrindo sua irritação, é somente reconhecendo minha dor e tomando medidas para transformá-la que posso chegar à beleza da Pérola. Mais uma vez, você pode pedir a um amigo que o guie nesta meditação ou grave-a e a reproduza para si mesmo.

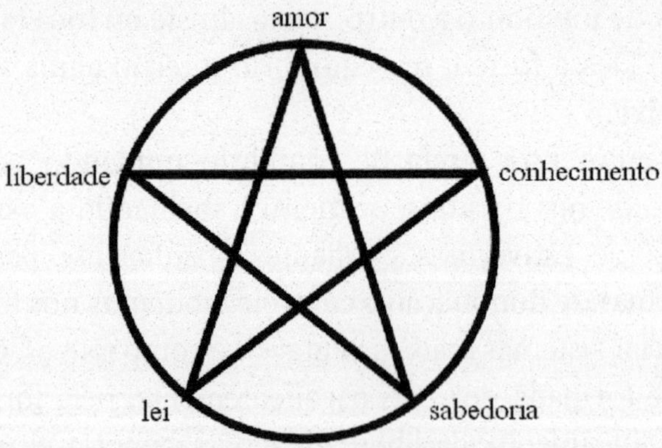

PENTÁCULO DE PÉROLA

Inspire. Sinta seus pés no chão. Expire, depois inspire novamente. Comece a passar o Pentáculo de Ferro pelo seu corpo, sentindo-o em sua forma. Deixe a energia vermelha do Ferro iluminar e se elevar, mudando para Pérola, luminescente e brilhante. Respire nessa opalescência. Deixe formar um ponto em sua cabeça e sinta a força vital do sexo se transformando em amor. Chame o amor de volta para você. Ame. Chame de volta o amor de cada canção que já ouviu. De cada vez que ele foi sussurrado para você. Chame-o de volta revisitando todas as vezes que se sentiu não amado ou sem amor. Sinta-se preenchido de amor. Sinta sua Alma Divina, tão apaixonada por você. Qual é a sensação de estar repleto de amor?

Deixe a energia da Pérola percorrer seu corpo, conectando-se ao seu pé direito. Lei. Sinta essa ponta. Sinta a conexão entre a lei e o amor. É um movimento rápido ou lento? Apenas observe. Comece a chamar a lei de volta para si mesmo. Chame-a de volta das instituições governamentais. Chame-a de volta de cada reunião que assistiu. Chame a energia de volta. Chame a lei de volta da polícia, dos tribunais. Chame-a para si mesmo. Deixe-se ser preenchido pela lei. Chame o equilíbrio natural das coisas. Este é o poder da Espada, ceifando através da ilusão, como o fogo ceifa a floresta, permitindo que novos crescimentos aconteçam. Lei natural. Esta é uma lei baseada no orgulho, não na arrogância. Esta é a lei ligada ao amor, ao sexo, à força vital. Seja preenchido por isso.

Deixe a energia perolada percorrer seu corpo, conectando o pé direito com a mão esquerda, conectando a lei com o conhecimento. Sinta a energia brilhando em sua mão. Sinta a conexão entre a lei e o conhecimento. Como você sente isso? Ela brilha ou mal se move? Sinta também uma tríade apoiando você, o trio do amor, alimentando a lei, alimentando o conhecimento. Inspire. Sinta o brilho do conhecimento. Comece a chamar o conhecimento de volta para si. Chame-o de volta de cada professor, de cada livro. Chame-o de volta de todas as vezes que se sentiu desconectado do seu conhecimento. Chame-o de volta. Toque o conhecimento de si mesmo ligado ao Universo, aos Deuses. Chame-o. Este é o seu self, alcançando a estrela da manhã. Deixe-se encher de conhecimento. Respire. Como o conhecimento molda você?

Agora deixe essa energia começar a fluir através de seu coração, em sua mão direita. Fluindo do conhecimento para a liberdade. Sinta a linha brilhando entre eles. Assim como a lei alimenta o conhecimento, o conhecimento alimenta a liberdade, os três se apoiam. Sinta. Respire. Chame a liberdade para você. Chame a liberdade da excitação estimulante da alegria da vida.

Chame a liberdade de volta de todas as vezes que você não se sentiu livre. Chame-a de volta do medo ou da inveja. Chame a liberdade de volta. Sinta a liberdade percorrendo seu corpo, sua alma. Libertando seu ser. Libertando o mundo. Tu és a Deusa. Respire. Sinta as forças do poder que possibilitam sua liberação. Chame-a para você, sinta-a alimentando você. Qual é o sabor da liberdade? Como é? Seu espírito está se expandindo?

Sinta o mercúrio da liberdade descendo pelo seu corpo e entrando no seu pé esquerdo. Este é o ponto da sabedoria. Da liberdade, tudo mudou, tudo o que você sabia, todas as suas formulações são reformadas, tornam-se mais claras. Sinta a linha entre liberdade e sabedoria. Como ela funciona? Sinta o trio de conhecimento, liberdade e sabedoria, equilibrando e alimentando um ao outro. Sinta-se tornando-se uma pérola. Chame a sabedoria para você. Chame-a de volta de professores espirituais e livros sagrados. Chame o fluxo de generosidade compassiva. Chame a sabedoria de volta da desconfiança de suas paixões. Chame seu próprio conhecimento profundo. Deixe esta sabedoria vibrar de sua paixão. Beba profundamente da paixão que forma sua sabedoria. Deixe que aquilo que excita você lhe faça sábio. Esta é a sabedoria que irá reconstruir o mundo em uma nova forma de ser. Respire sabedoria. Sinta esse triângulo — conhecimento, fluindo através da liberdade formando sabedoria. Deixe-se beber com segurança. Como a sabedoria se parece? Se você permitir que isso mude, os mundos vão mudar.

A energia da pérola brilhante corre de volta pelo seu corpo até a sua cabeça, conectando a sabedoria de volta ao amor. O amor transborda, alimentando a terra abaixo e o céu acima. Sinta essa linha. Sinta a conexão. Qual é a aparência, a sensação, o gosto? Sinta isso em seu corpo. Vibrando. Agora sinta o triângulo que liga a liberdade à sabedoria ao amor. Veja como eles se alimentam um do outro, são dependentes um do outro. Respire. Agora volte a sua mente para a tríade da sabedoria, amor e lei. O amor é a lei alimentada pela sabedoria. Respire. Sinta todo o Pentáculo de Pérola percorrendo seu corpo. Nomeie as pontas enquanto a energia flui. Amor. Lei. Conhecimento. Liberdade. Sabedoria. Amor. Deixe fluir esta energia até que você brilhe, como uma estrela nos céus. Deus em si Mesma a invoca. Agora, deixe o Círculo ser desenhado ao seu redor, contendo e ajustando as energias, girando a roda no sentido do sol, o caminho das energias crescendo e se reunindo. Amor, conhecimento, sabedoria, lei, liberdade e amor. Respire.

Sinta a energia do Ferro apoiando a Pérola. O manto da Terra é feito de matéria estelar, uma nuvem nebular chamada de lar pela ação da gravidade. Deixe seu coração ser a ação que atrai sua vida em direção à plenitude. Se houver algum excesso de energia, sopre para alimentar sua Pomba Sagrada.

Embora as pontas de Pérola precisem de Ferro para serem totalmente realizáveis, podemos experimentá-las mesmo que nossas pontas de Ferro estejam desequilibradas. Os exercícios a seguir nos dão um vislumbre do que a vida poderia ser se Ferro e Pérola estivessem plenamente manifestados dentro de nós. Eles nos ajudam a partir a concha da ostra e ver a beleza contida em seu interior.

Amor

Eu me apaixono a cada cinco minutos.
A cada cinco minutos alguém mexe comigo.
Eu juro que me apaixono a cada cinco minutos.
A cada cinco minutos. Deve ser algo na água.

— DANNY PECK[58]

O que é o amor no contexto do Pentáculo de Pérola? Não é o amor romântico ou subsumir o espírito e a força vital de uma pessoa a outra. Não. Ele é o amor profundo ligado ao primeiro ato de sexo e criação, o ato que chamou o Espírito para infundir todas as coisas. Este é o cuidado respeitoso que está por trás de tudo. Está na brisa em cada folha de árvore. Está tão bem ligado ao sexo do Pentáculo de Ferro que pode ser difícil diferenciá-lo. Na verdade, eles existem em harmonia um com o outro. O amor é aquilo que usa bem a força vital e para o bem de todos. Não se trata de egoísmo ou propriedade. É uma partilha, o alicerce da vida que infunde tudo. É vasto, abrangendo culturas, animais, plantas, sóis e estrelas. Sem respeito, não há amor. Sem força vital – energia sexual – não há amor. A Deusa Estrela amava a si mesma e, a partir disso, nascemos. Ame-se dessa forma e quem sabe o que vai nascer? Ame-se dessa maneira, e a sociedade ganhará uma força fundamentalmente diferente. Isso é Magia.

Abertura ao Amor Comum

"*Downtown Train*" de Tom Waits está tocando no café onde estou sentada escrevendo. É uma música cheia de amor por coisas comuns, por garotas com rostos simples cheios de saudade, pela lua nascendo sobre o

58. Do seu CD, *Love Politico*. Veja em www.dannypeck.com

trem, enquanto ele viaja pelo centro da cidade. Essa música me enche de gratidão pelo mundo e por nossa vida comum. Este exercício, como esta canção, é sobre se abrir para o amor. Trata-se de se abrir para um amor que é mais inclusivo do que às vezes acreditamos ser possível. É sobre a maravilha do mundo como ele é: corajoso, suado, belo e humano. Vou pedir para você fazer uma lista de coisas que o enche de sentimento de amor e de gratidão. Sempre que sinto amor, ele vem acompanhado de gratidão, pois sou grata pelo mundo que se abre à minha frente. O que parecia fechado há pouco, desdobra-se agora na minha frente como uma flor. Pétala por pétala se revela e meu coração se abre para o amor. Eu respiro isso.

> Faça uma lista de trinta coisas que você ama: conceitos, pessoas ou qualidades. Respire enquanto faz isso. Respire no amor. Respire amor nesta página. Respire amor na caneta enquanto escreve. Encha a página de amor. Agora leia esta lista. Escolha uma das coisas que se destaca, brilhando como uma joia na página. "O SOL SE INCLINANDO NO CHÃO", ou "MARGARIDAS EM UM POTE DE VIDRO NO PEITORIL DA COZINHA", ou "A SENSAÇÃO NO CORPO DEPOIS DE UMA CORRIDA", ou "O ROSTO DA MULHER QUE MENDIGA NA ESQUINA PERTO DO SEU TRABALHO". Escreva aquilo que se destacou em um pequeno pedaço de papel e coloque-o em seu altar. Medite sobre este amor por uma semana. Acenda uma vela na frente dele. Mergulhe nas coisas que enchem você de amor. Amor pelo Universo. Amor pela vida. Deixe que esta seja sua meditação.

Quanto mais meditar sobre as coisas que enchem você de amor, mais aberto ao amor estará. O mundo vai se tornar algo a ser amado. Mesmo no meio das más notícias e violência em cada página do jornal, o mundo ainda pode se levantar e nos fazer suspirar de admiração.

Lustrando seu Coração

Acho isso muito reconfortante e útil de ser feito quando meu coração se sente ferido, machucado, indefeso ou coberto de sujeira.[59] É simples e eficaz e pode ser feito onde quer que esteja, faça chuva, faça sol. A primeira vez que experimentar, pode querer diminuir as luzes,

59. Isso foi derivado dos meus anos de estudo com os Mevlevi Sufis.

acender algumas velas e se acomodar em um espaço privado. Faço isso sempre que sinto necessidade: sempre que estou com o coração dolorido ou sujo, triste ou desconectado.

Sinta seus pés no chão. Sinta sua respiração se movendo através de seu corpo sagrado. Deixe seus ombros relaxarem e seu centro de gravidade cair sobre si, talvez dobrando levemente os joelhos ao expirar. Comece a notar como sua respiração se move através de seu corpo, permitindo-se ficar cada vez mais relaxado enquanto respira, abrindo um pouco o coração, da mesma forma que durante a Respiração do Coração. Agora, gentilmente, comece a mover as mãos sobre o coração, suavemente para baixo, alternando entre elas. Você pode usar as pontas dos seus dedos para um leve toque ou as palmas das mãos para um movimento de escovação mais firme, ainda assim, suave. Imagine que suas mãos estão lavando seu coração. Pode ser com água, pedras polidas ou enviando luz onde reina a confusão. Pode ser um pano de lustrar, esfregando suavemente a sujeira e os detritos.

Deixe suas mãos continuarem a fluir suavemente sobre o esterno enquanto respira. Continue a relaxar. Você pode balançar suavemente, para frente e para trás, como uma criança sendo embalada. Você é amado. Você está perdoado se precisar de perdão. Respire... Ame... Respire... Ame... Você está lentamente sendo curado, confortado e abraçado novamente. Traga-se para a quietude, uma mão cobrindo a outra, descansando em seu coração. Sinta seu coração começar a se expandir. Respire nele. Diga: "Estou aumentando minha capacidade de amar. Estou aberto ao amor. Meu coração é grande. Eu tenho amor dentro do meu coração". Dê uma grande respiração do coração e diga: "Eu sou amado". Agora, coloque suas mãos em forma de concha e imagine-as cheias de amor, como se enchessem de água de um riacho claro. Estenda as mãos, derramando o amor no chão à sua frente e diga: "Que o amor seja derramado sobre a terra. *Blessed Be*".

Dança Devocional para o Amor

Com os pés afastados na largura dos ombros, dobre levemente os joelhos e comece a mover o tronco em um círculo no sentido horário. Ao fazer isso, deixe seus braços seguirem o movimento de seu corpo, as mãos roçando seu coração e circulando, passando na frente de seus olhos como um espelho. Você está olhando para si mesmo com os olhos do Amor. Outra rotação e suas mãos passam pelo seu coração mais uma vez e então se movem para fora e ao redor, subindo novamente aos seus olhos. Você está respirando, centrado e relaxado. Está aberto ao amor, ao amor do Universo, ao amor que tem dentro de você. Continue respirando. Deixe-se encher de amor.

Dança Devocional para o Amor

Lei

A energia luminosa do Pentáculo de Pérola corre como água, descendo do amor, conectando-se com a lei, um conceito distorcido em nossa cultura. A lei de Pérola, baseada no verdadeiro orgulho, é a lei natural. Quando o orgulho está presente, há um sentimento de dignidade e de pertencimento à comunidade e ao fluxo natural. Quando as leis são feitas em resposta à indignidade, elas podem causar isolamento, suspeita e separação da Natureza.

Isso não significa que a lei natural sempre pareça boa. Terremotos tombam estruturas sem fundações sólidas. O fogo corta a floresta como uma faca, abrindo espaço para que novas sementes cresçam. A lei é sobre equilíbrio e conexão. É sobre a gravidade e a forma como as estrelas se movem. Diz respeito à minha vontade e ao uso que faço dela. Estou em alinhamento com o mundo natural tanto quanto possível para uma pessoa no século 21? Eu fiz minha prática diária, sentado em oração ou meditação, fazendo correr a energia? Eu me envolvi em uma prática de artes marciais? Busquei perdão por omissões ou coisas cometidas quando não estava em alinhamento? Não posso viver de acordo com a lei natural se causei um desequilíbrio e não procurei corrigi-lo. A vida correta envolve a lei: disciplina, orgulho, alegria e contentamento.

Pensando na lei desta forma a pessoa nos dá uma ideia de como a lei funciona em maior escala, ordenando toda a Natureza através da suave mudança das estações ou através do poder devastador de uma inundação repentina. Em uma escala humana, a lei exige o engajamento de indivíduos, procurando alinhar suas próprias vidas umas com as outras e com a lei natural. O poder da lei, uma estrutura de escala magnífica, é construído sobre cada componente individual. É como um dos triângulos que sustentam a cúpula de Buckminster Fuller. A lei é tanto o triângulo quanto a cúpula.

> Pergunte a si mesmo: quais são as leis pelas quais eu escolho viver? Quais leis foram impostas a mim? Qual delas eu internalizei? Como elas funcionam em mim e através de mim? Essas leis me controlam ou me fortalecem? Eu uso essas leis para controlar ou para fortalecer os outros? Que juramentos faço de bom grado? Como minha vontade está agindo de acordo com o mundo ao meu redor?

Acreditando e Querendo

A lei exige movimento. A verdadeira lei deve equilibrar crença e ação. Nossas ideias devem ser galvanizadas por nossa vontade e nosso desejo. Em que você acredita e o que está disposto a fazer para dar vida e energia às suas crenças? Se queremos mudança, devemos estar dispostos a agir. Esse é o poder da lei.

Dobre um pedaço de papel ao meio no sentido do comprimento. Em um lado do papel, escreva "EU ACREDITO" e no outro "EU VOU". O mais rápido que puder, escreva seis coisas na coluna do "EU ACREDITO". Agora volte e olhe para cada papel. O mais rápido que puder, anote o que você vai fazer para ajudar a concretizar cada crença. Algumas dessas ações podem levar à ponderação, mas se você tiver um primeiro impulso, mesmo que pareça bobo ou irracional, anote-o. Você sempre pode editá-lo mais tarde, mas escrever no impulso é bom. Há energia nisso.

Aqui está um exemplo: "EU ACREDITO QUE A NATUREZA É SAGRADA". "VOU LIMPAR A PRAIA DA MINHA CIDADE". Essa é a lei em ação. Que nossas leis sempre reflitam nossas crenças e, se não for assim, que possamos trabalhar para mudar essas leis.

Dança Devocional para a Lei

Este movimento reflete a mudança de equilíbrio, as qualidades não estáticas da lei.

Respire fundo. Sinta a sensação de orgulho em seu corpo. Volte ao movimento do orgulho por um momento para ter noção de como isso muda você. Para entrar no movimento da lei, abra os pés na largura dos ombros e comece a balançar suavemente de um lado para o outro. Usando o pé direito como ponto de apoio, balance o ponto de equilíbrio de um lado para o outro. Suas mãos descrevem uma lemniscata – um oito deitado – à sua frente enquanto balança e se equilibra, as mãos balançando para fora e voltando novamente. Quando sua mão direita estiver voltada para baixo e a esquerda para cima, as palmas das mãos em planos paralelos, seu corpo estará no meio de sua oscilação direcional direita. Quando chegar ao limite desse balanço, suas mãos começarão a girar até que a direita esteja voltada para baixo e a esquerda para cima. Então seu corpo começa a balançar para a esquerda. Toda vez que balançar para a direita, seu pé esquerdo se levanta do chão. Quando alcançar o arco do lado esquerdo, seu pé esquerdo toca o chão. O pé direito permanece firmemente ancorado enquanto você muda da direita para a esquerda, equilibrando-se e movendo-se. Você é gracioso na dança da lei.

Dança Devocional para a Lei

Conhecimento

Como o reflexo da lua sobre a água, a cintilante onda da Pérola flui da lei para o conhecimento, que é muitas vezes confundido com a inteligência puramente intelectual. Não se trata simplesmente disso, embora o intelecto esteja incluído. O conhecimento é mantido em nossos ossos, em nossas células sanguíneas, nos tecidos musculares, memórias emocionais, bem como em partes do nosso cérebro. A informação por si só não constitui conhecimento. É preciso digerir a informação, incorporá-la, praticá-la e fazer associações dentro de si mesmo.

Viver na era da informação pode tornar difícil mergulharmos profundamente em qualquer área por tempo suficiente para crescermos no conhecimento. Faz parte do trabalho do Pentáculo de Pérola trazer de volta a capacidade de ter conhecimento: conhecer a si mesmo, antes de tudo, e depois conectar-se a outras fontes de conhecimento, tornando-se aluno, e com o tempo, professor. Desta forma, podemos educar uns aos outros e ajudar na evolução em vez de auxiliar a espiral a nos tornar menos humano. O conhecimento é fundado em si mesmo. Conheça a si mesmo, em todas as suas partes.

Limpando o Sótão

Anos atrás, eu penteava meu cabelo magicamente, porque podia literalmente sentir a energia presa nele. Brinquei com meus amigos que eu tinha Buicks velhos e molas de cama presos em meu Chakra da Coroa, a energia ficou tão emaranhada em meu cabelo grosso e encaracolado, que, por muito tempo, até me tornar mais hábil no uso da energia, cortei o cabelo curto como forma de permitir que a energia fluísse com menos impedimentos. Este exercício é uma adaptação daquele trabalho que eu fiz. Ele usa um pente ou escova como um Bastão para abrir caminho para um conhecimento mais claro ou profundo. Muitos pensamentos, fatos e opiniões podem confundir nosso cérebro, dificultando o acesso ao nosso conhecimento. Este exercício é uma maneira de começar a limpar o sótão do nosso cérebro, criando espaço e ordem e deixando o ar fluir.[60]

---

60. Algumas Sacerdotisas do Reclaiming, em São Francisco, criaram seu próprio currículo para ensinar o Pentáculo de Pérola. Elas usam pentes como forma de limpar o cérebro para acessar melhor o conhecimento.

Prepare uma tigela com água salgada. Coloque-a na sua frente. Comece a pentear o cabelo. Imagine que todos os velhos sistemas de crenças que não lhe servem estão saindo de seu cérebro e sendo presos nos dentes do pente. Agite o pente sobre a água, deixando a água salgada absorver esses pensamentos. Penteie quaisquer pensamentos que não sirvam ao seu trabalho. Penteie informações que não pareçam úteis ou pertinentes à sua vida agora. Respire fundo. Continue penteando. Não importa se você pode nomear esses pensamentos ou não. Apenas imagine que eles estão flutuando para fora do seu cérebro, para os folículos capilares e para o pente. Agite-os na água salgada. Deixe-os dissolver e desaparecer. Eles não são mais necessários, não têm mais poder sobre você, não atrapalham mais o seu cérebro. Ao pentear e sacudir, sinta a vitalidade entrando no sótão de seu cérebro a cada respiração. Sinta o vento começar a soprar, limpando a poeira das fendas e atrás de caixas e mais caixas antigas. Quando sentir que fez o suficiente no momento, envie um último grande suspiro por meio de seu cérebro. Abra uma janela. Despeje a água salgada no ralo.

O Jogo do Conhecimento

Antes de entrar neste jogo, você pode querer fazer alguma escrita automática em torno do conhecimento. Escreva por cinco minutos em "Eu sei" como um aquecimento. O que se segue é um exercício em grupo.[61] Você vai precisar de uma bola de chute ou de um pufe – algo que você possa arremessar e pegar com segurança com bastante facilidade. Um pufe pequeno é fácil de fazer: pegue um saco de pano e encha-o com feijão, costurando a borda ou amarrando bem com fita ou barbante.

Fique em um Círculo. A pessoa com a bola afirma algo que sabe sobre si mesma e joga a bola para outra pessoa no Círculo. Essa pessoa tem que dizer imediatamente o que ela sabe sobre si mesma e joga a bola para outra pessoa. A bola vai pipocar dessa maneira, com o apanhador tendo que falar rapidamente, por impulso, em vez de parar para pensar. O jogo pode mudar depois de um tempo para aquilo que as pessoas sabem fazer ou para fatos sobre o mundo. Ele deve começar, no entanto, com o autoconhecimento.

61. Eu desenvolvi isso com as Sacerdotisas do Reclaiming e da Feri, Gwydion e Patti Martin.

Dança Devocional para o Conhecimento

Este jogo é muito revelador. A primeira vez que o fiz, fiquei surpresa com o que eu sabia. Havia coisas lá no fundo das quais eu não me permitiria ter certeza se parasse para pensar nelas. Ao falar rapidamente, ignorei meu censor habitual e deixei escapar as verdades mais surpreendentes sobre mim, coisas próximas ao meu núcleo, em vez dos fatos superficiais usuais que apresento ao mundo.

Dança Devocional para o Conhecimento

Este é um movimento sobre cavar fundo em si mesmo e, em seguida, ir além de si, no cosmos que deu origem a você.

> Afaste ligeiramente os pés. Respire. Forme um berço na barriga com as mãos e os braços, a mão direita em concha ao lado da esquerda. Olhando para as mãos, balance os braços apoiados para a direita, depois volte para a esquerda. Sua cabeça segue o arco do seu braço esquerdo enquanto ele se estende para o lado e para cima, pulso descrevendo duas voltas perto do topo, dedo médio e indicador saindo para tocar o céu, para alcançar as estrelas. Isto representa seu conhecimento, enraizado em sua barriga, embalado em seu ser e, simultaneamente, mantido em algo aparentemente tão inalcançável quanto uma estrela. Respire. Aterre. Aninhe-se, toque-se. Você sabe.

Liberdade

A água flui sobre a Pérola, carregando um brilho em seu coração no fluxo de energia que flui do conhecimento para a liberdade, que aqui significa liberdade em grande escala. A liberdade vem de ter o poder de fazer o que queremos e discernir se nossos desejos nos servem ou não. Para muitos de nós, nossos desejos alimentam o vício ou a autodestruição. Nesses casos, não temos como diferenciar entre o que nos ajuda a crescer de forma saudável e o que nos impede de crescer. Quando estamos presos, sonhando com uma liberdade que nunca virá, não temos o poder de acessar o que realmente precisamos. Não temos o poder de nos libertar.

Então, novamente, esta ponta de Pérola é baseada no domínio do Ferro – liberdade baseada no poder. Nossa habilidade pessoal de usar as energias do Ferro e da Pérola, por sua vez, ajudará os outros. Podemos compartilhar nossa libertação e os instrumentos que nos levaram até ela. Também podemos identificar mais facilmente os instrumentos da escravidão e ajudar os outros a vê-los também. Nós nos abraçamos. Nós nos ajudamos. Ao compartilhar o poder, nossa caminhada em direção à liberdade chega mais cedo e com maior segurança. Em nosso poder, somos menos propensos à manipulação. Livres de manipulação, podemos trabalhar para melhorar a sorte de todas as pessoas.

Liberdade de Dentro

Este exercício usa o corpo como um modelo no qual reconhecemos nosso poder bloqueado e todas as maneiras pelas quais não somos livres, embora possamos desejar ser.

> Encontre os lugares em seu corpo que estão tensos, sentindo medo, indecisão, doença ou ganância. Esses são todos lugares onde seu poder está bloqueado e onde a liberdade não foi reivindicada. Vá a uma massoterapeuta e realmente observe todos esses lugares enquanto eles são massageados. Envie respirações profundas através deles, ajudando a começar a aliviar os bloqueios e a abrir caminhos para a liberação dentro de você. É verdade que quanto mais relaxado estiver em seu próprio poder, mais livre será. Quanto mais livre for, mais generoso poderá ser ao trabalhar pela libertação de todos os seres. Retorne ao seu trabalho de postura com isso em mente. Observe onde tem facilidade e onde carrega tensão. Envie respirações por esses espaços enquanto caminha.
>
> Como seria sentir sua própria libertação? Como você usaria isso? Qual seria a sensação em seu corpo? Relaxe nessa possibilidade, a possibilidade de sua própria libertação. Se fosse verdadeiramente livre, como você se moveria pelo mundo? Comece a praticar. Com a prática, a realidade virá. Imagine e isso se tornará uma realidade ao longo do tempo.

Em mim, quando meu poder está presente e ativa a ponta da liberdade, encontro-me aberta a ser afetuosa e estável, de coração aberto e forte em minha vontade.

O que nos Afasta da Liberdade?

Parte um

Quanto mais nos envolvermos com esta prática no corpo e no espírito, melhor será nossa capacidade de olhar para o que está restrito em nossa vida pessoal.

Faça uma lista de tudo o que o impede de alcançar a verdadeira liberdade em sua vida. Comece a notar as maneiras pelas quais você apoia essa sensação de ser dominado, desamparado ou preso. Você está preso em seu trabalho? Sente que está sobrecarregado, com muitas responsabilidades que realmente não lhe interessam? Sente-se sobrecarregado por questões de dinheiro? É viciado em drogas, adrenalina, vergonha ou televisão? O que você precisa para caminhar em direção a uma maior liberdade em sua vida? Reconhecer essas coisas é um passo para o poder e para a libertação.

Pergunte a si mesmo: Quais são as três coisas em mim que precisam de libertação? O que está amarrado e trancado ou enterrado sob opressão? Qual seria a sensação, o gosto, o sabor, a aparência da libertação? Tome o sentido de liberdade dentro de você. Como isso seria, que gosto teria ou qual é o som da cultura da qual você faz parte? Qual é o seu sonho de liberdade?

Escreva algo que você vai fazer para trazer sua própria libertação.

Parte dois

Agora que estamos analisando questões de poder e de liberdade em nossa própria vida, podemos voltar nosso olhar para nossas comunidades.

Onde estão as coisas estagnadas ou presas em sua família, grupo espiritual, governo local? Estar ativamente engajado nesses relacionamentos comunitários maiores pode ajudar a movimentar a energia. Às vezes, os atos podem ser simples: facilitar uma reunião, revelar processos subterrâneos, chamar parlamentares, organizar direitos dos trabalhadores, limpar um rio local.

Como você incorpora suas práticas diárias em ações que ajudam os outros, bem como a si mesmo?

A coisa mais útil que descobri a respeito do exercício da liberdade foi usar minha prática de meditação como base para a auto-observação diária. Quanto mais escrupulosa sou nesta prática, mais rapidamente posso admitir erros ou ver problemas, clareando e liberando energia que, de outra forma, seria gasta inutilmente em autojustificativas ou preocupações que minam meu poder.

Por vários meses, meus amigos e eu nos sentamos em meditação silenciosa do lado de fora do nosso prédio federal local durante a corrida matinal. Nossas placas diziam: "Que possamos aprender a ser pacíficos" ou "Amor, não medo" e apenas nos sentávamos de olhos fechados,

Dança Devocional para Liberdade

respirando conscientemente, coluna ereta, ancorados em um canto do edifício. Estávamos tentando ser pacíficos. Também nos sentamos durante as manifestações para equilibrar a energia de outros que estão engajados em desobediência civil. Esperamos fornecer, com isso, um espaço tranquilo para os ativistas e uma extensão tranquila para a polícia ver e não se sentir tão ameaçada.

Muitas vezes nos agradecem, às vezes gritam conosco, mas principalmente, apenas nos sentamos. Se isso é um ato libertador? É um ato que trabalha lentamente em direção à minha libertação pessoal, e não posso deixar de sentir que, com o tempo, pode desencadear a libertação de outros.

Dança Devocional para Liberdade

Deixe os dois punhos soltos. Cruze os pulsos, as mãos voltadas para você, na altura do peito. Em uma expiração explosiva, levante e abaixe rapidamente os pulsos, como se estivesse quebrando as correntes que os prendiam. Então, inspirando, balance a mão direita e o braço para fora em um arco para o seu lado, seguido pela mão esquerda e braço rapidamente fazendo o mesmo. Em seguida, cruze as mãos na sua frente novamente na contagem de "um", quebre as correntes em "dois" e abra os braços em "três" e "quatro". Todo o tempo, seus joelhos estão dobrando profundamente quando você quebra as correntes, e então, suba quase até a ponta dos pés enquanto abre os braços no gesto de liberdade. Respire. Quebre as correntes. Seja livre.

Sabedoria

Compaixão é nossa única esperança, sabedoria nossa arma.
– Noah Levine[62]

A água continua a fluir, e a energia do Pentáculo de Pérola desenha uma linha luminosa da liberdade em direção à sabedoria, que é intuição e conhecimento integrados. Todos nós somos capazes de ser sábios; isso não se deve à competência dos professores espirituais. A sabedoria brota de nossas paixões mais profundas. Quando tenho uma energia

62. De Noah Levine, *Dharma Punx* (HarperSanFrancisco, 2003).

apaixonada por algo, alguma forma de criação, alguma busca por justiça ou algum ato de amor, então estou respondendo a esse conhecimento profundo, a essa sabedoria. Quando respondo a algo como a água responde ao puxar da lua, estou em contato com a sabedoria. É algo que aprendi a confiar.

A sabedoria é profundamente racional, decorrente da paixão, da emoção, do instinto e do conhecimento digerido. A sabedoria é expressa por meio da pintura, da música, da dança ou de qualquer forma de comunicação que se baseie em mais do que apenas nossas habilidades verbais. Embora a sabedoria possa estar abaixo das palavras, com treinamento podemos adquirir a facilidade verbal para expressá-la. A sabedoria expressa requer uma combinação de habilidades. Ela é ativada quando o Pegajoso começa a falar com a Pomba Sagrada.

Sussurrando em Sabedoria

Comece a ouvir seu eu mais profundo, percebendo o que flui a partir de sua paixão.

> Assuma riscos com suas paixões. Se você deixar de temê-las, estará no caminho certo para se tornar sábio. A sabedoria se conecta à liberdade. Encontre o lugar em seu corpo onde está sua sabedoria, o lugar que sussurra para você e o guia. Agora pergunte a si mesmo: como me tornar ou não um sábio? Como agir com sabedoria ou sem sabedoria? Quando estou desconectado de minhas paixões e me debatendo? Quando tenho o conhecimento de algo muito profundo, posso transmitir aquilo através da minha pele, da minha respiração, das minhas palavras ou toque? A sabedoria caminha, dança e flui.

Bebendo sua Sabedoria

Aqui está um exercício dado a mim inicialmente por Victor, como uma maneira de sorver *mana* ou *awen*[63], a força vital que conecta todas as coisas na divindade. Eu adaptei o exercício para isso. Assim, conforme bebemos em nossa paixão, podemos beber e abençoar nossa sabedoria.

63. Palavras havaiana e galesa, respectivamente.

Pegue seu copo favorito, ou Cálice, se tiver um. Encha-o com água limpa filtrada ou de um poço. Despeje uma pequena libação, uma oferenda na terra ou em um vaso de plantas. Centre-se, respire força vital até que esteja repleto dela, formigando. Ao respirar, mova suavemente sua atenção para esses lugares profundos em você, essas nascentes, essas fontes de paixão. Peça para mostrar sua sabedoria. Uma vez que tenha feito esta oração, respire um pouco de sua força vital no Cálice, com a clara intenção de que essa força vital, canalizada através de sua paixão, alimente sua sabedoria. Veja o Cálice brilhando no olho de sua mente, luminoso, com energia vital e com todo o potencial de sua sabedoria. Mergulhe um dedo em seu copo e unja sua coroa, testa, coração, barriga e sexo com a água da sua sabedoria. Tome outra respiração profunda.

Beba sua sabedoria. Beba-a até que o copo esteja seco e você esteja repleto. A energia luminosa que estava fora de você agora habita dentro; sinta-a brilhando como a lua. Agradeça.

Dança Devocional para a Sabedoria

Esse movimento se baseia no berço da criação, a taça da paixão, e traz a energia desse espaço para sua cabeça, para que você possa comunicar mais facilmente sua profunda sabedoria.

Deixe suas mãos formarem um triângulo, as pontas dos polegares se tocando, os dedos indicadores se tocando, com o resto dos dedos empilhados de lado naturalmente contra eles. O espaço entre os polegares e os dedos indicadores forma um triângulo. Deixe esse triângulo descansar contra sua área genital. Comece a balançar para trás e para a frente, com o pé esquerdo ligeiramente para a frente. Comece a chamar a sabedoria para dentro de você. Inale. Mova suas mãos para cima e para fora, até que o triângulo se reformule, emoldurando seus olhos físicos e o Terceiro Olho em sua testa.

Agora que você completou o ciclo de Pérola, desenhe a linha brilhante de energia de volta ao amor, conectando o circuito. Deixe a energia fluir através de você mais uma vez, do amor à lei ao conhecimento à liberdade à sabedoria ao amor. Então sinta o círculo cintilante desenhado ao seu redor, selando as energias em seu corpo. *Blessed Be.*

Dança Devocional para a Sabedoria

Conectando-se com os Deuses da Feri

Esses Deuses me ajudam com o trabalho de equilibrar força e compaixão. São Deuses maduros, em seu pleno poder sexual e podem nos ajudar a nos conectarmos com a força vital sensual e a profunda sabedoria do mundo natural. Passe algum tempo com eles, acenda uma vela e peça para eles se juntarem a você. Eles conectam os jovens aos velhos e o mistério à vida cotidiana.

Twr

Ele é a torre alta brilhando ao sol, a vida pulsante da terra, o falo ereto no momento do orgasmo. Ele é as coisas verdes que crescem, o sangue vermelho, a força que os impulsiona. Ele é o sol em seu zênite. Seu próprio nome, "Torre", fala de sua força. Ele pode ter três faces, a Branca de Pura Intenção, a Verde da Terra Viva e, em sua forma como Krom, o Vermelho do Caçador e do Cervo Sacrificado.[64]

Mari

Ela é a Mãe oceano. Ela é toda plenitude: pêssegos maduros prestes a estourar, a paixão do meio-dia e o calor da sexualidade plena. Ela é o ventre da árvore onde Merlin morre e renasce. Ela pode cruzar o vasto oceano e as montanhas em dois passos. Ela detém o poder do movimento e da fecundidade. Ela atrai você, leva-o para baixo e o empurra de volta para cima novamente. Ela pode ter três faces, a Branca da Espuma do Oceano, a Verde da Terra Viva e a Vermelha da Amante ou Protetora.

Transbordando

Purificado, revigorado e brilhando com a beleza da lua cheia, deixe a água fluir de seu coração – impulsionada por todo o líquido contido em seu corpo – para regar a terra. Que seu amor, sua esperança e seu desejo sejam abundantes. Mergulhando nas lições da água, voltemo-nos agora para o Norte.

64. Esses nomes são galeses e são pronunciados como "Tur", "Crôm" e "Mári".

6

Norte:
Dando Nascimento à nossa Totalidade

> Norte. Escuridão silenciosa e a força da meia-noite negra. O texugo escavador e o urso adormecido. Montanha alta e caverna profunda. O instrumento aqui é o cubo e o Pentáculo. Sinta a sabedoria escondida nas profundezas de sua alma e a beleza de seu corpo dançando. Reivindique o poder de ficar calado. Esteja em silêncio internamente. Mergulhe em seu poder, sinta-o ondulando em seus músculos e se estabelecendo em seus ossos. Seja verde e repleto de vida. Aquiete-se e ouça, mova-se devagar e com grande propósito.

Os poderes do Norte são mantidos na terra e tradicionalmente encontrados no mundo físico e em nosso relacionamento com ele. Esta relação inclui a consciência do nosso próprio corpo, dinheiro, estrutura, vida e morte e de nossos ancestrais. A hora do dia é meia-noite, oposta ao meio-dia do Sul. O instrumento da Tradição Feri para o Norte é o cubo verde inscrito com um Pentagrama. A Terra contém quietude, potência, silêncio e mistério.

Neste capítulo, revisitaremos a paisagem sagrada em que vivemos. Examinaremos ainda mais nossa relação com a paisagem do nosso próprio corpo. Ficaremos sobre o cubo da estabilidade e encontraremos o fluxo nos Pentáculos que mudam o caos e reformam nossa vida. Ouviremos em silêncio e caminharemos na escuridão. Nossos pés encontrarão seu caminho.

O Cubo e o Pentáculo

Na Feri, o instrumento do Norte e do elemento Terra é um cubo verde com o símbolo do Pentáculo esculpido em sua lateral. O cubo representa estabilidade, a terra e o mistério que pode ser trancado; a cor verde denota uma conexão com o mundo em crescimento. O cubo tem a potência do quatro em cada um de seus quadrados e do seis no número de seus lados. Eles significam equilíbrio estável e a restauração da harmonia e são números para se construir. O Pentáculo é a mudança dinâmica, o cinco do corpo humano e de nossos sentidos. Não somos estáticos, mas estamos em movimento. O cubo pode permanecer preso a seu próprio quadrado. O poder do cinco mantido pelo Pentáculo cria coisas novas a partir de um caos que pode parecer estar em guerra consigo mesmo, mas mantém um exemplo brilhante quando tudo se junta, as pontas da estrela se tocam e a forma se torna clara. Ordem e caos dançam quadril a quadril.

O cubo e o Pentáculo trabalhando juntos guardam para mim o paradoxo do elemento Terra. Meu corpo às vezes anseia por uma quietude segura, mas não pode permanecer nisso por muito tempo, pois o movimento é necessário para minha saúde. O corpo se conecta com a cabeça e com os quatro membros novamente, e dança para trabalhar no mundo. No entanto, sem um terreno estável para crescer, o humano se torna inconstante, louco ou doente. Cubo e Pentáculo em conjunto mantêm a interação de hibernação e corrida nos campos, de dormir bem e trabalhar com satisfação. A solidez deve ser equilibrada pelo dinamismo para que sejamos plenamente humanos, plenamente nós mesmos. A atenção cuidadosa a essas duas necessidades leva à saúde e ao bem-estar.

Planos de Estabilidade

O cubo verde é formado a partir do quadrado – o coração e suas quatro câmaras, que bombeiam vida através da estrutura que é o corpo. A força da Mãe Negra, a Guardiã do Norte, repousa sobre um cubo de estabilidade. Este exercício envolve responder a algumas perguntas e desenhar uma imagem de como sua vida está hoje. Também envolve puxar algumas cartas de Tarô – ou Runas, se você preferir esse sistema de adivinhação – para obter mais informações sobre como melhor bombear a força vital de volta à estrutura que o sustenta.

A leitura dos Planos de Estabilidade engloba seis categorias que são básicas para a vida humana:

1) prática espiritual;
2) lar/relacionamentos;
3) corpo/saúde física;
4) emoções/saúde mental;
5) dinheiro/trabalho;
6) natureza/terra.

Sobre o que você constrói sua vida? Quais são os fundamentos de sua prática, seus relacionamentos, sua casa e trabalho? Faça um desenho de um cubo e rotule-o. Que tipo de apoio você ainda precisa em sua vida? Precisa de amizades mais honestas? Um trabalho mais satisfatório? Melhorar a saúde?

Você não tem estabilidade suficiente em sua vida, ou as coisas parecem tão estável que está ficando estagnado? No segundo caso, pode ser necessário virar o cubo e ver as coisas de uma maneira diferente. Você pode precisar agitar um pouco as coisas e permitir que o cubo se reformule de maneira que lhe sirva melhor. Passar a energia dos Pentáculos de Ferro e Pérola pelo seu corpo pode ajudá-lo neste trabalho.

Puxe uma carta de Tarô para cada plano, colocando-as no padrão de um cubo aberto. Se o significado de uma carta parecer obscuro, você pode puxar duas cartas esclarecedoras para responder às seguintes perguntas: o que pode me ajudar com isso? O que me impede?

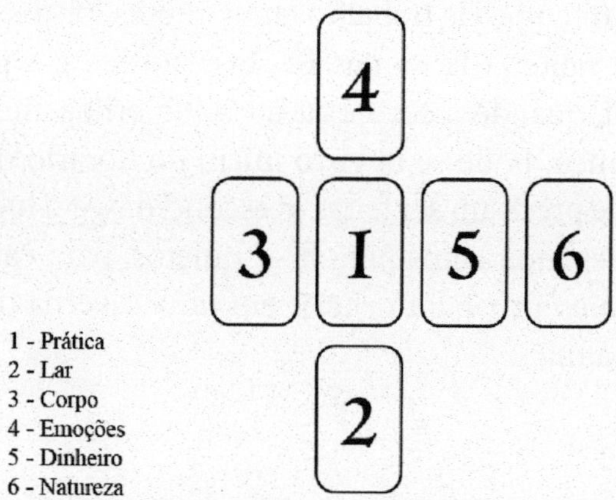

Leitura dos planos de estabilidade

Dando luz às mudanças

A Mãe Negra dá à luz a caverna da hibernação, e assim a quietude e a escuridão trazem mudanças. O praticante Feri combina os poderes dos Elementos com os Pentáculos de Ferro e de Pérola. O que você combina em sua vida – o prático e o físico, o emocional e o psíquico, ou o criativo e o espiritual? Trazer algo à luz requer fundamentação e risco, paciência e esforço. Se algo em seu trabalho estiver parado, talvez você esteja perdendo um dos seguintes componentes:

> Usando as categorias de sua leitura do cubo, faça uma lista das maneiras pelas quais você manifesta sua vida profissional, seus hábitos alimentares, sua consciência emocional e todas as outras coisas que são subtítulos das categorias maiores do cubo. Olhe para esta lista. Todas as coisas listadas satisfazem você? Elas parecem saudáveis e em equilíbrio? Algumas listas são muito mais longas que outras?
>
> Sente-se com esta informação por um mês. Em seguida, pergunte: "O que eu quero fazer com essa informação? Quais mudanças precisam ser feitas?"

O Poder do Silêncio

Um dos poderes do Norte é o poder do silêncio, o poder da quietude, a ressonância da ausência de palavras.[65] Este é o poder da meia-noite, dos segredos, é um tempo de trabalho enquanto os outros dormem. Há potência na meia-noite, a Hora das Bruxas, porque é a profundidade da escuridão fértil, quando a coruja caça e a lua brilha alto. Em bairros urbanos como o meu, pode-se ouvir o início do horário de expediente para atividades que precisam ser feitas às escondidas, em lugares ocultos. Podemos usar esses momentos para ficar quietos, para cair como uma pedra em um lago escuro, para rastejar em uma caverna de nosso ser e vislumbrar nossa alma.

65. Os quatro poderes da Esfinge são "Saber, Querer, Ousar, Calar" e correspondem ao Ar, Fogo, Água e Terra. Ver Éliphas Levi, *The History of Magic*, traduzido por A. E. Waite (Weiser, 2000).

Já vimos sobre os poderes da fala que remetem ao Ar – este é o seu reverso. Como Bruxas, é bom aprender quando não falar, quando guardar o mistério. O poder do silêncio, usado adequadamente, dará ressonância aos nossos poderes de fala. É preciso conhecer os espaços entre as notas para valorizar a música em si.

Outro poder oriundo do silêncio é a digestão. Deixe suas experiências e pensamentos digerirem na caverna escura de seu ventre antes de tentar trazê-los ao mundo como luzes para o ensino. Palavras não digeridas são simplesmente o trabalho de um papagaio, não de um Sacerdote. Precisamos aprender as lições da lentidão do tempo e da integração, em vez do jorro rápido das ideias. A digestão é manter o verdadeiro poder com integridade, conduzindo a si mesmo e aos outros através do exemplo para a liberdade. Nossa cultura muitas vezes nos ensina o oposto – o tempo passa rápido para nós, as coisas giram a uma velocidade vertiginosa. Esse poder de lentidão e quietude é algo difícil de cultivar, mas continuo tentando. Só agora, depois de mais de vinte anos como Bruxa, estou começando a vislumbrar esse poder.

Realizando um Jejum de Palavras

Antes da minha iniciação no Reclaiming, pediram-me para manter vinte e quatro horas de silêncio. Sendo uma pessoa altamente verbal, esta foi uma lição poderosa para mim, mas também o início do aprofundamento e integração dos meus então treze anos de trabalho na Arte. À medida que cresci em meus estudos e práticas, o poder do silêncio aumentou dentro de mim, dando força à minha Magia. Eu ainda falo muito, mas deixo muito mais espaço também. As coisas crescem nesses espaços.

Reserve um período de vinte e quatro horas em que você não falará. Você pode querer fazer um retiro para conseguir alcançar isso, mas não é necessário. Pode ficar em casa mesmo. Apenas avise sua família ou amigos que você não vai falar. Tente passar pelo menos parte desse tempo em reclusão. Este é um bom momento para tomar um banho sagrado, olhar para o espelho ou fazer um diário, ou expandir seu tempo para a meditação, o que ajuda a alongar e aprofundar seu silêncio. Não leia as notícias nem responda e-mails. Aproveite este tempo para estar consigo mesmo e com o mundo que existe ao seu redor.

Quando for a hora de quebrar seu jejum de silêncio, pense quais serão as primeiras palavras que quer verbalizar. Quebre seu silêncio com intenção mágica. Que seu silêncio seja abençoado.

Sentado como uma Montanha

Os poderes do elemento Terra incluem quietude. É hora de olhar novamente para sua prática meditativa do Capítulo 2. Nossa Alma Divina pode não apenas ouvir nossas histórias, mas também nos abrir para uma quietude mais profunda e mais conectada. Se você ainda não começou uma prática de meditação, recomendo que tente agora. Meus alunos relatam que meditar adiciona estabilidade e integração à sua prática espiritual. A meditação a seguir pode ajudar a trazer uma sensação de quietude e presença que pode influenciar o resto do seu dia.

Sente-se com uma postura ereta e relaxada. Envie sua atenção por todo o corpo, sentindo os ossos dentro de você e os músculos que os sustentam. Sinta a pele e a respiração que os envolve. Enquanto medita, observe como faz isso, desde a abertura dos joelhos até o ápice da cabeça apoiado na coluna. Você é uma montanha. Sinta-se velho, sólido e imóvel. Sinta sua energia se espalhar atrás de você, formando uma âncora para seu corpo, ecoando o formato de suas coxas e joelhos na frente. Você é um cone de terra com uma base sólida, subindo para encontrar o céu.

Enquanto respira dentro de sua forma de montanha, imagine uma caverna de quietude se abrindo dentro de si mesmo. Dentro de sua montanha, há a caverna de seu ventre. Sinta a quietude se abrir e se aprofundar em uma caverna escura. Há uma fonte naquela caverna que se espalha. Um poço de quietude ainda mais profundo. Você está centrado em torno desse poço; você o ancora e se eleva a partir dele. Você é a montanha e a caverna profunda. Você é o poço da quietude. Está contido, mas é totalmente parte do ecossistema. A montanha é sustentada pela terra, céu e vento e, por sua vez, a montanha sustenta plantas, animais e fungos. Você está sozinho e quieto. Você respira com a terra, expandindo e contraindo.

Ao encerrar sua meditação, tente se levantar do seu assento com a consciência de seus ossos e músculos, com a consciência da caverna profunda e do poço tranquilo.

O Guardião do Norte – Mãe Negra

O Guardião do Norte nos ajuda com todo o nosso trabalho na Terra. Este Guardião nos dá estabilidade, escuridão fecunda e a capacidade de sentir em um nível profundo.

Respire fundo, conectando-se ao seu cordão de aterramento. Lance a Esfera azul ao seu redor. Acenda uma vela em seu altar, verde-escura ou preta. Vire-se para o Norte, abra-se ao poder do Guardião desta direção, enquanto respira profundamente dentro de si mesmo. Comece a sussurrar, bem baixinho: "Mãe Negra, Mãe Negra". Sinta uma respiração em sua testa. Abra-se para o Guardião do Norte. Cante seu nome repetidamente. "Mãe Negra. Mãe Negra." Comece a sentir a presença se aproximando de você. Como você sente este Guardião? "Mãe Negra, Mãe Negra, Mãe Negra. Caminhe pela terra e junte-se a este rito". Fale seu nome várias vezes, sussurre, cante, grite se puder. Ela é a Mãe Negra, a Guardiã da Terra. A titular do cubo, esculpido com a estrela de cinco pontas, estabilidade e mudança unidas, o paradoxo da força e da beleza humana e o caminho para a libertação. A Mãe Negra está na escuridão silenciosa da meia-noite. Diga seu nome, repetidamente. Sinta sua presença. Apresente-se.

Mãe Negra, Mãe Negra, Mãe Negra,
Dançarina na cúspide da meia-noite escura.
Caminhe pela terra e junte-se aos nossos ritos.
Encha-nos com a força da escuridão silenciosa.
Vamos nos aprofundar, juntos.
Vamos nos aprofundar.
Toque nossos ossos, nossos músculos, nossa pele.
Que possamos nos mover em equilíbrio.
Que possamos resistir dentro do mundo.
Que caminhemos em direção à mudança.
Mãe negra, mãe negra, mãe negra,
seja bem-vinda.

Respire fundo. Sinta a presença que guarda o quadrante Norte, enorme e bela. Permaneça nessa presença por um tempo — sentindo, percebendo, olhando. Escreva ou desenhe o que você sente. Quando terminar este encontro, você pode dizer:

Mãe Negra,
Obrigado pela sua presença
Obrigado pelas dádivas da terra.
Que eu toque o mistério e aprenda o silêncio.
Vá se precisar, fique se desejar.
Saudações e paz.

O Mundo Físico

O Norte representa o mundo físico – o corpo humano, os reinos animais, as árvores e as plantas, a comida e os ciclos de crescimento e descanso. Como é o seu bairro, cidade ou região fisicamente? Você vive entre montanhas ou planícies? Está limitado por água ou pelo alto deserto? Os edifícios são feitos de madeira, tijolo ou aço? Como o ambiente o afeta emocional ou psiquicamente? Faça algumas perambulações em sua vizinhança e tente sentir isso. Olhe para os arbustos ou árvores e ouça os animais, insetos ou pássaros. Envie uma expiração para limpar seus sentidos mais uma vez: respirando pelos olhos, ouvidos e nariz, através da língua e das pontas dos dedos. Sinta-se vivo, andando, a pé, olhando e ouvindo. Você faz parte desta terra, desta cidade e deste bairro. Você é parte da terra.

O que Você está Cultivando?

O que você deseja cultivar em sua vida? Vamos revisitar o exercício que fizemos em torno de combinar vontade e crença sob a ponta da lei do Pentáculo de Ferro. Suas ações refletem o que seu coração considera importante? Você vive de maneira sustentável ou está consumindo muitos de seus recursos pessoais, de sua comunidade ou do Planeta? Você está cultivando o amor e o modo de vida correto? Tente sentir o que você pode estar fazendo para nutrir seu próprio crescimento e nutrir a terra e as comunidades em que vive.

> Voluntarie-se em uma cozinha de sopão, hospício, abrigo de animais ou horta comunitária. Caminhe ou ande de bicicleta sempre que possível. Organize uma coleta de lixo em sua praia ou parque local. Ensine uma criança a andar de bicicleta. Plante algumas árvores. Aprenda a fazer compostagem de material orgânico. Devolva à terra o que sustenta você.

Seu Corpo Sagrado

Seu corpo é parte da Terra sagrada. Revisite o trabalho que iniciou no Capítulo 1, quando começou a notar sua postura. Mas desta vez, verifique todo o seu corpo. Como é o seu corpo e como você se sente sobre ele? Como está sua postura hoje em dia? Você está ciente disso tudo? Como você se alimenta? Está comendo o suficiente de coisas boas que o nutrem bem, está tendo tempo para cozinhar? Ou está comendo às pressas ou coisas que não dão o que seu corpo precisa? Será que está comendo o suficiente? Ou está negando ao seu corpo uma boa comida? O alimento é massa e energia, e massa e energia são vida. Se ainda não fez isso, dê uma olhada em seus hábitos alimentares e observe se eles servem ou não para o seu trabalho.

Nossa cultura dominante pode distorcer nosso relacionamento com nosso corpo. Muitas vezes nos dizem que somos viciados em televisão ou em exercícios, obesos ou anoréxicos. Na realidade, temos todas as formas e tamanhos que podem ser saudáveis e bonitos. Alguns de nós são magros e alguns são grandes. O que importa para mim é isso: quão saudável eu me sinto? Quanta caminhada ou dança estou fazendo? Estou ingerindo proteína, vegetais e água suficientes? Sou capaz de desfrutar do meu corpo, comida e exercício?

Examinar nosso relacionamento com nosso corpo pode parecer óbvio para alguns e doloroso para outros. Independentemente de nossos sentimentos sobre isso, essa prática é útil para nós como humanos e praticantes de Magia. Precisamos ser o mais saudáveis possível para fazer nosso trabalho. Estamos encarnados por uma razão e não devemos procurar negar o corpo. O que às vezes esquecemos, no entanto, é que a negação pode vir de muitas formas. Negação não é apenas fome e ascetismo, negação também pode estar comendo castanhas o dia inteiro ou desejando fugir para reinos mais "espirituais" em vez de viver no aqui e agora.

Tal como acontece com a mudança de nossos hábitos de postura, aqueles de nós que tiveram anos de maus hábitos alimentares ou de falta de exercícios, podem precisar se purificar de toxinas por um bom tempo antes de ouvir novamente e de maneira clara o que o próprio corpo precisa. Às vezes, faço isso simplesmente cortando algumas coisas, como batatas fritas ou sorvete, por um mês. Outras vezes precisamos de mais ajuda do que isso, e família, amigos ou grupos de apoio podem nos ajudar nesse trabalho.

Eliminar os alimentos não saudáveis que gostamos nos ajuda a nos livrar de algumas toxinas que nos impedem de ouvir o que nosso corpo realmente quer.[66] Por exemplo, o desejo por açúcar e gordura muitas vezes mascara uma necessidade real de proteína. Isso é especialmente importante de se lembrar se você estiver fazendo muita Magia e trabalhando com energia constantemente. Você pode precisar comer um pouco mais do que o normal para recarregar, mas certifique-se de estar realmente fornecendo combustível ao seu corpo, não alimentos que o esgotarão ainda mais. A sobremesa é boa, mas não à custa de vegetais e proteínas. Se açúcar ou gordura são as primeiras coisas que você busca, especialmente depois de gastar energia, tente se ouvir um pouco mais profundamente. Ouça quais alimentos sustentam e aumentam a sua energia. Massa não é um desses alimentos!

Da mesma forma, se tudo o que quer fazer é ficar deitado e ler o dia todo, faça uma pequena caminhada e veja como se sente. Acho que isso recarrega minhas baterias e me dá a energia que eu achava que não tinha, quando, na verdade, eu estava mentindo para mim mesma. Sou mais produtiva, mais saudável e mais feliz mental e emocionalmente se fizer uma quantidade razoável de exercícios.

Por outro lado, algumas pessoas são viciadas em exercícios ou em não comer. Essas tendências também podem ser sinais de sério desequilíbrio. Ninguém, exceto um atleta ou dançarino profissional, precisa de três horas de exercício intensivo todos os dias, e um corpo faminto significa um cérebro faminto e emoções que provavelmente estão socadas em uma bola dentro de você. Olhe para seus padrões, assim como você pode contemplar os padrões que as folhas fazem aos seus pés ou as ondas na areia. Aprenda a ler seu corpo físico como lê as estrelas no céu. Você faz parte do mundo natural, não está separado dele.

Viva em seu corpo. Viva em seu mundo. Cresça e prospere. Conheça a si mesmo em todas as suas partes. Esta é sua tarefa.

> Durante um mês, observe seus hábitos alimentares. Você está comendo coisas que nutrem seu corpo ou apenas coisas que alimentam algumas das emoções que pode estar mimando em detrimento? Observe como carrega seu corpo e observe se opta por caminhar distâncias curtas ou sempre usar o ônibus ou o carro. Se sentir medo de movimento, coloque uma música quando estiver sozinho e apenas se mova um pouco, deixando-se aquecer em seu corpo. Reveja o exercício do Orgasmo Sagrado.

66. Agradecimentos a Flame e Psy pela visão sobre esse assunto de desejos e vícios.

Se sente dor, troque uma massagem com um amigo ou procure um fisioterapeuta. Tome um banho luxuriante. Cozinhe-se um belo jantar.

Ouvindo o Seu Corpo

Na Tradição Feri, assumimos compromissos com a terra sagrada, com nossas comunidades, prática, trabalho, Deuses e em servir. Nosso primeiro compromisso é com a gente mesmo. Nenhuma das coisas desta lista será realmente atendida a menos que eu esteja cuidando de mim mesma. Isso é algo com o qual eu luto, e algo que você provavelmente já ouviu um milhão de vezes. Se você for como eu, isso é algo que quase nem acredita.

Certa manhã, eu estava deitada na cama, não me sentindo bem, pensando em todas as coisas que tinha de fazer antes do início do meu turno no refeitório. Durante a semana anterior, eu tinha tido um incômodo na cabeça e na barriga e talvez precisasse fazer uma pausa em algumas coisas. Bem, lá estava eu, não tendo feito nenhum movimento para me dar algum tempo. Finalmente tive que dizer: "*Thorn, você está doente! Você é uma Bruxa! Ouça seu corpo!*"

Anos antes eu estava cronicamente doente e fatigada. Fiz as alterações necessárias na tentativa de me tornar saudável. No entanto, isso não significa que eu possa suportar fazer malabarismos com muitas coisas que quebram minha energia e atenção. Meu corpo me diz isso claramente. Naquela manhã, eu precisava de uma pausa, comecei a adoecer com um pouco mais de frequência; nada dramático, mas o suficiente para me deixar saber que era hora de uma seleção de projetos. Dei um telefonema para a cozinha do sopão. Eu precisava de um hiato. Eles entenderam.

Isso me leva a um conselho mágico favorito que é repetido para mim com grande regularidade pelos comissários de bordo. Eles sempre dizem: "*Certifique-se de que sua máscara de oxigênio esteja bem presa antes de ajudar a pessoa ao seu lado*". Esse conselho tem um equilíbrio elegante e prático – ajude a si mesmo e depois ajude a outra pessoa.

Ao ouvir seu corpo, preste atenção aos ciclos das estações. As flores nem sempre estão florescendo. A lua aumenta e diminui. Você não precisa estar sempre correndo a toda velocidade, nem sempre em hibernação. Conheça quais são suas tendências. Se você cuidar de si mesmo, estará em uma posição muito melhor para cuidar dos outros, da Terra e de sua Magia. Você pode estar aberto à abundância do Universo, mas lembre-se, um dos instrumentos da Bruxa é a escolha.

> Durante o próximo mês ou dois, ouça suas respostas para o mundo. Como você pode servir melhor? Você diz sim demais? Ou recusa os presentes do Universo com muita frequência? Você está fazendo muito ou pouco? Está usando seus talentos e cuidando da sua saúde física e emocional? Se você ouvir profundamente e olhar para a rota que parece mais certa, ela se abrirá à sua frente. Você vai alimentar e ser alimentado.

Terra Abundante

Outra faceta da Terra e do Norte é o dinheiro. Eu arriscaria adivinhar que a maioria de nós tem problemas com dinheiro de uma forma ou de outra. Como podemos ter atitudes distorcidas em relação ao nosso corpo, nossa cultura também nos ensina atitudes distorcidas em relação ao dinheiro, e muitos de nós reagimos a isso de maneiras que acabam não nos servindo. Trabalhei nos extremos do espectro econômico, mas vivi a maior parte da minha vida abaixo do nível da pobreza. Isso decorre parcialmente da minha formação de classe trabalhadora, mas está mais profundamente enraizado no forte sentido de que, se eu tivesse mais do que precisava, prejudicaria o outro, tirando o que eles poderiam precisar. Isso foi combinado com minha crescente consciência da injustiça social e da desigualdade e a necessidade de corrigir os erros do mundo. Eu odiava dinheiro, porque odiava o que via como um mecanismo de controle e opressão. A própria pobreza se tornou um símbolo de *status* para mostrar aos meus amigos.

Hoje em dia, estou tentando viver mais em equilíbrio, tendo empurrado meus limites e fronteiras em torno do dinheiro de muitas maneiras diferentes, sondando a ferida e tentando enfrentá-la. Trabalhei em tempo integral na Bolsa de Valores do Pacífico por quatro anos, tentando aprender algo sobre nosso sistema econômico e desafiar meus preconceitos e pensamentos. Trabalhei por quatro anos como dançarina de *peep-show*, para aprender mais sobre essa forma de se relacionar com a confluência de dinheiro, sexo e poder. Trabalhei por quatro anos em tempo integral em uma cozinha de sopão, vivendo de quarto de pensão e com uma pequena mochila, passando a maior parte do meu tempo com os pobres e desprivilegiados. Aprendi coisas diferentes sobre mim em cada um desses lugares, mas todos eles me mostraram uma resposta humana comum: a ganância e a necessidade estão em toda parte, não importa quem detenha a vantagem econômica.

Tentei mudar essa resposta de ganância e seus irmãos, a escassez e o medo, numa resposta de generosidade. Escrevo no meu dinheiro como um feitiço: "*Compartilhe a Riqueza*"; "*Seja amável*"; "*A generosidade ajuda a todos nós*". Eu quero retribuir. Quero sorrir para os transeuntes e aproveitar o sol no meu rosto. Deixo dicas enormes. Há uma cafeteria onde costumo tomar café da manhã aos fins de semana. A equipe gosta de mim e de meus amigos e reduziu nossa conta. Nós, é claro, aumentamos suas gorjetas. As contas ficaram tão baixas que na maioria das vezes estamos deixando uma gorjeta de cem por cento. Isso parece uma boa Magia.

Pegue papel e caneta. Defina um temporizador ou despertador para seis minutos. Comece a escrever tudo o que pensa ou sente sobre o dinheiro e sua relação com ele, como isso afeta o mundo, como funciona (ou não) em sua vida. Comece com a frase "Dinheiro é...". e passe a responder à pergunta: "Como me sinto em relação ao dinheiro?" Provavelmente algumas coisas que já sabe surgirão, mas por baixo disso pode haver suposições das quais não estava consciente. Se você consegue observar algo, tem a oportunidade de mudá-lo.

Abrindo-se para a Generosidade

Assim como a energia segue a respiração, a abundância e a felicidade seguem a generosidade. Esta é a face oculta do ditado "*Você tem que gastar dinheiro para ganhar dinheiro*". Magicamente, esta frase não é sobre investimento, mas generosidade. Será que as corporações multinacionais poderiam aprender esta lição. Quer aprendam ou não, nós podemos. Nós podemos tentar. Podemos espalhar um sorriso, um dólar, e prestar atenção.

Gosto de lembrar também que as corporações multinacionais, apesar de serem legalmente tratadas como entidades singulares, na verdade estão cheias de seres humanos individuais, alguns dos quais, provavelmente estão lendo isso agora. Se me lembrar de todas as pessoas sentadas às mesas ou trabalhando nas fábricas, sei que a mudança é possível. Se eu estou aberta a uma pessoa que vai me tocar e mudar a minha vida hoje, outras pessoas também poderão estar. Como posso viver para criar abundância para todos? Às vezes, isso significa um fluxo generoso e, às vezes, um gerenciamento de recursos mais cuidadoso e menos dispendioso.

> Por um mês, deixe uma gorjeta maior do que você está acostumado no café local. Escreva feitiços de alegria e generosidade em seu dinheiro. Tente sorrir para cinco pessoas por dia e veja o que acontece. Incentive o impulso criativo de outra pessoa. Prepare um prato de comida em gratidão para seus ancestrais. Quando o pensamento entrar em sua cabeça, "Eu não tenho o suficiente", ou "Eu não posso fazer isso", tente mudar esse pensamento. Só por esse momento, concentre-se no que você tem e no que pode fazer. Então siga em frente. O que é verdade, agora?

Veja como você usa seus recursos naturais, como a água, o tempo, a gasolina, as árvores, a eletricidade. Observe atentamente seus subconjuntos – coisas como embalagem, ar-condicionado, uso de papel novo em oposição ao alto conteúdo de resíduos pós-consumo, viagens de ônibus ou bicicleta em oposição às viagens de carro – faça sua própria lista. Você já trabalhou para mudar seus hábitos em relação ao uso de recursos naturais para se alinhar a um relacionamento com a Terra mais sustentável e saudável? Que cada interação, com humanos, animais ou vegetais, seja um intercâmbio que promova a conexão. A conexão segue a generosidade de espírito e a ação.

Abraçando a Morte

Outro aspecto importante do Norte e dos poderes da Terra é a força da morte no ciclo da vida. Novamente, esta é a justaposição do cubo estável com o Pentagrama em movimento: a morte é o fim e a morte é simplesmente mudança. Como lembrete disso, eu uso dois braceletes de prata, um de pequenas caveiras e um de símbolos do infinito conectados – finalidade e fluxo, o paradoxo da morte e da vida. Estou aprendendo a abraçar tudo isso.

Há muitas maneiras de ver esses ciclos, pois a vida e a morte estão ao nosso redor. Você pode olhar para a mosca presa em uma teia; ela está morta, mas também é alimento para a aranha, portanto é vida. Veja o pássaro caído sob a árvore ou a folha murcha na planta verde. Uma vez que a folha é arrancada, as partes verdes ficam mais fortes. O pássaro vai se decompor e, eventualmente, alimentar a árvore. Nossa vida espelha essas espirais no microcosmo.

Anos atrás, decidi que, como não era jardineira e não ia ter um filho, precisava explorar os ciclos da vida de maneira diferente. Comecei fazendo trabalho de tratamentos paliativos, cuidando dos moribundos, e aprendi muito sobre os poderes do Norte: sobre a morte e o corpo. Há muita força na morte: enquanto o corpo luta contra as toxinas que o consomem, a centelha da vida se esforça para chegar à superfície. As funções do corpo continuam, e de modo cada vez mais errático, não mais confiável, mas ainda bastante perceptível. Uma pessoa pedindo ajuda, enrolada em lençóis ou precisando ser limpa depois de um ataque de diarreia, muitas vezes me acordava no meio da noite.

Com isso, comecei a ver a luta de aspectos dentro de mim que estavam morrendo de vontade de mudar, mas ainda agarrados à vida. Também vi que, quando as coisas estão morrendo, elas não são necessariamente graciosas ou bonitas. Resisto à mudança, lutando desajeitadamente e reclamando contra ela, sentindo-me fora do meu elemento e exposta, como se alguém estivesse vendo minha diarreia metafísica. No entanto, sempre acabo correndo em direção à mudança, a todo vapor, perto do fim. E assim nascem novas fases na minha vida, e aprendo a andar no meu novo mundo.

> O que você aprendeu com seus ciclos? Qual é o seu padrão? Respire fundo e pergunte a si mesmo agora mesmo: "O QUE PRECISO CEDER PARA QUE ALGO NOVO POSSA CRESCER?" Agora reexamine suas atitudes. Você está pronto para deixar essas atitudes que não lhe servem mais ir embora e liberar a energia que elas prenderam?

Quando as situações se esgotam, muitas vezes causam frustração ou inércia. Você pode optar por usar situações desatualizadas como um desafio para ajudar seu novo senso de prática, ou pode optar por se afastar delas, realmente deixando-as ir. A Terra tem o poder de compostar, descansar e deixar espaço e comida para que algo novo cresça ao longo do tempo.

Existem pessoas que já foram amigas, amantes, ou colegas que não ajudam a sua vida e prática? Esses relacionamentos podem mudar ou ser cortados?

Aprender sobre a importância da morte e da mudança nem sempre tem que ser sobre fazer grandes perguntas. Algumas coisas simplesmente desaparecem e coisas novas entram. O que em sua vida pode ser eliminado? Há gavetas em sua cômoda cheias de papéis que não lê mais ou roupas que não usa? Existem projetos que não empolgam mais, mas que ainda consomem sua energia, por que você não os abandonou? Existe uma atitude que ainda carrega que não serve a quem se tornou?

Respire. Abra essas gavetas e comece a separar o que é útil e o que pode ser doado. Limpe seu armário. Corte as folhas morrendo de suas plantas. Remova algumas ervas daninhas.

O que você está disposto a deixar descansar, ou a cortar e deixar morrer para trazer a possibilidade de uma eventual nova vida? O inverno chama. A morte chama. Não tema, é apenas o ciclo. Sinta seu crânio descansando sob seu rosto. Seus ossos sustentam sua vida.

O Túmulo do Nascimento

Morra antes de morrer.

– Ensinamento sufi

A viabilidade está no momento, e a abertura ocorre quando deixamos de lado o desnecessário. Habilidade é manter o necessário.

– Robert Fripp[67]

Ao longo deste livro, fomos solicitados a olhar para nossas histórias, para nosso corpo, para nossa sexualidade, nossos pensamentos e percepções. Espero que, através deste trabalho, tenhamos reconhecido as muitas partes de nós mesmos que se esbarram em nosso interior. São essas partes, muitas vezes chamadas de "personalidade", que os sufis alegam quando dizem que você deve "morrer para si mesmo para viver". Desta forma, os ciclos da Terra e do Norte existem em nossos estados emocionais, bem como em nosso corpo.

67. www.guitarcraft.com

Quando trabalhamos na ponta do self do Pentáculo de Ferro, vimos que havia muitas máscaras a serem retiradas, deixando apenas nossa essência central para trás. Você pode ter colocado algumas camadas de volta desde então, para funcionar melhor em sua vida cotidiana. Outras camadas e máscaras do "self" podem ter voltado com o tempo. Dê outra olhada. Com qual parte você está se identificando hoje? Quem você diz que é?

Posso descobrir muitas vezes que estou identificando emoções como se fossem o próprio "self". Posso deixar o drama emocional de uma determinada situação assumir o controle, como se estivesse diretamente relacionado a quem eu sou. Vemos isso com frequência, quando amigos ou colegas querem relatar a "terrível injustiça" feita contra eles pelas mãos de quem fez seu café com leite pela manhã ou na longa fila que tiveram que esperar no aeroporto. Essas pessoas começaram a se identificar com as emoções trazidas por situações alheias e as acolheram, revestindo suas personalidades de indignação e dando às situações inócuas que poderiam ter sido resolvidas em dez minutos, o peso de seu dia, e às vezes o peso de muitos anos.

Você consegue captar essas emoções à medida que elas crescem, antes que se tornem uma crosta ao redor de sua alma? Gosto de praticar sentindo minha impaciência ou indignação, depois gosto de respirar fundo e de me lembrar da situação real à minha frente. O aeroporto está cheio de pessoas conspirando para arruinar meu dia? Não. O atraso no atendimento é uma afronta pessoal destinada a me fazer perder meus compromissos? Provavelmente não. Eu não sou o centro do multiverso, em vez disso, é apenas a história que conto a mim mesmo. Eu posso sentir minhas emoções e então colocar as histórias para descansar, para dormir na tumba do nascimento. O que nasce desse túmulo? Muitas coisas, incluindo a possibilidade de estar presente na situação e uma abundância de energia não vinculada à autojustificação. Muitas vezes, maior paciência e compaixão nascem como bônus adicionais.

A semente está no solo, aguardando. O urso dorme na caverna. Sente-se, em silêncio como uma montanha. Algo será gestado na escuridão.

Quando você se encontrar abrigando queixas, dê a elas uma caverna para dormir. Veja o que acontece quando respira, sente seus pés abaixo de você e realmente olha para as pessoas ao seu redor. Envie uma respiração através do seu coração. Contraia os músculos da barriga, lembrando-se daquilo que tem vontade e que não está simplesmente à mercê de cada ação e emoção perdidas.

Deixe as situações que frustram você no momento entrarem no Túmulo do Nascimento. Sinta a qualidade fria e cavernícola ao seu redor. Aquiete-se. Fique quieto por dentro, por apenas um momento. Dê um longo suspiro. Lembre-se de que você tem uma essência lá no fundo que não é essa emoção, nem essa situação. Morra para esta parte. Deixe descansar. Isso não precisa viver, mas você sim. Você não pode viver plenamente se toda a energia de sua vida for consumida por situações aleatórias e injúrias de pouca consequência. Você tem que estar certo? Não, mas tem que estar presente para viver.

Do túmulo, algo novo e bom tem a chance de nascer agora. Cultive aquilo que fortalece sua alma. Enquanto essas outras partes dormem, sua essência pode despertar.

Os Ancestrais

Ancestrais são aqueles que vieram antes de nós, aqueles que nos ensinaram, que vivem em nosso sangue, ossos e intelecto. Você pode começar a honrá-los quando lançar a Esfera Sagrada. Depois que invoco os Guardiões e Deuses e honro os seres feéricos, honro os ancestrais, chamando especialmente meu avô mágico, Victor, para serem bem-vindos ao meu rito. Prepare um prato de comidas favoritas ou recite um poema. Nós somos o presente, mas honramos e abençoamos as memórias que nos ancoram no passado e nos permitem avançar em direção ao futuro.

Fluindo e Ampliando: Os Pentáculos

Esculpido no cubo verde, o Pentáculo brilha, mantendo a energia da mudança permanente. Dentro da estrutura de sua alma e de seu corpo, os Pentáculos de Ferro e Pérola se encontram, expandindo sua capacidade de crescer em si mesmo e de se conectar com o mundo. Esses Pentáculos também se conectam aos elementos que giram em seu corpo. Ferro e Pérola cantam juntos dentro de você, assim como você canta, posicionado entre a terra e os céus. Você é filho da terra e dos céus estrelados, inteiro e completo em si mesmo.

Respire fundo. Conecte-se mais uma vez à estrela de fogo na Terra, puxando-a por meio de seu cordão de aterramento e entrando em seu corpo. Comece a percorrer o Pentáculo de Ferro: sexo, orgulho, self, poder, paixão. Sexo. Repita isso várias vezes, até que a energia flua rápida e clara e você começa a formigar com ela. Em seguida, desenhe o Círculo ao seu redor: sexo, self, paixão, orgulho, poder, sexo. Sinta-se brilhando no Pentáculo de Ferro. Respire fundo. Deixe a energia iluminar, começando vibrando uma oitava acima, até mudar para a energia de Pérola. Comece a correr o Pentáculo de Pérola pelo seu corpo: amor, lei, conhecimento, liberdade, sabedoria, amor. Repita isso várias vezes, até que a energia brilhe, radiante e luminosa. Agora, desenhe o Círculo ao seu redor. Amor, conhecimento, sabedoria, lei, liberdade. Amor. Sinta. Sinta-se pleno e brilhante. Ferro e Pérola. Chame a energia do Ferro para sua mente, seu corpo, sinta-a como uma nota de baixo sob a Pérola, apoiando-a, e a Pérola respondendo de volta, em harmonia. Sinta as energias se assentarem em seu corpo e se elevarem para fora. Ferro e Pérola. Deixe-os vibrar juntos.

Você pode fazer a meditação a seguir ponto a ponto, sentindo a interação da oitava e a forma como a energia do Ferro abre espaço para a aparição da Pérola. Você também pode usar os movimentos da Dança Devocional para perceber as energias mais plenamente e sentir a dança entre as pontas.

Focando no sexo, deixe-se preencher com a energia sexual, então deixe-a começar a mudar, vibrando com amor. Sinta como o amor e o sexo interagem, apoiando-se mutuamente, a força vital alimentando os poderes da criação. Sinta orgulho. Seja preenchido com a energia do orgulho. Deixe o orgulho lançar as bases para a lei. Sinta-os trabalhando juntos, vibrando dentro de você, a confiança do orgulho não mimando a fraqueza, e assim levando ao equilíbrio da lei baseada no valor e na conexão com o fluxo da vida. Preencha com o self. Sinta o "self" dentro de você, quieto ou alto. Ouça. Deixe o self ser respondido pelo conhecimento. Tudo o que você sabe, tudo o que está aprendendo, vem da força de conhecer o self. Deixe o self e o conhecimento dançarem juntos dentro de sua pele.

Agora encha-se de poder. Sinta a força fluindo em seu corpo, sinta como o poder muda dentro de você, vibrando com liberdade. A liberdade só é alcançada através da base do poder, o verdadeiro poder, o poder interior, o poder compartilhado. Isso traz liberdade, e a liberdade reforça o poder. Quanto mais liberdade, mais verdadeiro é o poder. Agora encha-se de paixão. Sinta o desejo que está ligado à sua criação, o que você quer trazer ao mundo e o que o atrai. Esta é a paixão que flui agora para a sabedoria: o copo transbordante do desejo e da intuição. A paixão é alimentada pela sabedoria e a sabedoria é cultivada pelo exercício da paixão. Sinta essa dança.

Sinta-se, vermelho e branco-prateado, brilhando frio e quente. Consumindo-se, mas não queimando. Sinta o poder em suas mãos, em seus órgãos genitais, fluindo através de seus pés. Você está conectado à Deusa Estrela e aos primeiros atos da criação. Todas as coisas começam com fogo, e a pérola nasce no Caldeirão do coração do poeta. Do grão de sua vida vem a beleza ardente. Você pode viver com isso? Você está pronto para ser inteiro neste momento.

Deixe as energias se estabelecerem dentro de você, selando-as em seu corpo, colocando a sua mão direita em seu coração e sua mão esquerda em sua barriga. Isso equilibra todos os pontos nos reinos da compaixão e da vontade. Respire fundo.

Andando pelos Pentáculos

Eu uso as pontas do Pentáculo de Ferro e de Pérola como uma meditação em movimento. Ao pisar, canto: "Sexo, amor, orgulho, lei, self, conhecimento, poder, liberdade, paixão, sabedoria, sexo, amor...". entrelaçando Ferro com Pérola, ativo os pontos do meu corpo. À medida que digo cada conjunto, tento sentir o lugar em meu corpo onde esses pontos se originam, por exemplo, o self e o conhecimento estão na minha mão esquerda. Isso me mantém conectada ao meu corpo – movendo-me pelo mundo – limpando-me e me expandindo para encontrar o que posso ver, tocar, saborear, cheirar e ouvir. Às vezes, uso contas de oração para adicionar outra camada tátil à minha experiência.[68] À medida que a hematita e a pérola deslizam entre meus dedos, lembro-me de que força e luminosidade me conectam à minha Magia.

Usando um colar de contas, ou simplesmente usando as palavras como foco, passe algum tempo caminhando com os Pentáculos, deixando os conceitos penetrarem mais fundo em seu corpo e alma.

---

68. Eu tenho um lindo conjunto feito pela Bruxa Anaar, da Feri. As contas podem ser encomendadas em www.whitewand.com.

Encantamento para se Tornar Pleno

Fique na posição de estrela, com os braços estendidos e os pés abertos. Agora respire e conjure a si mesmo, dizendo:

Pelo Sexo, invoco o Amor.
Pelo Orgulho, invoco a Lei.
Pelo Self, invoco o Conhecimento.
Pelo Poder, invoco a Liberdade.
Pela Paixão, invoco a Sabedoria.
Através da Totalidade, eu invoco a Vida.

Conectando-se aos Deuses da Feri

Anna e Arddu[69] são Deuses guerreiros, antigos e potentes Deuses da Tradição Feri. Estou colocando esses Deuses no Norte, porque eles são os Deuses dos espaços escuros, do poder profundo, da regeneração através do corte da madeira morta. São os ceifeiros, os sábios, que sabem nos ajudar a fazer escolhas difíceis. Eles são Deuses envelhecidos, tendo se afastado mais da Deusa Estrela, mas perto dela também, pois estão voltando, porque todas as coisas fazem parte do ciclo de surgimento e retorno.

Esses Deuses percorrem os caminhos da meia-noite e nos ensinam as lições de morte, mudança e silêncio. Eles abrem nosso corpo e a nossa mente para a força vital que corre profundamente, mesmo nas árvores no inverno. Coisas que parecem adormecidas estão armazenando vida, prontas para explodir novamente. A sexualidade de nossa conexão com a terra e os Deuses nunca está ausente, mesmo diante da velhice e da morte.

Anna

Ela sussurra seu nome à meia-noite. Ela é a guardiã de todos os segredos. Ela é forte. Ela é a própria árvore que guarda Merlin e foi o relâmpago que rasgou a árvore, abrindo o ventre de Mari para acolhê-lo. Ela é os galhos nus no inverno. Ela pode sorrir em silêncio. Ela é mais velha que o pó e o chama com o beijo da escuridão. Abra-se ao seu abraço, ela é o caminho sombrio em

69 Galês, pronunciado "*Ardi*".

que você caminha.

Anna diz: *"Você não está apenas parindo o novo caminho: você também está parindo a morte do velho... olhe para a escuridão para ver melhor as estrelas."*[70]

Arddu

Ele foi negligenciado por muito tempo. Ele pode mostrar o caminho. Ele é aquilo que é abatido – o momento da morte. Ele é o professor da transição e o professor da decomposição da vegetação e da carne caindo do osso. Ouça profundamente. Seu caminho é sutil e poderoso. Não tenha medo do escuro. Ele dança ao som dos galhos nus. Ele vai lhe ensinar como ver no escuro e como fazer amor com o mistério.

Arddu diz: *"Vou ensiná-lo a caminhar na escuridão onde habita o mistério. Estenda a mão".*

Você é o Corpo da Terra

Você é sagrado, vivo na terra. Seu corpo guarda mistério e você sabe dançar no escuro. Sinta o poder do Norte em seus ossos. Agora, respire e alcance o céu.

70 Esta citação veio através da Sacerdotisa Miria.

7

Poderes Acima: Elevando-se e Sonhando

O que está acima de você, chamando seu espírito? O que captura sua imaginação e alimenta seus sonhos? Saia sob o céu noturno e veja as estrelas nascidas no espaço e morrendo em lampejos de ferro e calor. No entanto, tudo parece calmo e legal. Tudo parece mistério pacífico. Esse é o paradoxo de sua vida e sua conexão com a vida das estrelas. O que brilha em você? Olhe para o espelho. Arda brilhantemente. Sua alma é tão vasta quanto o espaço.

Continue invocando nossa Esfera Sagrada, virando-se para as quatro direções cardeais e invocando os Poderes Superiores. Os Poderes Acima e Abaixo são muito importantes na Tradição Feri. Nós não vivemos em um mundo plano, mas que se estende muito além do que está ao nosso redor – honrar os Poderes Acima e Abaixo reconhece isso. Os Poderes do Acima, Abaixo e Centro, todos possuem o elemento espírito, que dirige o cubo da roda, tornando-se a Esfera da vida.

Quando chamamos os Poderes do Acima para o nosso Espaço Sagrado, permitimos a nós mesmos ir além da nossa zona de conforto, além do que, às vezes permitimos que isso seja possível. Este é um espaço de vasta abertura, exploração de novos sonhos e o viver em um mundo onde muito ainda não foi comprovado, deixando as portas da percepção escancaradas para nossos sentidos mais profundos e imaginações mais selvagens. É o lugar onde a ciência e a fantasia se encontram e nossas almas podem dançar com os Deuses.

Neste capítulo, veremos o espelho da Deusa Estrela. Vamos contemplar os poderes dos sonhos e do desejo. Dançaremos com o Pavão na tempestade do amor e viajaremos para as estrelas, retornando sempre aos ciclos da Terra e a nós mesmos, mais humanos e mais divinos. O que é real? O que é imaginado? O que é possível dentro de nós?

Amando o Rosto no Espelho

Os espelhos têm sido uma ferramenta tradicional de videntes, oráculos e Sacerdotisas ao longo do tempo. Seja bronze polido ou uma piscina escura e clara vista sob a lua cheia, os espelhos têm sido portas de entrada para a visão e olhar verdadeiro. Nossa ferramenta para os Poderes Superiores é o espelho negro do espaço. Este espelho contém a capacidade de nos estendermos em direção a nós mesmos, de contemplar nossos reflexos e nos abraçarmos em amor. Os espelhos também podem nos ajudar, refletindo nosso verdadeiro eu de volta para nós. Lembra do espelho da rainha da Branca de Neve? Ele estava tentando mostrar a verdade, mas a rainha não queria ver. O espelho prateado pode conter a dureza da luz. O espelho preto pode nos ajudar a ver além da superfície. Mostra-nos o que está escondido na sombra. Você pode aprender a olhar para cada um com amor?

A Deusa Estrela, chamada Quakoralina, estava olhando para a vasta escuridão do espaço. Ela viu um vislumbre, um lampejo, e começou a se mover em direção a ele. Onde os limites do espaço se curvavam, um espelho negro se formava. Nele, ela se viu e ficou impressionada com sua grande beleza. Ela começou a se olhar com desejo e, cheia desse desejo, começou a fazer amor consigo mesma. Ela era tão linda e cheia de desejo que a imagem ganhou substância e deu um passo à frente. Deus em si Mesma entrou em êxtase, e as estrelas giraram no céu. A Via Láctea é o produto de sua lascívia alegre e, de seu amor e luxúria, nasceram os Gêmeos Divinos. Irmãos e amantes, eles giraram através dos céus e assim nasceu o paradoxo: pássaro e cobra, ar e terra, esperança e medo, beleza e força, brilho e sombra.

Irmãos e amantes, eles mudam e se transformam: irmãs, irmãos, homem e mulher, mulher e mulher, homem e homem, o paradoxo se desenrola. Sangue de sangue e sexo de sexo. O raio da divindade, o impulso da criação, fluiu para o multiverso e assim nasceram todos os

Deuses, e assim nasceu nosso Universo, nossa Terra. Somos filhos do paradoxo, portanto, mantemos os espaços centrais onde todas as coisas se encontram no caos e na forma. Juntos brilhamos.

> Se nós nos amamos, não há fim para o que podemos criar. A autoaversão não nos leva a lugar nenhum. Isso nos machuca e nos faz machucar os outros. Estique-se no espaço e sinta o quão grande e bonito você é. Inspire. Saiba que você é amado, amoroso, lindo e forte. Você pode preencher o espaço. Você pode brilhar.

Olhando para o Espelho de Prata

Uma das coisas mais difíceis para muitos de nós é reconhecer que merecemos o amor e as coisas boas que surgem em nosso caminho. Assim como devemos assumir a responsabilidade por nossa parte nas coisas difíceis de nossa vida, devemos assumir igual responsabilidade pelo bem. Devemos nos nutrir e saber que continuar fazendo nosso trabalho com responsabilidade requer uma base de amor-próprio. Outras partes do livro abordaram isso, mas gostaria de oferecer outro exercício que vai ajudar. Este exercício vem nesta seção do livro, porque requer preparação. Exige todo o trabalho que fizemos em nós mesmos nos anos anteriores. Aparentemente simples na superfície, nosso condicionamento cultural pode dificultar esse exercício com facilidade.

Use a seguinte técnica todos os dias durante um ciclo completo da lua, ou um mês. Se ainda assim não for fácil, faça por mais um ciclo. Você começará a ver mudanças em sua vida, em sua capacidade de receber abundância e de ofertar amor com compaixão generosa. Lembre-se: se você não pode receber, você não pode dar. As coisas na natureza funcionam de várias maneiras, e a forma de reabastecimento é uma delas. Uma árvore não dará frutos se não receber chuva, sol e ar. Você não dará frutos se não puder receber amor.

Você vai precisar de um espelho e de uma vela para fazer isso. Um espelho grande é melhor: aquele em que você pode ver todo o rosto e a cabeça ao mesmo tempo é ainda melhor. Se você tiver um espelho de mão mágico, não há problema em usá-lo. O espelho do banheiro também vai servir.

Em um espaço privado, acenda uma vela. Respire fundo. Olhe-se no espelho. Realmente olhe. Veja como seu rosto se curva. Olhe para seus olhos, seu nariz, seu queixo. Tome outra respiração. Você tem rugas, espinhas, gordura? Olhe para isso. Tome outra respiração. Enquanto respira, deixe sua postura começar a suavizar. Deixe que qualquer tensão que você esteja segurando em seu rosto, ombros, costas e barriga comece a ser liberada. Deixe-se crescer suavemente. Isso é trabalho de guerreiro, essa capacidade de ser suave. Se precisar, feche os olhos por um momento. Se tiver medo, sinta-o. Se sentir raiva ou tristeza, deixe que elas estejam com você. Agora, respire fundo novamente e sopre um pouco de suavidade nesses sentimentos.

Enquanto continua a respirar, abra os olhos se os tiver fechado. Olhe em seus olhos no espelho. Olhe profundamente para si mesmo. Agora, em voz alta, diga: "EU TE AMO". Respire. Diga isso de novo. "EU AMO VOCÊ". Respire. Agora você vai dizer isso pela terceira vez, começando com o seu nome. "_________, EU AMO VOCÊ". Em sua próxima respiração, absorva esse amor. Leve-o para qualquer um dos lugares que pareceu tenso. Imagine que você pode respirá-lo em seu coração. Se tiver qualquer excesso de energia ou emoção, pode soprar para sua Alma Divina, alinhando sua Alma Tripla. Olhe no espelho e diga: *Blessed Be*.

DESCANSANDO NOS BRAÇOS DO AMOR

Você pode fazer isso durante o mesmo período que o exercício do espelho de prata, ou pode querer fazê-lo diariamente no ciclo lunar seguinte. Por favor, faça isso diariamente durante todo o mês, o que lhe permitirá relaxar e mergulhar no trabalho. Pode parecer difícil, mas para expandirmos totalmente a nossa vida, devemos expandir nossa capacidade de receber e dar amor.

Se você compartilha sua cama, informe que fará um exercício para que não o perturbe. Ou pode simplesmente ficar deitado, respirando e fazendo esse exercício sem dizer nada. Não é algo que será facilmente perceptível para qualquer outra pessoa, exceto que sua respiração se torna mais profunda do que o normal. Este exercício baseia-se no trabalho que fizemos no Capítulo 2 com a mudança da cor de nossa aura.

Antes de ir para a cama, observe onde a lua está em seu ciclo. Ela está escura, crescente, minguante, cheia? Sinta a lua. Em seguida, vá para a cama. Ao deitar-se, preparando-se para dormir, comece a respirar profundamente. Deixe seu corpo relaxar. Relaxe o pescoço. Deixe suas costas e bunda afundarem na cama. Contraia os músculos das pernas e solte-os. Sinta sua tensão se dissipando enquanto afunda na cama, relaxando. Ao respirar, comece a se sentir aninhado em braços gentis. Deixe sua aura começar a se encher de uma sensação de calor, segurança e amor. Preencha sua aura com luz rosa. Sinta-se aninhado nos braços de Deus em si Mesma. Você é alimentado pelo amor. Você respira o amor que o Universo tem por você, filho da terra e dos céus estrelados. Você é lindo, único e maravilhoso. Você é amado, totalmente e sem reservas ou expectativas. Deixe-se relaxar nesse amor. Você está cercado de amor. Deixe-se cair no sono, embalado em segurança, gentileza e amor.

O Guardião do Acima – Brilhante dos Céus

O Guardião dos Espaços Acima pode ajudá-lo a ir além de sua zona de conforto, abrindo-o e conectando-o às forças que giram acima de você.

Respire fundo, conectando-se ao seu cordão de aterramento. Lance a Esfera azul ao seu redor. Acenda uma vela em seu altar, violeta ou preta. Olhe para cima e respire profundamente. Comece a sussurrar suavemente: "Brilhante dos Céus, Brilhante dos Céus. Brilhante dos Céus. Expanda o vórtice rodopiante e junte-se a este rito". Sinta uma respiração em sua testa. Se abra ao Guardião do Acima. Cante o nome, repetidamente. "Brilhante dos Céus, Brilhante dos Céus". Comece a sentir a presença se aproximando de você. Como este Guardião é? Você pode ter um vislumbre? Fale seu nome várias vezes, sussurre, cante, grite se puder. Ele é o Brilhante dos Céus, o Guardião do Acima. A força que faz nascer as estrelas, girando aquilo que nos forma e nos mostrando o que é possível. Este Guardião gira acima de você, cravejado de estrelas. Alcance-o. Alcance-o e diga seu nome repetidamente. Sinta a presença. Levante suas mãos acima de você e diga: "Todas as quatro estrelas são uma, pelos Poderes Acima, eu chamo o Brilhante dos Céus".[71]

71. Essa é uma invocação tradicional da Feri.

Brilhante dos Céus, Brilhante dos Céus,
Brilhante dos Céus,
Zênite do tempo e detonador do espaço.
Expanda o vórtice rodopiante e junte-se aos nossos ritos.
Mostre-nos a beleza na vasta possibilidade.
Vamos abrir juntos, Vamos abrir.
Toque nossos espíritos, toque nossas almas.
Que possamos crescer além de nossas fronteiras.
Que possamos ver a evolução
Que possamos voar no meio do amor.
Brilhante dos Céus, Brilhante dos Céus,
Brilhante dos Céus, Seja bem-vindo.

Respire fundo. Sinta o Guardião acima de você, guardando todos esses espaços além e aproximando-os, enorme e bonito. Permaneça nessa presença por um tempo — sentindo, sentindo, olhando. Você pode querer escrever ou desenhar o que sente. Pode haver uma chave para esta presença. Ouça. Quando você terminar este encontro, pode dizer:

Brilhante dos Céus,
Obrigado pela sua presença
Obrigado pelos dons de alcance e espaço.
Que eu possa tocar as estrelas e ascender ao destino.
Vá se precisar, fique se desejar.
Saudações e siga em paz.

Acompanhando seus Sonhos Noturnos

Nossos sonhos noturnos têm muitas funções. Eles processam as informações do dia e desvendam medos e desejos. Já que estamos trabalhando com os Poderes Acima, vamos tentar expandir os processos que acontecem quando estamos mais inconscientes, quando nossos reflexos autônomos estão cuidando do nosso corpo. Isso pode nos dar informações para usar quando estamos tentando viver nossa vida em estados de vigília. Os sonhos noturnos refletem nossos segredos, segurando o poder do espelho negro do espaço.

Relaxe sua respiração. Sentindo a si mesmo. Afunde mais profundamente em sua cama, deixando sua respiração fluir através de seu corpo. Antes de dormir, defina sua intenção de se lembrar de um sonho.

Ao acordar, anote todas as imagens, pensamentos ou sensações que lhe ocorrerem. Pode ser uma história inteira ou uma palavra. O que o preocupa durante o sono? Que medos ou esperanças surgem? Apenas observe. Com o tempo, você pode começar a ver padrões que são úteis para o seu trabalho espiritual.

Comprometendo-se com seus Sonhos Diurnos

Qual é o seu desejo mais profundo? Você se sente merecedor? Muitas vezes temos padrões profundos que nos impedem de realizar nossos desejos. Faça a Limpeza do Amor-próprio do Capítulo 1 e deixe que essas formas de pensamento comecem a desaparecer. Deixe o feitiço "Olhando para o Espelho Prateado" ajudá-lo.

Comece a perceber seus sonhos mais perto de você. Como seria sua vida se realizasse esse sonho? Este é um passo que muitas vezes esquecemos. Uma vez que examinamos como essa "realidade" pode parecer, podemos descobrir que o sonho não é o que queremos! Ao invés de algo a ser trabalhado, pode ser apenas uma fantasia que usamos para escapar de nossa realidade diária. Para realizar nossos sonhos, primeiro devemos estar abertos a eles, depois devemos estar dispostos e aptos a fazer o trabalho para que o sonho aconteça. Não se trata de ganhar na loteria, mas, sim, de mudar algumas de suas atitudes e hábitos em relação ao dinheiro para encontrar um emprego que seja satisfatório para você e que lhe dê dinheiro suficiente para viver confortavelmente. Trata-se de ter aulas de canto ou agendar um tempo toda semana para escrever poesia. O que você quer fazer? O que fará esta semana para abrir isso como uma possibilidade?

Uma vez que começou a se comprometer com seus sonhos, você está pronto para ir em direção ao que realmente deseja.

Elevando-se para Encontrar seu Desejo

Relacionar-se com os Poderes Acima é ir além de nós mesmos. Como mencionei antes, outra divindade da Tradição Feri é o Deus Pavão. Ele é o Senhor do Cauda Pintada, filho da Deusa Estrela, Quakoralina. Uma face do Deus Azul, que conhecemos como Dian y Glas. Os Yazidis o chamam de Melek Taus.[72] Ele é como Krishna dançando, matador de demônios, inspirador de guerreiros e amante sexual. Há muitas histórias sobre o Pavão, algumas lindas e outras difíceis. Ele tem lições para nós, independentemente de qual seja a história. Ele dá lições sobre abundância e medo, beleza e riqueza, orgulho e talento existirem de forma suficiente para todos.

O Pavão nos convida a despertar como ele despertou. Ignorar nossa verdadeira natureza não nos leva a lugar nenhum, apenas nos mantém adormecidos. Ele nos desafia a acordar, olhar para nós mesmos e reivindicar nossa beleza e nossa escuridão. O que está oculto em nós deve ser trazido à luz e à vida. Todas as nossas partes devem ser atendidas para que sejamos inteiros. O Pavão é um símbolo desse conflito, um símbolo de que devemos olhar plenamente para nós mesmos, tornarmo-nos verdadeiramente inteiros e evoluirmos. No mito da Tradição Feri, Melek Taus é criado quando os Gêmeos Divinos, em suas formas como a serpente e o espírito do pássaro, são casados e conectados em união.

Esse casamento e integração de pássaro e cobra é encontrado em outras tradições espirituais, que mostram o pavão comendo a cobra como forma de vencer a escuridão. Manly P. Hall escreve: "*O pavão e o íbis eram objetos de veneração, porque destruíam os répteis venenosos que eram popularmente considerados como os emissários dos Deuses infernais*". A ênfase da Tradição Feri na união ao invés da destruição é uma importante mudança filosófica, congruente com a máxima Feri "*Eu desejo me conhecer em todas as minhas partes*". No Deus Pavão, a mundanidade e a sensação de perigo se casam com a beleza e a leveza. Cortar o que não gostamos nos transforma em pessoas mais feridas e, nesse estado, a evolução se torna impossível. Aprenda a amar a si mesmo, em todas as suas partes.

A lenda Feri conta que o Pavão estava andando no Jardim dos Deuses quando se deparou com o espelho de sua mãe, a Deusa Estrela. Ele olhou para aquele espelho e exclamou: "*Há! Veja como eu sou lindo!*" Ele então balançou a cauda até os sete céus se encherem de trovões. Havia glória em todos os mundos.

---

72. Este também é o nome Feri usado para ele, com a grafia alternada de Malik Taus. Os Kurdish Yezidi, curiosamente, eram chamados de "adoradores do diabo" simplesmente, porque reconheceram que temos um grande conflito alojado em nosso coração, e que ambos os lados, não somente aquilo que pensamos ser "bom", devem ser abraçados igualmente.

O Deus Pavão desperta para sua beleza e balança sua grande cauda. Ele abre os céus, criando trovões para anunciar sua presença. E ele é lindo, e temível. Por que ele é temível? Porque ele se atreve a ser bonito, e nós tememos essa beleza. Por que ele é temível? Porque ele captura a escuridão nos olhos que brilham em cada pena. Esses são os olhos da tempestade e são portais para outros mundos, dentro de nós mesmos e entre os reinos. No mito, ele é um anjo caído: orgulhoso. Mas estamos recuperando o orgulho conforme ele ousou reivindicar sua beleza. Isso pode ser perigoso para nossas partes que desejam permanecer escondidas e imperceptíveis. Também pode parecer perigoso para relacionamentos ou para uma sociedade que deseja nos manter na linha. Melek Taus é aquilo que tememos dentro de nós mesmos – a escuridão e o conflito, a glória e a beleza – todas as coisas que devemos enfrentar para sermos inteiros.

> O que você teme? O que deseja? Abrace o Pavão. Ele é abundância gloriosa. Ele o tornará rico, bonito e capaz de andar com orgulho. Ele é o lembrete de que você também é um Deus, tem divindade dentro de você. Ele brilha toda vez que você percebe que é lindo. Ele nos diz para fazermos amor uns com os outros com paixão. Quando fazemos amor, devemos lembrar que, quando um raio atinge o solo, o solo se eleva em busca do raio. Este é um fato físico, bem como metafísico. Levante-se para encontrar o que você deseja, eleve-se para cada ocasião. Deixe sua beleza encher o céu com trovões. Traga a tempestade criativa.

O poder do desejo é potente. Ao nos levantarmos para enfrentá-lo, nós o removemos do reino da pura fantasia e liberamos a energia da ação. A fantasia, embora nos dê esperança, também pode nos manter estáticos, tornando-se apenas mais uma história que exaure nossa força vital. A fantasia que se transforma em desejo torna-se a energia que alimenta nosso trabalho e infunde nossa vida com profunda satisfação. Quando está enraizada no medo, inveja ou apatia, a fantasia permanece no reino do "algum dia". A potência do desejo nos traz para o agora, liberando-nos para caminhar mais plenamente em nossa vida.

Aqui estão algumas coisas que pode fazer para começar a se relacionar com o poder do Deus Pavão. Lembre-se, tudo que vale a pena é perigoso. Sua vida vale o esforço.

- Liste todos os seus desejos, não importa o tamanho.
- O que enche seus sonhos noturnos de medo? Faça um círculo, invoque o Pavão e vire-se para enfrentar esse medo.
- Assuma um risco. Faça algo que seja ultrajante para você: compre uma camisa azul-pavão e use-a no escritório. Fale em uma reunião do conselho da cidade sobre algo que toca seu coração. Mergulhe. Diga não. Diga sim.
- Deixe-se ser sexy.
- Admita algo que possa enchê-lo de vergonha. Admita um desejo secreto que você pode achar inaceitável. Olhe para todas as suas partes.
- Viva da forma mais brilhante, ousada e bonita que puder.

O poder do Pavão deve ser temperado por sua compaixão e vontade, caso contrário, ele pode sair do controle. Esta é outra razão pela qual ele é temido e desejado. O Pavão descansa sob a mão de sua mãe, a Deusa Estrela, e seu amor o mantém sob controle. Seu orgulho sem limites e vontade abundante devem ser mantidos sob a mão do amor e da criação. Orgulho e vontade são bons, mas todas as coisas podem ficar desequilibradas. Então chame o Pavão, convide-o a entrar em você, mas continue se olhando no espelho e abra seu coração.

Vendo o Reflexo Negro da Beleza

Eu escrevi sobre os centros escuros nos olhos do Pavão como se fossem portais para outros reinos. Pequenas representações do espelho negro curvo do espaço de sua Mãe. Olhar para um espelho negro não é apenas uma maneira tradicional de vidência – de ter visões psíquicas – é também uma maneira de ver nosso próprio rosto de uma nova maneira. Você pode comprar um espelho preto especial em uma loja de ocultismo ou fazer o seu próprio, pegando um porta-retrato e revestindo um lado do vidro com spray preto de alto brilho ou tinta. Ou pode colocar um pedaço de papel preto brilhante ou cartolina recortada para encaixar na moldura e inseri-la atrás do vidro. Encha uma tigela rasa com tinta preta ou contemple seu reflexo em uma janela à noite.[73]

73. Meus agradecimentos à Mary por esta incrível ideia.

Reserve uma vela para o seu trabalho. Alinhe sua Alma Tripla. Peça à Deusa Estrela para ajudá-lo a ver as partes de você que só emergem na escuridão. Peça ao Deus Pavão um vislumbre através de seus olhos. Olhe para o seu reflexo no espelho negro. Deixe seu olhar suavizar. O que ele emerge? Faça a seguinte pergunta ao seu reflexo: "Quem é você?" Você pode se surpreender com a resposta. Esse rosto pode ter respostas para perguntas que seu rosto à luz do dia nem pensaria em perguntar. Respire, coragem. Ouça. Veja.

A Deusa Estrela amou seu reflexo no espelho curvo do espaço. O Deus Pavão viu a si mesmo e encheu os mundos de poder. Há beleza na escuridão, em espaços secretos. Olhe para isso. Inspire e expire. Cresça vastamente.

Equilibrando imagem e realidade

A vastidão de possibilidades mostrada pela Deusa Estrela e pelo Deus Pavão pode nos assustar ou intimidar. A maioria de nós precisa crescer em si mesmo, é o que a Sacerdotisa Reya chama de "tamanho certo". Fomos ensinados que não devemos "dar um passo maior que as pernas" ou nos retraímos por medo do que amigos ou familiares possam dizer ou pensar de nós. Ou nos sentimos grandes demais, projetando uma imagem falsa à nossa frente, ou pequenos demais, tentando não ser notados de uma forma ou de outra. Ou ainda podemos ser alguma combinação dos dois. De qualquer forma, estamos escondidos.

Ser verdadeiramente grande é estar em equilíbrio. Quando uma pessoa projeta uma "grande" imagem, assumindo conversas ou salas inteiras ou projetos, ela provavelmente está compensando demais por medo e insegurança. Ela não está vivendo seu verdadeiro tamanho. Isso também vale para a pessoa que se esconde, que nunca fala, que pede o que quer perguntando a outra pessoa o que ela quer, que entra na ponta dos pés em uma sala, distraindo todos, em vez de apenas entrar para obter o que precisa.

Quais são suas tendências? Como mantém as pessoas longe de você? Como consegue esmagar suas paixões e minar suas habilidades? Como você tenta esmagar os outros para que eles não cheguem à sua frente?

Lembro-me de lutar comigo mesma, depois de anos lidando com as projeções de outras pessoas em meu grande, falso e performático ego. Eu estava tentando entrar em alinhamento e estava com medo de que, se me tornasse mais poderosa, passaria por cima dos outros. Meus bons amigos, exasperados, continuavam dizendo: "*Apenas vá em frente e cresça!*" Quando finalmente consegui iniciar esse processo, foi um alívio para todos. Tornei-me muito mais útil para os outros, mais eficaz no mundo e desenvolvi maior quantidade de generosidade. Anos depois, isso não quer dizer que eu não volte a cair na insegurança e mesquinhez quando me sinto cansada ou estou em uma situação nova que me desafia, mas agora posso perceber esses estados mais rapidamente e olhar para eles e qualquer informação que eles detêm. Então geralmente posso respirar e seguir em frente.

Alguns estados são mais tenazes que outros, mas você não saberá qual é a sua capacidade até tentar crescer.

> Chame a Deusa Estrela e o Deus Pavão para obter ajuda. Respire fundo e imagine-se como gostaria de ser. Imagine-se competente, confiante, amoroso e amado. Imagine-se em seu verdadeiro poder. Você é honesto sobre o que pode e o que não pode fazer? Passe uma semana declarando suas verdadeiras habilidades para si mesmo. Anote-as à medida que forem surgindo. Compartilhe-as com um amigo de confiança.

À medida que se acostumar com essa prática, pode começar a correr mais riscos com essa forma de dizer a verdade. Declare suas verdadeiras habilidades no trabalho ou em sua comunidade. Quanto mais precisamente puder declarar o que pode fazer, mais próximo estará de realizar seus desejos.

Viagem Astral

Já que estamos trabalhando nos reinos Acima, sob a orientação e guarda do Brilhante dos Céus, mantidos pela Deusa Estrela e infundidos com a confiança do Pavão, podemos correr outro risco. Podemos sair do nosso corpo por um tempo e, mais importante, praticar a volta. A viagem astral é outra maneira de aprender a caminhar entre espaços racionais e entrar em um mundo totalmente diferente. É também uma maneira de reunir mais informações sobre o mundo em que vivemos. Não é um método de escapar de nossa vida; em vez disso, é outra forma de expansão mais completa em nós mesmos e em todos os reinos do mundo. Se o seu impulso para a viagem astral for usá-la como forma de fuga, eu esperaria e não usaria as seguintes práticas até você estar mais firmemente enraizado no que viu antes neste livro. Continue construindo práticas fundamentais. Se a viagem astral não o abrir mais ainda para si mesmo e para os reinos em que você anda, isso não ajudará em seu desenvolvimento a longo prazo. É sempre bom questionar as motivações por trás de nossos medos e desejos.

Dito isto, este trabalho pode expandir nosso conhecimento sobre nossos estados emocionais e psíquicos e nos ajudar a entrar em contato com os reinos invisíveis. Meu ex-Coven usava a viagem astral como forma de construir um espaço que era nosso. Viajávamos juntos para nosso Coven astral e trabalhávamos, recolhíamos informações e nos encontrávamos com seres que poderiam nos ajudar em nosso trabalho. Às vezes as pessoas parecem diferentes no astral, e isso por si só pode lhe dar uma pista do seu eu interior. Você também pode ter habilidades diferentes, roupas diferentes. Eu costumava ter um belo conjunto de armaduras no astral! O estado da armadura e como ela mudou sempre foi um bom reflexo de como eu estava me sentindo emocionalmente e com meu trabalho no mundo físico. As coisas no astral muitas vezes aparecem como símbolos na consciência comum.

Um grupo de ativistas construiu uma casa do Coven no astral como forma de continuar a conhecer e fazer Magia e outros trabalhos, mesmo quando aqueles que a construíram estavam distantes geograficamente. Outras Bruxas costumam fazer Magia dessa maneira, quando formam fortes laços com irmãs e irmãos que vivem em um continente distante. Eles simplesmente sintonizam em uma determinada hora e data e viajam para um local de encontro comum. Geralmente eles concordam com um método de entrada, por exemplo, visualizando uma certa árvore em uma clareira, com um buraco em sua base que funciona como um portal para seu espaço. Após a viagem, eles comparam impressões por e-mail.

Muitos de nós provavelmente não acreditam que podemos fazer isso, assim como muitos de nós não acreditam em nossos talentos psíquicos ou intuitivos naturais. Espero que esses exercícios lhe mostrem que a técnica da viagem astral pode ser praticada e aprendida como qualquer outra.

Atravessando a Esfera Azul

Esta é uma introdução à viagem astral que pode ajudá-lo a se sentir seguro nos espaços desconhecidos nas primeiras vezes que tentar viajar.

Use o exercício Lançamento do Capítulo 1. Uma vez que se sentir envolto na bolha de sua Esfera azul pessoal, imagine que há uma segunda camada, uma membrana no topo que pode se expandir. Deixe essa segunda camada sair, até que você tenha uma vasta bolha de espaço ao seu redor. Agora, imagine que seu eu espiritual começa a sair de seu corpo, deixando a pequena Esfera azul para a maior. Seu eu espiritual está conectado ao seu corpo físico por um cordão de prata que se prende firmemente ao seu umbigo, como um cordão umbilical. Para algumas pessoas, esse cordão se prende à base da coluna. Deixe este corpo subir até que esteja flutuando além do seu eu físico. Permita-se sentir como é flutuar, então comece a voar. Deixe seus braços se estenderem e gire seu eu espiritual como um paraquedista rodando pelo céu. Você pode controlar sua velocidade, rapidez e altura. Experimente. Divirta-se.

Uma vez que tenha saído por um tempo, imagine seu eu espiritual flutuando de volta ao seu eu físico. Sinta seu corpo espiritual afundar cada vez mais, penetrando na pequena Esfera azul e suavemente voltando para seu corpo físico. Sinta sua respiração movendo-se em seu corpo físico. Inale. Expire.

Agora deixe a Esfera maior. O recipiente em que você estava flutuando começa a encolher lentamente enquanto você respira. Sinta-o à medida que ele se aproxima de sua própria Esfera, atrás de você, abaixo e acima, de cada lado. Sinta isso. Ele cresce perto o suficiente para tocar sua Esfera pessoal, seu próprio lançamento. Há um clarão de azul quando as Esferas se encontram e se fundem completamente. Você está encerrado mais uma vez na Esfera com a qual começou. Respire fundo. Sinta seu corpo físico, sinta seus pés firmemente embaixo de você e deixe sua respiração circular da sola dos pés até o alto da cabeça, descendo pelos braços até a ponta dos dedos. Sinta como a Esfera azul combinou com seu Corpo Brilhante.

Em uma grande respiração, solte o azul ao seu redor, deixando-o retornar ao éter. Você permanece com sua aura e sua atenção expandida, a ponto de poder chamá-la de volta para si mesmo, se quiser. Assim como no exercício de Atenção Profunda e Expansiva. Ou você pode simplesmente permanecer nessa consciência, deixando-a desaparecer à medida que sua atenção é capturada por outras coisas. Você pode sempre retornar a ela. Alinhe sua Alma Tripla com qualquer energia que sobrar. Puxe os lóbulos das orelhas, dê tapinhas nas coxas e nos braços. Diga seu nome três vezes. *Blessed Be*.

Mais Viagem Astral

O exercício a seguir é menos complexo que o anterior, mas pode parecer mais arriscado. Recomendo fazer isso um pouco de cada vez, praticando por cinco ou dez minutos nas primeiras vezes e depois trabalhando até a jornada real.[74] Depois de ler o exercício, darei sugestões sobre quais partes usar como prática.

Prepare-se a si mesmo e ao seu espaço para este trabalho. Separe algumas velas, ou uma lâmpada com luz difusa. O quarto deve estar bem escuro. Você também vai precisar de uma pequena tigela com água, um pouco de água para beber e um pouco de comida, de preferência proteína e amido. Como afirmei no capítulo sobre o Norte, o açúcar definitivamente não é recomendado, pois não vai repor nenhum combustível que você usará nesta jornada.

Você deve ter um cobertor macio para se cobrir. Quando o espírito está viajando, o corpo pode ficar frio e, se o cobertor estiver muito áspero, pode agir como um irritante físico para trazê-lo de volta ao seu corpo sem que esteja pronto. Antes de começar, você deve alinhar sua Alma Tripla tanto como forma de facilitar sua jornada quanto como proteção nos planos astrais. Seu trabalho será mais bem-sucedido se estiver centrado, inteiro e alinhado. Você pode lançar um Círculo e chamar os Guardiões, se desejar. De fato, se está aprendendo este trabalho pela primeira vez, é aconselhável fazer um lançamento formal.

> Deite-se em uma posição confortável em uma sala mal iluminada. Imagine o conteúdo da sala claramente, o tapete, os móveis, as pinturas, onde está a porta... Agora imagine que você segura um peso pesado na mão direita. Sinta-o ali, sólido e real. Imagine que há um balão de hélio amarrado à sua mão esquerda. Sinta a leveza e a flutuabilidade enquanto sua mão se eleva suavemente. Sinta o contraste entre o peso e a leveza. Deixe-os ir. Agora sinta o peso de seu corpo físico e a leveza de seu corpo espiritual. Sinta seu corpo espiritual começar a se separar do físico. Primeiro, deixe suas mãos e braços espirituais começarem a se erguer. Então sinta sua cabeça e tronco seguindo, até que seu corpo espiritual esteja sentado. Em seguida, permita que seu corpo espiritual se levante de seu corpo físico. Deixe seu corpo

74. Eu adaptei este trabalho de notas de Victor Anderson, do Coven de ensino Night Hares (Tom Johnson e Willow) e de meus próprios anos de treinamento.

espiritual começar a viajar para onde quiser. Observe que, a princípio, você pode ver a sala em que começou, mas agora ela brilha com uma luz etérea.

Você começa a se mover, talvez subindo para voar, talvez andando com facilidade por esse espaço entre espaços. Escolha um destino, talvez o próximo quarto, ou uma viagem pelo seu bairro. Observe o que pode ver e o que parece diferente da visão física normal. Deixe seus sentidos noturnos se abrirem e deixe seu olho psíquico absorver esta nova informação. Depois de ter viajado um pouco, comece a sentir o puxão de seu corpo físico enquanto ele o chama. O ferro em seu sangue o chama de volta à sua forma física, pois você é humano.[75] Deixe-se fluir de volta. retorne ao começo, viajando por todos os lugares que passou em sua viagem para fora.

Ao se aproximar da sala onde está seu corpo físico, sinta-o chamando por você com mais força. Entre na sala. Olhe para seus pés físicos. Prepare-se para voltar ao seu corpo lentamente, suavemente, facilmente. Você vai se lembrar de tudo o que fez em sua jornada. Entre lentamente, voltando suavemente à sua forma física. Sinta-se entrando nos pés, nas mãos, na parte de trás do crânio. Facilmente para baixo. Uma vez que se sinta totalmente dentro, respire fundo da coroa da sua cabeça até as solas de seus pés. Abra lentamente seus olhos físicos. Mexa os dedos dos pés e dos dedos. Dê um tapinha no peito e na barriga. Mergulhando os dedos na tigela de água perto de você, jogue um pouco no rosto e esfregue um pouco na nuca, para ter a certeza de que está completamente dentro de si. Diga: "EU SOU CORPO E ESPÍRITO, EMOÇÃO E MENTE, PRESENTE E INTEIRO NESTE INSTANTE NO TEMPO". Sente-se. Beba um pouco de água. Massageie os pés e puxe os lóbulos das suas orelhas. Coma um pouco de comida para reajustá-lo completamente em sua forma física.

Para aclimatar você mesmo a esta prática, comece passando pela técnica até o ponto em que seu corpo espiritual está sentado. Então deixe o corpo espiritual se deitar de volta em seu corpo físico. Faça isso várias vezes, subindo e descendo com facilidade, até se acostumar com a sensação.

Se estiver engajado na prática diária sugerida de sentar-se, será de grande ajuda para sua viagem astral. Se sua mente tentar envolvê-lo com uma preocupação não essencial enquanto estiver em sua jornada, sua prática de meditação vai lhe ensinar que não precisa se apegar a esse

75. Victor também sugeria manter um pouco de ferro, como um prego de ferro, em seu altar para chamar-se de volta.

pensamento. É apenas mais um reflexo automático como a respiração ou a circulação sanguínea. O pensamento pode seguir adiante, sem interferir em sua viagem. Se você não estiver sentado, seus pensamentos podem realmente agarrá-lo e mergulhá-lo de volta em seu corpo físico, fazendo com que sua jornada chegue a um final chocante. Meditar aquieta seus apegos à sua mente, acalma seu corpo e, feito com bastante frequência, eventualmente acalma o ritmo e a vociferação dos próprios pensamentos.

Viagem à Deusa Estrela

Já conhecemos a Deusa Estrela, Quakoralina, ela que é fonte, a Mãe, Deus em si Mesma. Depois de praticar o básico da viagem astral, faça uma viagem para conhecê-la.[76] Você deve preparar seu espaço de acordo com as instruções em Mais Viagem Astral, reunindo comida, água e o que mais for necessário para se sentir confortável em sua jornada e retornar plenamente.

> Alinhe sua Alma Tripla. Respire fundo. Relaxe. Deixe seu eu espiritual deixar seu eu físico para trás. Você está flutuando. Está voando em direção às estrelas e aos espaços entre as estrelas. Está indo para os lugares onde as estrelas nascem. Enquanto viaja, sinta o ferro nas estrelas o chamando. Sinta Quakoralina o chamando. Você se aproxima cada vez mais dela, percebendo o Universo ao seu redor enquanto viaja. Ao se aproximar dela, observe como se sente, o que vê e sente. Você está cada vez mais perto. Ela é vasta. Ela é a Fonte de tudo. Você se aproxima dela. Como ela se parece ao se aproximar? Deixe-se aquecer na presença dela. Ela pode nutrir sua alma. Ela pode lhe dar conhecimento, presentes e cura. Ela é pura abundância. Flutue em abundância por um tempo. Você vai perceber que também tem o poder de dar. Seu corpo espiritual começa a gerar presentes para a Deusa Estrela. Veja-os flutuando para fora de você, em direção à Mãe. Você sabia que tinha esses presentes em si mesmo para dar? Dentro de sua Esfera de abundância, tudo é feito e tudo é possível. Agora é hora de retornar ao seu lar físico a partir desta fonte do nascimento de sua alma.
>
> Agradeça a Quakoralina e comece a se afastar deste lugar onde nascem as estrelas. Movendo-se facilmente, você refaz

76. Eu trabalhei nesta jornada com o padre Feri Tom Johnson, do Night Hares.

sua jornada. Deixe seu espírito viajar de volta. Observe todos os lugares que passou ao sair. Alguma coisa mudou? À medida que se aproxima, você começa a sentir o ferro em seu sangue o chamando. Volte para a sala por onde começou. Veja seu corpo na sua frente. Comece a flutuar para baixo, lenta e facilmente. Suavemente. Afunde de volta em sua forma física: em seus pés, suas pernas, suas mãos. Aconchegue-se contra sua coluna. Encha sua carne com espírito. Relaxe. Encha-se suavemente, afundando até o fim. Respire do alto da cabeça até as solas dos pés. Abra seus olhos. Esfregue sua barriga. Jogue um pouco de água no rosto e dê tapinhas em todo o corpo. Você está em casa.

Olhando para o Céu

Viajamos além do nosso corpo físico em uma jornada para a Deusa Estrela. Também podemos ter um relacionamento com nosso universo físico enquanto permanecemos firmes em nosso corpo, de pé no chão. Fazemos isso abrindo nossas conexões com as fases da lua e do sol em sua dança sazonal. Existem marés dentro do nosso corpo que respondem à atração da lua e nossas emoções respondem à crescente e minguante do ano. Colocar-nos em alinhamento com essas forças pode nos ajudar a lembrar que nós também somos parte da Natureza, não separados dela ou acima dela. Ela está ao nosso redor e dentro de nós também.

Uma Bruxa tenta estar em sintonia com os ciclos da Natureza. Como criaturas da Natureza, somos afetadas pelo sol e pela lua tanto quanto as plantas, os animais ou as marés. O que acontece com você quando a Terra obscurece o sol? Ou quando a sombra da Terra cai sobre a lua? Comece a notar as fases do sol onde você mora. O inverno e a primavera no norte da Califórnia são bem diferentes do inverno e da primavera em Delaware.[77] Quais são os sinais que você lê que indicam quando uma estação está fluindo para outra? Quando você começa a sentir a força do sol? Esse é o momento de começar a colocar os planos em ação. Comece a sintonizar as fases da lua. Quando você olha para o céu noturno e vê que a lua está minguando, pode querer tirar um tempo para eliminar velhos hábitos, pensamentos ou pilhas de papel!

77. Você pode consultar o *Witches' Almanac (Witches' Almanac Inc.)*, que sai na primavera de cada ano, ou o *Old Farmer's Almanac (Old Farmer's Almanac)*, disponível no outono.

Podemos trabalhar com os Deuses da Feri de acordo com a estação ou fase da lua. As fases mensais da lua também se traduzem no ano maior. Seu trabalho com os Deuses e com sua intenção pode usar ambos os ciclos para complementar o trabalho que precisa fazer. Coloque a si mesmo e seus próprios ciclos, emocionais e físicos, em harmonia com os ciclos do mundo natural.

Embora Quakoralina, a Deusa Estrela, e Melek Taus, o Pavão, possam nos ajudar durante qualquer fase, dei a eles um lugar nesses ciclos para ilustrar como você pode querer trabalhar com eles.

Fases da Lua

Lua crescente: o que você quer atrair? Peça ajuda a Nimue e Dian y Glas.

Lua cheia: o que você quer reconhecer como manifesto em sua vida? Invoque os poderes férteis de Mari e Twr.

Lua minguante: o que você quer limpar e purificar? Aproveite a sabedoria e determinação de Anna e Arddu.

Lua negra: capte seu reflexo no espelho de Quakoralina ou viaje pelos olhos escuros de Melek Taus. Veja a beleza na escuridão.

Fases do Sol

Primavera para o verão: o que você plantou que está crescendo? Nimue e Dian y Glas mostram-lhe o primeiro ímpeto da criação.

Verão para o outono: o que você está cultivando e preparando para a colheita? Mari e Twr incorporam a maturidade da força madura.

Outono para o inverno: o que você está colhendo e o que ficará em repouso? Anna e Arddu concedem a habilidade de cortar as impurezas e descansar.

Inverno para a primavera: o que se reúne na escuridão para nascer? Quakoralina abre os braços para embalar você enquanto Melek Taus mostra como unir o que foi separado: luz com escuridão e potencial com ação.

Orientado em seu corpo, na terra, mas olhando para o céu, respire sua capacidade de expandir. Expire e cresça mais do que pensou ser possível. Você está conectado ao multiverso, girando neste Planeta que chama de lar. Prepare-se para chegar ao centro dessa casa.

8

Poderes Abaixo: Iluminando a Escuridão

Entre nos espaços abaixo de seus pés; os mundos abaixo de sua consciência. Este é o espaço fecundo, onde as coisas crescem na escuridão. Desça mais. Sinta o calor. Há coisas que nadam aqui nas chamas que estão alojadas no núcleo do mundo, no núcleo de seus espaços interiores, onde uma estrela brilhante queima. Nosso instrumento aqui é o Caldeirão, o receptáculo do seu ventre, embalado nos ossos de sua pélvis. O Caldeirão: o instrumento de transformação da Bruxa. Acenda o fogo abaixo e veja o que está cozinhando: O que o alimenta? É nutritivo ou venenoso? Acenda o fogo interior, deixe o detrito queimar, deixe as coisas que vivem na escuridão serem iluminadas pelas chamas mutáveis. Olhe para o fogo do Caldeirão: O que você vê?

O fogo queima profundamente no centro da Terra. Exatamente o que parece, não temos certeza, mas a teoria diz que é ferro quente, líquido e depois sólido, em movimento, puxando, condensando e reagindo. Há um fogo no centro de nós mesmos. Exatamente o que parece, não temos certeza, mas metafisicamente, psicologicamente e energeticamente aposto que se parece muito com o centro da Terra, parte derretida, parte sólida e mantendo a gravidade.

Este capítulo continua o trabalho de expansão que começamos com a Deusa Estrela, Quakoralina, e o Deus Pavão, Melek Taus. Nele, examinaremos nossos espaços de sombra. Esses espaços podem conter coisas que empurramos para dentro de nós mesmos: raiva antiga e não expressa, traumas de infância, sentimentos de inadequação, um desejo feroz que sentimos que não merecemos alcançar. Os exercícios deste capítulo, juntamente ao trabalho que já fizemos, vão nos ajudar a sondar essas profundezas.

Este é um trabalho contínuo. Não deve e realmente não pode ser feito de uma só vez. Você pode querer aumentar este trabalho com aconselhamento, grupos de apoio ou um Círculo Mágico que se reúne com o propósito expresso de ajudar seus membros. Lembro-me de como me senti apoiada por ter irmãs do Círculo mantendo um espaço mágico para mim enquanto eu batia em uma pilha de travesseiros, chorando e com raiva, deixando velhas emoções serem trazidas à tona.

Quando os padrões estão ocultos, eles podem exercer uma força controladora sobre nós que mal percebemos. Trazidos à luz, podemos ver o que são e trabalhar com eles. A escuridão é poderosa, não má. Às vezes, as coisas precisam crescer lá, precisam ser gestadas até que estejam prontas para vir ao mundo em geral. Outras vezes, porém, escondemos certas situações por vergonha ou medo. As coisas às quais nos apegamos são humanas e sagradas. Reconhecer que elas fazem parte de nossa vida nos dá poder. Podemos dominar esses poderes das trevas em vez de deixá-los nos dominar. Podemos aprender a andar à noite sem medo, pois a noite faz parte do nosso eu mais profundo.

Neste capítulo trabalharemos com o Caldeirão como representação do fogo central. Essa energia vai nos ajudar a enfrentar nossos medos, reivindicar nossos poderes e responsabilidades como guerreiros e contemplar o invisível.

O Caldeirão

O Caldeirão é um símbolo e uma ferramenta prática. As Bruxas muitas vezes foram representadas reunidas em torno de uma grande panela de ferro, preparando poções e feitiços. Isso representa o Caldeirão de Hécate, o fermentador da Magia operativa. O Caldeirão também aparece frequentemente como fonte de inspiração, abundância e renascimento, especialmente nos mitos nórdicos e celtas: o Caldeirão da Abundância de Dagda; o Caldeirão da Sabedoria de Cerridwen, que deve ser mexido por um ano e um dia; Odhrerir, o Caldeirão que contém o hidromel da poesia; o Caldeirão Galês da Regeneração.

Como símbolo da transformação, o Caldeirão queima o velho detrito e alimenta uma nova vida.[78] Ele pode ser usado para transformar ingredientes díspares em alimentos nutritivos. O Caldeirão é meu símbolo de alquimia prática, onde a matéria sólida se une à água e, através da aplicação de calor, torna-se algo inteiramente novo. Como o poder transformador do destilador do alquimista, o poder do Caldeirão mostra a beleza da fricção, do harmônico pitagórico de duas notas tocadas juntas, formando uma terça, ou a força reconciliadora da graça que surge de um sim ao encontro de um não.[79] É a terceira estrada que leva ao povo das fadas, é o lugar do paradoxo.

Temos a capacidade de manter coisas díspares, de mantê-las até que a própria tensão de segurar crie seu próprio calor. Então, algo novo pode surgir dentro de nós. O Caldeirão também contém as chamas da mudança, o poder da fênix, o poder do grande Abaixo e a mudança da Terra e o poder da grande estrela que aquece nosso núcleo, criando a possibilidade de vida.

Estamos abertos a essa vida? Podemos deixar as coisas queimarem, tornando-se combustível para um novo desejo? Podemos arder pela verdade?

Cozinhar Mentiras em Presentes

Alquimia é a arte de misturar elementos díspares na esperança de criar uma nova substância. Há um processo de cozimento que se segue aqui, uma degeneração e transformação dos ingredientes originais. A partir disso cresce uma nova substância que estava escondida como uma semente nos elementos originais. A técnica a seguir usa o Caldeirão como o destilador de nosso alquimista para "cozinhar" metaforicamente o que jogamos dentro. Neste exercício, o receptáculo contém a chama dentro dele, em vez de repousar em cima de um fogo.

78. Usar o espelho negro como uma ferramenta de Cima e o Caldeirão como ferramenta de Baixo vem do meu próprio trabalho. Embora esses conceitos sejam usados na Feri, eles não são marcados como instrumentos desses espaços direcionais.

79. Veja a obra de G. I. Gurdjieff para obter informações sobre a Terceira Força, a Reconciliação que surge de manter tanto a Afirmação quanto a Negação. Veja Harmônicos Pitagóricos para uma ideia semelhante.

Você vai precisar de uma pequena panela de ferro fundido ou um prato à prova de fogo. Coloque-o em várias camadas de descansadores térmicos de panelas, uma tríade de metal ou tijolo. Despeje cerca de uma polegada de sais de Epsom na panela. Sature os sais com álcool isopropílico, permitindo que um quarto de polegada de álcool flutue acima dos sais. Centre-se e depois jogue um fósforo no pote. Pode ser necessário acender a superfície primeiro e depois deixar cair o fósforo. Não adicione álcool a um Caldeirão em chamas. Quando o fogo estiver aceso, olhe para as chamas. Respire. Comece a jogar nas chamas as aparências que você está cansado de manter.

Jogue mentiras que lhe disseram e maneiras de agir que lhe parecem falsas. Continue respirando e ouça seus pensamentos e emoções. O que quer que apareça, jogue no fogo. Uma vez que sentir ser suficiente por ora, respire fundo novamente e peça um presente do fogo. Peça o que precisar para continuar se olhando e desafiando convenções que não se encaixam na sua vida. Você precisa de coragem? Humor? Uma educação diferente? Um coração aberto? Paixão? Peça o que precisar. Deixe isso se elevar de seu ventre, não de sua mente. Seu ventre mantém o próprio fogo de seu Caldeirão. Os Caldeirões em seu coração e mente são acesos a partir dele. Quando for fazer seu pedido, passe a mão sobre o fogo, como se fosse pegar uma chama e puxá-la para dentro de você. Receba o dom da chama.

Agora sente-se com este presente até que as chamas se apaguem. Se a sua panela for grande, ela pode queimar por muito tempo, nesse caso não há problema em colocar uma tampa em cima. Deixe a panela esfriar e, em seguida, coloque água para dissolver os sais e limpá-lo. Se for de ferro fundido, lubrifique novamente e tempere esquentando a panela untada com óleo no forno.

Possibilidade de Cozinhar

Cada fase do seu trabalho precisa de comida, e diferentes aspectos precisam ser alimentados com diferentes alimentos. Você pode precisar de elogios ou pode precisar de disciplina. Pode precisar de descanso ou de um horário melhor para trabalhar com mais eficiência. Pode precisar de coragem, paciência ou de amor. Pode precisar de mais dinheiro ou tempo, ou uma mudança de atitude em relação a qualquer um deles.

Prepare um ensopado ou uma sopa sagrada, cortando os vegetais conscientemente, usando carne orgânica, se você come carne, despejando água limpa e fresca no caldo. O que você quer alimentar agora? Deixe que cada ingrediente signifique diferentes aspectos que se unem para formar alimento para sua alma. Misture-os. Deixe a alquimia acontecer. Cheire as mudanças sendo feitas pela Magia. Sente-se e mexa-se em meditação enquanto a sopa cozinha. Agradeça. Coma e fique bem.

Pulando o Fogo

Em Beltane (1º de maio[80]), é tradicional que os Pagãos pulem um Caldeirão como forma de limpeza. Diz a lenda que os pastores passavam seus animais por fogueiras para limpar os insetos e pragas. Na cultura iraniana contemporânea – ecoando seu passado zoroastrista – eles pulam o fogo, pedindo-lhe para tirar quaisquer vestígios da doença do inverno e pedem ao fogo sua vida e calor. Podemos usar esse fogo para limpar nossos relacionamentos e qualquer coisa em nós que precise de transformação.

Se tiver oportunidade, faça uma pequena fogueira na praia ou em outro local seguro. Use madeira limpa, sem revestimento e sem pregos. Você também pode usar um pequeno Caldeirão de fogo com sais Epsom e álcool para este fim. Carregue o fogo com sua intenção. Peça-lhe para eliminar a doença, a depressão, o medo, a raiva, qualquer outra coisa que gostaria de começar a curar ou que fosse animada com o poder do fogo. Pule as chamas. Faça quantas vezes for necessário, por quantos motivos quiser. Se estiver fazendo isso com amigos, vocês podem pular juntos para limpar qualquer coisa em seu relacionamento que impeça que ele se aprofunde. Deixe a chama lhe emprestar seu poder purificador e revitalizante. Quando terminar, apague o fogo e limpe o espaço.

O Guardião Abaixo – Fogo na Terra

Para penetrar profundamente em nós mesmos e acender os fogos necessários, podemos precisar de algum apoio. O Fogo na Terra pode dar esse apoio, pois este Guardião é uma força de espaços profundos e

80. N.T.: no Brasil, Beltane é comemorado no dia 31 de outubro.

poder ígneo transformador. No capítulo anterior nos alongamos. Agora é hora de descer profundamente. Ambos os espaços podem estar muito além de nossas zonas de conforto. Está tudo bem. Podemos pedir ajuda aos Guardiões.

Respire fundo. Lance a Esfera azul ao seu redor. Acenda uma vela em seu altar, vermelha ou laranja. Vire-se para o Centro, abra-se para o poder do Guardião Abaixo, enquanto respira profundamente dentro de si mesmo. Comece a sussurrar suavemente: "Fogo na Terra, Fogo na Terra". Sinta uma respiração em sua testa. Abra-se para o Guardião Abaixo. Cante o nome, repetidamente. "Fogo na Terra, Fogo na Terra". Comece a sentir a presença se aproximando de você. Como você sente este Guardião? "Fogo na Terra". Você pode ter um vislumbre disso? "Fogo na Terra, Fogo na Terra, Fogo na Terra. Abra o núcleo brilhante e junte-se a este rito". Fale o nome várias vezes, sussurre, cante, grite se puder. Fogo na Terra, o Guardião Abaixo. Nadador no Caldeirão de Fogo, é a estrela ardente do calor e da geração. Vem a mim em tons de laranja e vermelho, disparando em meu sangue, abrindo meu sexo. Diga o nome, repetidamente. Sinta a presença. Apresente-se. Agora diga: "Todas as quatro estrelas são uma. Pelos Poderes Abaixo, eu chamo Fogo na Terra".

Fogo na Terra, Fogo na Terra, Fogo na Terra,
Nadir do espaço e implodir do tempo.
Abra o núcleo brilhante e junte-se aos nossos ritos.
Mostre-nos a beleza que vive em mundos secretos.
Vamos despencar juntos,
Vamos despencar.
Toque nossos espíritos, toque nossas almas.
Que possamos aprofundar além da medida.
Que nossas células desencadeiem a revolução.
Que possamos brilhar com o calor do amor.
Fogo na Terra, Fogo na Terra, Fogo na Terra,
Seja bem-vindo.

Faça uma respiração profunda. Sinta o Guardião abaixo de você, enorme e lindo. Permaneça nessa presença por um tempo — sentindo, sentindo, olhando. Você pode querer escrever ou desenhar o que sente. Ouça. Quando você terminar este encontro, pode dizer:

Fogo na Terra,
Obrigado por sua presença
Obrigado pelos dons da luxúria e do espírito.
Que eu possa tocar o âmago de mim mesmo
e aprender a ter coragem.
Vá se precisar, fique se desejar.
Saudações e Siga em Paz.

Lidando com seus Medos

O medo é um laço que amarra até estrangular.
– Jean Toomer[81]

Olhar para aquilo que está enterrado é a chave para o nosso trabalho neste capítulo. Lidamos com algumas de nossas emoções no capítulo sobre a água. Agora é hora de nos voltarmos para aquelas emoções que podem estar enterradas ainda mais profundamente, às vezes usando disfarces ou escondendo-se ainda sob outras emoções. Quero falar sobre as emoções que muitas vezes nos deixam desconfortáveis, aquelas que podem parecer duras ou implacáveis.

Sempre que uma emoção dura surge dentro de mim – raiva, irritação, vergonha –, se eu puder olhar para ela rápido o suficiente, muitas vezes encontro uma corrente subjacente de medo. Assim que descobri isso, comecei a examinar as raízes e os padrões do medo em minha vida. Isso provou ser uma ferramenta poderosa para recuperar o poder e a compaixão e para lidar mais honestamente com outras pessoas. Se eu posso admitir que um medo impulsiona minha frustração com outra pessoa, posso falar mais prontamente com ela sobre isso, descobrindo a verdadeira fonte de nossos problemas, em vez de apenas culpar a pessoa. Muitas vezes tenho medo de ser visto como uma fraude, ou às vezes estou simplesmente com medo, como quando um carro chega muito perto de mim quando estou tentando pisar em uma faixa de pedestres e sinto um lampejo de raiva por causa disso.

Há muitos medos que comandam nossa vida, grandes e pequenos. O exercício de meditação seguinte lida com os pequenos medos que nos impedem de avançar para o que realmente queremos. Esses medos

81. *De Essentials: Jean Toomer*, editado por Rudolph P. Byrd (Hill Street Press, 1999).

podem nos impedir de ter uma comunicação honesta e muitas vezes reforçam as mentiras que contamos a nós mesmos.

Uma vez que você começa a trazer seus medos à tona, eles podem aparecer em camadas sucessivas. Sua tarefa é enfrentar cada uma e nomeá-las. Seu padrão central pode não ter medo em sua raiz. O que é isso? Olhe para você. Quais são suas manifestações? Sempre que sentir desconforto, comece a procurar por baixo dele a emoção na raiz. É medo da raiva, medo de perder a face, medo do sucesso? Embora este exercício fale sobre enfrentar os medos, se você encontrar outra emoção profunda controlando sua vida, altere o exercício para refletir isso.

Nomeando suas Emoções Ocultas

No Capítulo 3, escrevi sobre o poder da nomeação. Este é um passo para recuperar sua força vital. A verdade alimenta a força vital e as mentiras a prendem. Nomear seus medos – ou outras emoções centrais – afrouxa os laços do engano.

> Leve um caderno com você e comece a anotar as situações que lhe causam desconforto ao longo do dia. A princípio, isso pode ser tudo o que poderá fazer. Apenas esse processo de perceber casos de desconforto é um grande passo. Em seguida, veja se consegue sentir uma energia ou corrente emocional por trás do desconforto. Este é o passo número dois. O terceiro passo envolve examinar suas anotações no final de cada dia, depois no final de uma semana e de um mês. Veja se surge um padrão. Isso lhe dará uma boa visão do que está presente sob a superfície de todas as suas interações com o mundo.
>
> A etapa final, evidentemente, é nomear o padrão. Nomeie o seu medo ou medos e comece a enfrentá-los, situação por situação.

Sempre que estou envolvido com este trabalho, certifico-me de fazer muitas limpezas, centralização e alinhamento da Alma Tripla. Isso ajuda a me dar alguma facilidade emocional e traz compaixão para mim e para quem eu possa estar envolvida em meu ciclo emocional.

Meus medos podem nunca me deixar, mas eles podem diminuir, eles não precisam me controlar. Eu quero me conhecer em todas as minhas partes.

A Ética do Guerreiro

Para enfrentar as chamas abaixo, é preciso ter coragem. Victor costumava dizer que a Tradição Feri era uma arte marcial. Eu sinto que isso é verdade na medida em que cultivo força, honra e compromisso. Invocar o guerreiro me ajuda a enfrentar meus medos e as coisas que me causam desconforto dentro e fora de mim. Tive de aprender a me manter firme ao descobrir feridas antigas ou venenos nutridos. O guerreiro é apoiado pelos Poderes Abaixo, capazes de entrar no fogo escuro e sair do outro lado.

A condição de guerreiro também me ajuda a praticar a não violência. A violência não resolve nenhum problema, apenas cria mais violência. No entanto, não acredito em ser passiva. Eu acredito ser uma ativista não violenta. Isso significa reivindicar minha condição de guerreira, minha capacidade de lutar. Se eu não reivindicar minha capacidade de lutar e trouxer isso à tona através de treinamento e prática, minha violência me controlará. Todos os humanos têm capacidade para a violência. Se não treinarmos isso, tendemos a entrar em erupção de maneiras diferentes. Podemos ser pegos em fofocas e calúnias. Somos passivo-agressivos. Esmagamos nossa raiva para que ela apodreça, fazendo com que guardemos rancor por anos. Atacamos de forma inadequada e causamos danos aos relacionamentos. E o mais importante: não andamos e agimos com integridade.

A voz do guerreiro é uma voz bem afiada e honesta. Ele não hesita em olhar para o horror, mas é capaz, por pura compaixão humana, de perceber uma solução que funcionará para todos, não apenas uma força dominante ou uma minoria com armas e uma agenda oposta. Alguém que treinou como um guerreiro não violento é capaz de exercitar a perspectiva e manter a mente e o coração claros. Isso é difícil, mas alcançável.

Não Mimar a Fraqueza

Às vezes evitamos os espaços escondidos dentro de nós, não por medo, mas porque ficamos mais à vontade sem enfrentá-los. Tanto o guerreiro quanto o buscador que sondam os Poderes Abaixo devem enfrentar desconforto. Junto ao princípio da Tradição Feri de não submeter sua força vital a nada ou ninguém, está o ditado "*Não mime a fraqueza*".

Mimar a fraqueza é uma submissão da força vital. Os Poderes Abaixo alimentam nossa força vital tanto quanto os Poderes Acima alimentam nossa alma. Negar os Poderes Abaixo nega a potência da minha força vital.

Quando mimamos os outros, estamos pedindo a eles que nos entreguem sua força vital, o que é um sinal de desrespeito. Em vez de confiar que eles podem lidar com nossas palavras ou ações e crescer com elas, presumimos que são fracos e precisam de proteção. Porém, uma pessoa pode precisar de proteção, conforto e ajuda, mas assumir isso sem perguntar presta um desserviço ao espírito dela.[82] É preciso coragem, honestidade e paciência para se envolver em tal autoescrutínio, mas até que tentemos, permaneceremos escravizados aos nossos complexos, vícios e medos. Uma vez que começamos a fazer esse trabalho por nós mesmos, fica mais fácil não apoiar os outros em seus complexos e medos, e assim, começamos a ajudar o mundo.

Parte um

Como você se entorpece e por quê? Experimente não fazer algumas das coisas habituais que o entorpecem ou que sejam emocionalmente reconfortantes por uma semana e veja como se sente. Nada de TV ou romances fofos, nada de macarrão com queijo ou potes de sorvete, nada de álcool ou maconha. Experimente não se envolver com qualquer comportamento que usa para se entorpecer e fazer tudo ficar bem. Veja que dificuldades isso traz para você e observe se surgir alguma informação mais profunda.

Parte dois

A autojustificação é pior do que a ofensa original.

– Sheikh Ziaudin[83]

Anos atrás, quando estávamos dividindo nossas "histórias", um professor me contou a dele. Ela era composta de uma frase: "*Eu sou um mentiroso*". Naquela época, eu não sabia o que ele queria dizer,

82 Agradeço à aluna da Feri, Rebeccalyn, por apontar a frase de Crowley: "*Se ele for um rei, tu não poderás feri-lo*", no meio de uma aula em que eu estava discutindo este conceito. Veja Liber Al vel Legis em Lon Milo DuQuette, *The Magick of Aleister Crowley* (Red Wheel/Weiser, 2003).

83. De Idries Shah, *The Way of the Sufi* (Arkana/Penguin, 1990).

mas com o tempo e com o trabalho em mim mesma, a verdade dessa afirmação ficou muito clara. A verdade bateu em minha porta um dia quando eu estava assistindo a um capítulo de Raízes, de Alex Haley e, simultaneamente, assistindo a mim mesma. Eu estava percebendo a indignação que aumentava e as emoções de "*como eles puderam?*" em relação aos traficantes de escravos. Eu me impedi de entrar nessa linha de pensamento e me concentrei realmente no que estava acontecendo tanto na tela quanto dentro de mim.

Então me ocorreu: "*Eu sou uma mentirosa*". Ao tentar me distanciar das ações dos traficantes de escravos, eu estava negando minha própria cumplicidade na autojustificação que sustenta os sistemas de dominação. Os traficantes de escravos podiam continuar sendo "bons cristãos" e se engajando no "comércio", porque mentiam bem para si mesmos. Comecei a perceber, horrorizada, como todos os humanos usam mentiras para sustentar suas vidas. As mentiras nos impedem de ver a nós mesmos e então firmamos contratos com outras pessoas para apoiar as mentiras uns dos outros. E assim mimamos a fraqueza e submetemos nossas forças vitais repetidamente, sem nem mesmo perceber a magnitude de nossas inações. Essas mentiras sustentam toda uma cultura – a publicidade alimenta essas mentiras, o governo alimenta essas mentiras e assim nos tornamos uma nação de covardes.

> Comece a observar as maneiras pelas quais você justifica seu comportamento para si mesmo e para os outros. Como você mente para si mesmo? Por quê? Que finalidade serve? Como você apoia as mentiras dos outros, por causa da amizade ou para manter seu emprego?

Enfrentando os Pentáculos de Ferrugem e Dourado

Coloco esses Pentáculos, que são sombras do Pentáculo de Ferro, nos Poderes Abaixo, porque as energias que eles contêm muitas vezes estão escondidas de nós.[84] Precisamos invocar a coragem e o coração do guerreiro para enfrentá-los. As pontas aqui podem estrangular ou extinguir a força vital, mas com a ajuda do Fogo na Terra podemos

84 Esses pentáculos vêm de Reclaiming, meu próprio trabalho, e do Sacerdote da Feri Steve Hewell (que formulou o "Dourado", embora o tenha chamado de "Chumbo"). As pontas de Ferrugem variam entre os praticantes da Feri.

reacender nossos próprios fogos centrais e nos trazer de volta ao equilíbrio mantido dentro do Pentáculo de Ferro.

Ambos os Pentáculos do mundo Abaixo surgem quando o Pentáculo de Ferro está ausente. Eu costumava pensar que as pontas mantidas nessas estrelas eram simplesmente desequilíbrios das pontas de Ferro, mas com o tempo, e através de muito trabalho, percebi que a impotência e a ganância tomam conta apenas quando o sexo não está presente. Assim como o Pentáculo de Pérola aparece quando o Ferro está totalmente presente, os de Ferrugem e Dourado aparecem quando o Ferro está totalmente ausente. Por exemplo, a impotência e a força são resultado da falta de poder. Vamos olhar mais para isso e observar como eles se sentem em nosso corpo, mentes e emoções. Algumas dessas pontas podem parecer mais familiares do que outras. Muitos de nós passamos mais tempo no de Ferrugem do que no Dourado ou vice-versa e outros ainda saltam loucamente de um para o outro; por exemplo, eu sei como é ser arrogante e depois ter vergonha disso.

Como uma maneira inicial de começar a explorar seu relacionamento e familiaridade com esses Pentáculos, tentaremos senti-los em nosso corpo. É útil notar se alguma das pontas reflete padrões familiares em nossa vida ou está conectada a histórias que contamos a nós mesmos.

> Comece este exercício percorrendo o Pentáculo de Ferro através de seu corpo. Deixe-o carregar você, sentindo como as pontas respondem uma à outra, construindo a energia. Então comece a deixar as pontas mudarem. Sinta o sexo deixando você, levando-o à impotência e depois à ganância. Sinta o orgulho se afastar, transformar-se em vergonha e depois em arrogância. O que acontece quando o self se vai e só resta a depreciação ou o egoísmo? Quando seu poder é cedido ou tirado de você, como é a sensação de impotência ou força? Quando sua paixão se for, sinta o rastro deixado para trás e a apatia ou obsessão que surge para tomar seu lugar.
>
> Depois de sentir todos as pontas do Pentáculo de Ferrugem e do Pentáculo Dourado em você, limpe-os passando o Pentáculo de Ferro pelo seu corpo novamente várias vezes. Sexo, orgulho, self, poder, paixão, sexo. Se você ainda sente que precisa liberar as pontas do Pentáculo de Ferrugem e do Dourado, tome um banho de Limpeza de Amor-Próprio ou alinhe sua Alma Tripla.

As pontas desses Pentáculos muitas vezes se insinuam em nossa vida e acabam exercendo um grande controle sobre nossas emoções e percepções. Estes próximos exercícios são maneiras de olhar para os Pentáculos de Ferrugem e Dourado em profundidade. Não estou fornecendo exercícios para cada ponta, mas, sim, algumas ideias para ajudá-lo a trabalhar com as pontas que estão particularmente ausentes ou presentes em sua vida.

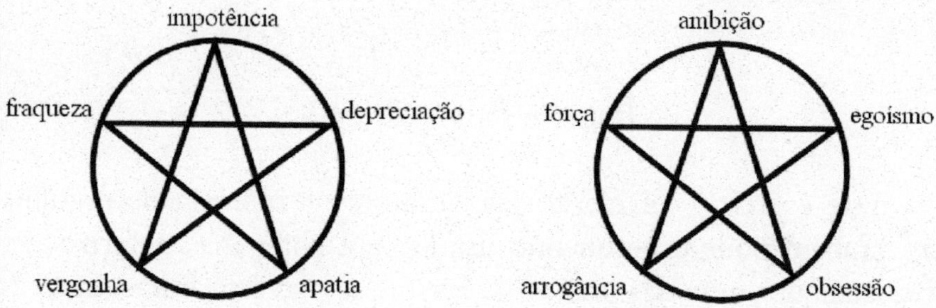

Pentáculo de ferrugem   Pentáculo dourado

Indo além dos Limites

Este exercício, feito com um parceiro, é projetado para ajudá-lo a sentir de forma tangível como é estar sempre fazendo coisas para outras pessoas e fazendo o que outras pessoas estão exigindo de você. Isso acontece quando não se tem confiança nem um forte senso de quem e do que precisa. O que faz com que sempre esteja um pouco desequilibrado interiormente, caindo de um lado para o outro, buscando aprovação, tentando ajudar o outro, indo além dos limites estabelecidos por quem você realmente é. Este estado é indicativo de muitas das pontas no Pentáculo de Ferrugem.

> Fique de frente com o seu parceiro. Equilibre-se em um pé, estendendo-se o mais longe possível, usando a perna livre como lastro. Alongue-se para alcançar algo que não é totalmente alcançável. Estique-se para alcançar a aprovação. Estique-se para preencher as necessidades ou desejos de outra pessoa, apesar do que você pode precisar. Estique-se. Sinta como é isso.

Este é um sentimento familiar? Existe algum reconhecimento emocional trazido por essa pose? Seu parceiro vai puxar você. Experimente recuperar sua postura. Estique-se. Seu parceiro vai empurrar você. Tente se recuperar novamente. Estique-se. Alongue-se. Observe o quão baixo você tem que se segurar para alcançar qualquer aparência de equilíbrio. Seu parceiro toca em você, cegando-o. Quanto tempo você leva para se recuperar? Respire. Sacuda esta pose e a energia se desliga do seu corpo. Troque as funções. Você é o mundo vindo para o seu parceiro. Torne-se as preocupações e deveres que empurram e puxam. Qual é a sensação? Respire. Aperte a mão do seu parceiro em agradecimento pelo trabalho.

Escrita Automática

Este exercício foi escrito para explorar a ausência de orgulho, mas também pode experimentar usá-lo para obter mais informações sobre qualquer uma das pontas de Ferro que pareçam fracas, inativas ou ausentes em sua vida. Você pode invocar o Deus Pavão para ajudar nisso. Em seguida, defina um cronômetro por cinco minutos e não deixe a caneta sair da página.

Comece escrevendo o que o faz se sentir envergonhado, coisas que manteve em segredo por anos, porque eram dolorosas demais para compartilhar com outra pessoa e sentia que faziam você parecer mau. Escreva sobre todas as vezes que não falou por si mesmo ou por outra pessoa. Em seguida, escreva sobre esses sentimentos de engrandecimento que fazem você se sentir arrogante, melhor que os outros. Agora, pegue o papel e queime-o. Enquanto queima, sinta-se livre de tudo isso e comece a nomear coisas das quais você se orgulha, não importa quão pequenas sejam: "Estou orgulhoso por ter falado na aula hoje. Estou orgulhoso de ter caminhado para o trabalho em vez de ir dirigindo. Estou orgulhoso por ter terminado esse poema. Tenho orgulho de ser quem eu sou. Tenho orgulho de estar tentando".

Reequilibrando a Paixão

Este exercício abrange os Pentáculos de Ferrugem e Dourados. Quando nos falta paixão, a substituímos por apatia ou obsessão. Este exercício ajuda a sentir quando sua paixão parece inatingível. Isso o ajudará a olhar para os momentos em que a paixão se torna obsessão e é tudo o que você pode ver. Então, isso o levará a um sentimento de equilíbrio com sua paixão. Você pode substituir qualquer uma das pontas do Pentáculo de Ferro por paixão.

Respire fundo. Entre em você mesmo, em seu corpo. Relaxe. Respire. Flutue para dentro de si mesmo. Deixe seus ombros relaxarem. Relaxe o rosto. Relaxe as pernas. A cada respiração você relaxa mais e mais, descendo, descendo para dentro de si mesmo. Você está viajando no tempo. Está viajando pelo espaço. Está respirando. Está indo para um momento em que a paixão parecia muito distante de si mesmo. A paixão estava além do seu alcance. Respire. O que você anseia? Cadê? O que é? Estenda-se em direção a isso. Está logo além de você, passando pela ponta dos seus dedos. Alcance um pouco mais. Você não consegue entender direito. Está desamparado? Ou se sente aliviado? A paixão está tão longe. Você ao menos se importa? A apatia está se instalando? Você ainda está alcançando a paixão ou gostaria apenas de se deitar um pouco? Respire. Como você está se sentindo?

Respire fundo. Deixe o tempo e o espaço girarem ao seu redor mais uma vez. Deixe sua saudade passar. Respire. Respire paixão. Você está viajando para uma época em que a paixão o preenchia completamente. Era tudo o que podia ver, sentir, provar, tocar. Seu desejo estava tão perto quanto seu nariz, tão perto que quase o sufocou. Obsessão. Respire. Sinta tudo ao seu redor. Você está animado? Ou se sente perdido, desconectado? Respire. O que achava que era paixão está agora tão próximo, que você fica obcecado com isso. Nada mais parece importar. O que é essa saudade tão consumidora?

Respire novamente. Deixe a obsessão diminuir. Deixe o tempo e o espaço girar em torno de você mais uma vez. Respire. Relaxe. Respire paixão. Desenhe-a. Desenhe seu desejo. O que você deseja agora? Respire. Dê um nome a ela. Experimente isso. Como você se sente? Deixe sua paixão crescer dentro de você. Não julgue. Abra-se para isso. Comece a se mover com ela. A paixão está perto de você, mas é sufocante. Você pode segurá-la, mas ela não o segura com muita força. Ela é sua. E a Deusa

Estrela canta para você: "DANCE NO CALOR DO DESEJO DO SEU CORAÇÃO... ABRA O PORTÃO, A CHAVE ESTÁ DENTRO, PARA O TEMPLO DO CORAÇÃO". Respire, nade, dance, brinque. Paixão. Responda à Deusa: "EU DANÇO NO CALOR DO DESEJO DO MEU CORAÇÃO, DANÇO NO CALOR DO DESEJO DO MEU CORAÇÃO".[85] Dance com sua paixão. Dance seu desejo. Dê nome a ele. Cante isso. Reivindique isso. Você pode ter o que deseja. A paixão pode alimentar seu trabalho no mundo. Sua paixão pode curá-lo. Você está girando nela. Está centrado. Você é amado.

Respire. Suba à superfície de si mesmo. Comece a se trazer de volta ao espaço e tempo comuns. Respire. Deixe seu corpo se formar ao seu redor, sólido. A paixão ainda está com você. Respire. Abra-se para o mundo à sua frente. Abra seus olhos. Fale sua paixão em voz alta. Escreva em seu diário. Comece a percorrê-lo, a vivê-lo, a amar e trabalhar nele. Ele o alimenta, mas não o consome. É seu direito de nascença. *Blessed Be*.

SE FOR FRÁGIL, EU VOU QUEBRAR

Este exercício permite que experimente o que acontece quando fica parado, teimoso e otimista demais, batendo os pés, relutante em ouvir, em se mover, em falar. Esta é uma postura de "*eu sei que estou certo, e ninguém vai me dissuadir*". Parece uma pose forte, mas na verdade é muito frágil. É o galho quebradiço que quebra ao invés de dobrar. Esta é uma posição de desequilíbrio e leva muito tempo para se recuperar quando derrubado a partir do centro. Você não está realmente centrado, na verdade, está pisando em um terreno precário. Este estado é indicativo do Pentáculo Dourado. Você vai precisar de um amigo para ajudá-lo com este exercício.

Espalhe os pés na largura dos ombros, exatamente paralelos um ao outro. Firme seus calcanhares no chão. Endireite as pernas. Encha o peito. Feche as mãos em punhos. Levante o queixo, desafiador, arrogante, imóvel. Você está certo. Você sabe o que é melhor e ninguém pode lhe dizer o contrário. Isso parece familiar? Você reconhece essa postura? Seu parceiro puxa você. Tente se recuperar. Volte para sua pose. Seu parceiro irá empurrá-lo, estimulá-lo, surpreendê-lo. A cada vez, recupere sua postura. Firme seus calcanhares um pouco mais. Encha-se.

---

85. Este cântico, escrito por mim, foi gravado por Anne Hill em *Circle Round and Sing!* Disponível por www.serpentinemusic.com.

Seu parceiro o derruba novamente. Quanto tempo leva para se recuperar? Como a postura lhe parece depois de ser jogado para fora repetidamente? Respire. Sacuda essa postura e a energia do seu corpo. Troque as funções. Torne-se o mundo enfrentando seu parceiro. Torne-se resistência, subversão, que quer derrubar o rei de seu trono. Qual é a sensação? Respire. Aperte a mão do seu parceiro em agradecimento pelo trabalho.

Dando um passo à frente

Uma vez que tenha explorado completamente os Poderes Abaixo e os reinos de si mesmo muitas vezes obscurecidos ou escondidos na sombra, você estará pronto para entrar no centro da Esfera, o centro de si mesmo. Abra as portas da sua alma.

9

Centro: Abrindo os Portais

Abram os portais! Todos os mundos estão diante de você agora. Você está entrando no tempo e no espaço primitivos que se curvam à sua passagem. Receba um beijo de boas-vindas. Aqui você dá e aqui pode receber. A flor responde ao seu toque. Você está se tornando mais vivo. A ferramenta aqui é o Coração Negro da Inocência: o poder da selvageria, da inocência sexual e da verdade sem vergonha.

Na Tradição Feri, o Centro é também a Circunferência de Tudo. É a borda brilhante da qual falei, que se torna o ponto central, invertendo nossa visão e expandindo-a de maneiras incomuns. Aquilo que é central para nossos espíritos muitas vezes não é central para a cultura fora de nós, mas à medida que mudamos, aquilo que nos cerca muda. O paradoxo continua a se desdobrar dentro e fora de nós.

Estamos agora no meio da Esfera Sagrada, cercados pelos Guardiões das Seis Direções, envoltos na névoa de fogo azul. Nosso coração bate aqui; somos humanos e vivos. Nesse espaço, podemos nos tornar tão grandes como os próprios Guardiões, fortes em espírito e amor, em forças da natureza humana e em parte divinas. Aqui podemos ter a certeza de que somos emanações de Quakoralina, seus filhos e amantes. Somos grandes aqui, mas também pequenos, conectados à menor partícula e às galáxias que acenam com seus nascimentos e mortes além das nossas.

O instrumento aqui é o Coração Negro da Inocência. De todos os instrumentos da Feri, este é o mais interno. Não é um pedaço polido de azeviche ou vidro esfumaçado sobre um altar, embora alguns praticantes da Feri possam tê-los também; em vez disso, é um estado de vida, respiração e pulsação. É a sua natureza selvagem, sexual, honesta, suculenta, flexível e forte. Sem o trabalho que veio antes, teríamos poucas chances de acessar esse estado, que requer clareza, presença, divindade e pleno acesso à força vital.

Na Tradição Feri, o espírito é colocado no centro – dentro do coração e da adrenalina do sexo, do amor e da força vital. O espírito reside aqui, como nos Poderes Acima e Abaixo: estes três formam um eixo rodopiante, nosso DNA e a espiral das estrelas. O centro é mistério e Magia, a confluência de núcleo, profundidade e altura. O espírito combina todos os elementos da vida e o coração selvagem da Feri é tão espaçoso quanto a Esfera da Feri e Deus em si Mesma.

Neste capítulo, sentiremos as batidas do nosso coração e aprenderemos a dizer a verdade que reside dentro de nós. Dançaremos com nossas sombras, abrindo-nos ao amor e ao perdão, desvinculando nossa força vital e permanecendo, limpos, frescos, honestos, inocentes e sábios.

Despertando seu Coração Negro

Como é bela a pureza negra e lasciva das criancinhas
e dos animais selvagens.
– Victor Anderson

...para agarrar-se, conhecer de novo aquele momento de êxtase,
de reconhecimento, quando podemos nos encarar como realmente somos,
despidos de artifícios e fingimentos, nus e não envergonhados.
– Bell Hooks[86]

O Coração Negro da Inocência é tanto um conceito metafísico quanto um estado de ser. Ele existe dentro de nós de uma forma ou de outra, mas um relacionamento equilibrado e saudável com ele precisa ser cultivado. Uma vez alcançado, o Coração Negro é a conexão irrestrita com

86. De Bell Kooks, *all about love* (HarperPerennial, 2001).

tudo. Estou em estado de inocência quando estou totalmente conectado com a força vital. Quando estou centrado, conectado à Terra e fazendo a energia fluir totalmente pelo meu corpo, estou acessando esse estado sem pensar nisso. Conectados, somos honestos, pois não há necessidade de mentir quando podemos simplesmente ser. Esta ferramenta, este estado, esta energia, é mantida na forma do coração, porque o coração é a bomba para a força vital. O coração alimenta todas as partes do meu corpo, assim como a força vital alimenta toda a criação.

Algumas pessoas interpretam erroneamente esse conceito de honestidade como se tivessem que dizer algo difícil a alguém ou precisassem deixar algo escapar em um momento de "Coração Negro". Se estou pensando sobre isso, as chances são de que eu não esteja em um estado de inocência. A energia pode estar tentando emergir, pois está sempre comigo, mas se estou tentando usá-la, em vez de deixá-la fluir através de mim, ela virá distorcida e deturpada, nada inocente, mas de forma manipuladora e fora de controle. Quando começamos a estratificar suposições ou desculpas sobre o impulso original, tornamos aquilo prejudicial por meio de sua desconexão.

Se estou lidando com a força vital facilmente e em sintonia com meu corpo, respiração e meus campos de energia, posso sentar com alguém e realmente ouvir, com meu campo de energia conectado ao dela em um estado de verdadeira compaixão. Posso dizer muitas coisas desse estado que vem do meu coração, que, se eu não estivesse em conexão com a força vital e ao Corpo Brilhante da pessoa, provavelmente geraria um "*cuide da sua vida*" por parte dela. Mas neste estado, posso dizer coisas duras e elas podem ser recebidas, porque se entende, em nível celular, que elas vêm do amor, da minha Alma Divina. Este é o Coração Negro da Inocência.

Essas mesmas "regras" se aplicam de forma pública, em vez de um cara a cara, mas minha capacidade de comunicação depende mais daqueles que ouvem, porque é mais difícil estar totalmente conectados com as auras individuais de cada pessoa em um grupo de dez a mil. Uma ferramenta para ajudar nisso é a Atenção Profunda e Expansiva, que expliquei no Capítulo 2.

Outro estado inocente é a alegre abundância da energia sexual liberada na expressão do ato em si. Isso não se baseia em postura, atuação ou tentativa de descobrir qual acrobacia impressionaria mais meu parceiro. Não estou dizendo que essas coisas não podem ser divertidas, elas podem! Tudo o que estou dizendo é que no estado do Coração Negro da Inocência há novamente aquele estado honesto onde estou em comunicação com a terra e/ou outro ser humano através de todos os meus sentidos áurico, psíquico, emocional e físico. Nos encontramos muito antes de nossa pele se tocar. Nós nos excitamos e nos agradamos em total inocência. Ou eu vou caminhando, totalmente apaixonada por cada árvore, sentindo-as ao passar. Isso também é o estado do Coração Negro.

Usando todo os instrumentos da Feri e especialmente alinhando nossa Alma Tripla todos os dias, é como alcançamos o domínio do Coração Negro da Inocência. A seguir, apresento exercícios que ajudam a entrar em contato com a força vital que flui através de nosso corpo, dizendo-nos que estamos vivos e nos conectando a tudo o que vive ao nosso redor. Este é um salto inicial. Para cultivá-lo, porém, alinhe sua Alma Tripla, percorra a energia dos Pentáculos de Ferro e Pérola, limpe sua aura, aterre e centre. Cora Anderson muitas vezes me dizia que a Arte é sobre viver dia a dia. Ao nos tornarmos praticantes espirituais dedicados, podemos liberar nossa energia e contar com a força vital de uma carga sexual limpa e honesta.

O Imperador não tem Nenhuma Roupa

Conhecemos a história: todos apoiam o rei em sua ilusão para manter o *status quo*. A ilusão é baseada no medo e na insegurança por parte do rei e na ganância e avidez pelo poder por parte dos alfaiates que estão costurando suas roupas caras, embora ilusórias, para o desfile do festival. Vemos que as roupas são mais caras do que seu valor monetário: custam honestidade, integridade e a disposição de arriscar a dizer o que realmente se sabe. Pagamos o preço esmagando o sussurro da voz interior, a sabedoria da Pomba Sagrada e o conhecimento instintivo do Pegajoso.

As mentiras podem custar uma sociedade inteira, já que elas são construídas e incorporadas à trama que une a cultura: o comércio, o direito, a arte e o status social. As vestimentas também podem custar nossa vitalidade e nossa alma, pois estamos envoltos em falsidades que geram dúvidas. Onde podemos permanecer, respirar e ver as cores verdadeiras?

Quando podemos falar? É a criança – com toda sua inocência, destreinada dos modos que geram insegurança e segurança de seu lugar no mundo natural – quem grita as palavras que quebram o feitiço das mentiras. O rei está nu, assim como a honestidade do Coração Negro.

> Ouça a si mesmo quando tiver momentos em que algo em você diz: "Isso não está certo!" Você não precisa deixar escapar o que sente, mas comece a perceber esses sentimentos: quando eles surgem, em que situações? Como eles fazem você se sentir?

Quando estou em um estado inocente em um grupo maior, posso me tornar como a criança que grita: "*O Imperador está sem roupa!*" Este é um serviço valioso para fornecer a um grupo. Mas novamente, não pode ser manipulado, não pode ser forçado, ou então será simplesmente divisivo. Porém, se vier de um estado de coração puro e de abertura, conectado às forças que percorrem toda a Terra, até a raiva pode ser útil e purificadora e pode atuar como um catalisador para uma mudança positiva.

O Caminho para o seu Coração Negro

Esta leitura é útil para ver um caminho claro para a nossa própria inocência.[87] Ao embaralhar, pergunte: "*O que eu preciso para entrar mais plenamente no estado do Coração Negro e integrá-lo à minha vida?*" Ou você pode perguntar: "*O que bloqueia a minha liberdade?*" Esta leitura é uma porta de entrada para si mesmo, que se abre quando diz: "*Eu desejo ser livre*".

A carta inicial é o "Eu" (1). Ela é você agora, como é. A próxima carta é o "desejo" (2), que é tanto um reflexo de seu potencial quanto a condição de sua vontade. O desejo representa o que você precisa envolver em seu ventre para seguir em frente. Essa posição também pode conter o que está bloqueado em você que precisa ser limpo para que sua vontade seja forte. A carta (3) é o "ser", é o que você precisa manifestar, um estado de "ser", do puro "eu" não ligado à personalidade. Também pode representar o que precisa seguir, mas é principalmente uma admoestação para ser como você é, presente e aperfeiçoado no momento. Quem é o seu ser neste momento?

---

87. Essa tiragem foi inspirada pela leitura de *Gateway* de Stevee Postman e Eric Ganther, *The Cosmic Tribe Tarot* (Destiny Books, 1998). Veja www.stevee.com.

1 - Eu
2 - Desejo
3 - Ser
4 - Livre
5 - Chave para o Coração

Leitura do coração negro

O final da frase é a palavra "livre", que corresponde a carta (4). Esta carta pode ser uma imagem de como é sua liberdade ou uma resposta à pergunta "*Como posso me libertar?*" O que precisa acontecer para você ser livre? E a carta final, o coração da leitura, é o seu Coração Negro (5), a chave para a sua liberdade. O que abre as portas para uma vida de honestidade, inocência, força vital, conexão sexual, liberdade de expressão e de ser livre como um todo e equilibrado no mundo? Deixe que isso se abra em você e leve-o até o fim.

Guardião do Centro – Guardador do Coração Negro

Na Feri, dizemos: "*Pelo Centro, que é a Circunferência de Tudo*". Esta declaração é o núcleo do paradoxo da Feri. Aqui está o Guardião dos Portais, também conhecido como o Guardador do Coração Negro. Os Portais estão fora e dentro de nós. Viajamos para outros mundos e passamos profundamente pelos portais de nossa alma. O Guardião mantém o Coração Negro, porque eu mantenho o Coração Negro.[88] Isso é um mistério; há um Guardião do Centro e o Guardião do Centro também sou eu. A faísca azul reside dentro de mim.

Os portais para cada reino de trabalho e para os outros só se abrem se eu estiver totalmente presente, limpa, poderosa e Inocente. Eu sou a chave e o porteiro.

> Respire fundo, conectando-se ao seu cordão de aterramento. Lance a Esfera azul ao seu redor. Acenda uma vela em seu altar, roxa ou preta. Vire-se para o Centro e diga: "E PELO CENTRO, QUE É A CIRCUNFERÊNCIA DE TUDO. PELO PODER NO CORAÇÃO DA BRUXA".
>
> Abra-se ao poder deste Guardião. Enquanto respira profundamente, comece a sussurrar, bem baixinho: "GUARDIÃO DOS PORTAIS, GUARDADOR DO CORAÇÃO NEGRO". Sinta seu próprio coração batendo, aberto ao Guardião do Centro. Cante seu nome repetidamente. "GUARDIÃO DOS PORTAIS, GUARDADOR DO CORAÇÃO NEGRO. DESBLOQUEIE A PORTA GIRATÓRIA E JUNTE-SE A ESTE RITUAL". Você está chamando a si mesmo, ainda que outra presença possa se aproximar de você. Como você sente este Guardião? "GUARDIÃO DOS PORTAIS". Fale o nome várias vezes, sussurre, cante, grite se puder. O Guardião detém o Coração Negro da Inocência, abrindo o espaço primordial e mudando o tempo. Isso me mostra que o caminho é para dentro. Diga seu nome repetidamente. Sinta a presença. Apresente-se e diga:
>
> GUARDIÃO DOS PORTAIS, GUARDADOR DO CORAÇÃO NEGRO,
> CIRCUNFERÊNCIA E CENTRO DE TUDO RADIANTE.
> DESBLOQUEIE A PORTA GIRATÓRIA, PARTICIPE DE NOSSOS RITOS.
> MOSTRA-NOS O ÍMPETO DAS FORÇAS DA VIDA.
> VAMOS ABRIR JUNTOS,

88. Esta nota é parcialmente inspirada em conversas com muitos iniciados Feri. Nem todos os iniciados Feri ensinam sobre este Guardião, mas ele existe em minha linhagem.

VAMOS CONSEGUIR.
TOQUE NOSSOS ESPÍRITOS, TOQUE NOSSAS ALMAS.
QUE POSSAMOS SER PREENCHIDOS COM CRESCIMENTO ABUNDANTE.
QUE POSSAMOS VER OS MUNDOS COMO UM TODO.
QUE POSSAMOS TRAZER OS MUNDOS AO AMOR.
GUARDIÃO DOS PORTAIS,
SEJA BEM-VINDO!

Respire fundo. Sinta o Guardião lá, de pé no Centro, batendo em seu coração, enorme e bonito, pequeno e forte. Você pode querer escrever ou desenhar o que sente. Pode haver uma chave para esta presença. Ouça. Quando terminar este encontro, diga:

GUARDIÃO DOS PORTAIS, OBRIGADO POR SUA PRESENÇA
OBRIGADO PELOS DONS DO ESPÍRITO, SEXO E AMOR.
QUE EU VEJA COM CLAREZA E APRENDA SEM VERGONHA.
QUE VOCÊ SEMPRE DESCANSE DENTRO DE MIM.
SAUDAÇÕES E SIGA EM PAZ.

Você pode notar que eu agradeci ao Guardião dos Portais, mas não ao Guardador do Coração Negro. Isto é um reflexo do mistério de que eu sou o Guardador do Coração Negro e desejo sempre permanecer assim.

Dançando com seu Amante das Sombras

O Amante das Sombras é um ser feito da sua mesma essência, que pode ser um auxiliar mágico para você.[89] Ele pode viajar com você de volta aos estágios de sua vida em que precisava de um amigo e se sentia sozinho, pode acompanhá-lo a lugares onde sente medo, pode iniciá-lo sexualmente nesse estado primitivo e inocente, talvez uma iniciação sexual melhor e mais limpa do que aquela que você pode ter tido. Esta última opção é a que usaremos para este exercício do Coração Negro.

Tradicionalmente, o Amante das Sombras será o seu oposto complementar, escuro onde você é luz, masculino onde você é feminino. Para algumas pessoas, no entanto, ele aparece fisicamente sendo de um gênero, mas possuindo atributos diferentes. Recomendo explorar este

---

89. O Amante das Sombras, que Victor chamou de "*frevachi*" (e chamado de "Companheiro do Self" no Reclaiming), é um conceito importante para os mistérios sexuais na Tradição Feri. Eu o usei pela primeira vez para ensinar sobre o Coração Negro com o Sacerdote Gwydion.

ser como seu oposto polar para trazer de volta o mistério que contém tudo dentro de nós – homem e mulher, Deus e Deusa, medo e bravura, suavidade e força, escuridão e luz. Se você tiver problemas em passar por uma experiência sexual com o oposto de seu gênero físico, mesmo sabendo que é você mesmo, sinta-se à vontade para deixar que seja um duplo do mesmo gênero. Não se trata de você ser "gay" ou "heterossexual"; é sobre a multiplicidade da divindade e o paradoxo dos Gêmeos Divinos dentro de você. Trata-se do seu próprio espírito em sua jornada.

Como disse antes, a Feri não é uma Tradição de fertilidade, mas uma Tradição de êxtase, que cultiva o êxtase do poeta e dançarino em plena comunhão com os Deuses. Trata-se de uma experiência mística, tornando-a uma Tradição viva, mudando com cada pessoa por quem passa. O êxtase está ligado à energia sexual em que, na Feri, faz tudo voltar à força vital. Tudo começa e termina com sexo. A Tradição Feri é o lar de muitos *queers*, em parte, porque não depende do equilíbrio de gênero exterior como algumas outras Tradições da Bruxaria. Não há necessidade de ter um número igual de homens e mulheres em um Círculo. Nossa fertilidade vem de dentro de nós mesmos e de nossas conexões com o multiverso.

Todos nós temos acesso ao Deus e à Deusa, você não precisa ser homem ou mulher para ter um "engajamento" especial com qualquer conjunto de Deidade. Pelo contrário, é bastante individual. Eu mesmo canalizo a energia do Deus muito mais prontamente do que a Deusa. Em um Círculo da Feri, você verá homens e mulheres invocando Deuses ou Deusas, não precisa ser, por exemplo, um homem chamando o Deus, ou uma mulher chamando o Deus para um homem. Uma mulher pode invocar Deus em si Mesma. E um homem uma Deusa em si mesmo. Uma pessoa transgênero evoca o mistério de que Deus em si Mesma é multigênero.

A beleza disso vem não de uma preferência por um gênero ou sexualidade em detrimento de outro, mas da pureza de trabalhar a força vital como energia sexual para si mesmo, conectada ao Universo. Uma chave para isso é encontrada no mito Feri da criação de que falei no início deste livro, quando a Deusa Estrela vê seu reflexo no espelho curvo negro do espaço e se apaixona por si mesma. Da luxúria divina, ela faz amor consigo mesma, e desse ato, os outros Deuses e Deusas nascem, espiralando e dando origem ao resto da criação.

Há mais um mistério aqui, o dos Gêmeos Divinos. Na Tradição Feri, Deus em si Mesma cria Deuses que são irmãos e amantes, azuis e verdes ou às vezes verdes e vermelhos. Eles podem ser um acoplamento macho/macho, fêmea/fêmea ou fêmea/macho. É assim que a Natureza muda, como o espírito responde, como os Deuses andam em nossa vida, sempre criando o mistério. É o mistério da alimentação recíproca na Natureza, do jogo de luz e sombras, vida e morte, eternidade e instância. Esta é uma verdade a ser trabalhada repetidamente, e que se desdobrará ao longo de anos de trabalho.

Para reconhecer esse paradoxo dentro de nós mesmos, primeiro criaremos nosso próprio duplo, uma imagem espelhada. Então, deixaremos que ela se transforme no Amante das Sombras e viajaremos juntos para o centro da Terra. Respire coragem se precisar. Eu recomendo que faça uma gravação para si mesmo lendo esta jornada, de forma que possa vivenciá-la plenamente.

> Em um espaço confortável, em pé, o corpo balançando para frente e para trás, ou sentado confortavelmente com a coluna ereta, aberto ao fluxo de energia, comece a respirar. Conecte-se com a terra abaixo de você, atraindo energia através de seu cordão de aterramento. Comece a respirar em séries de quatro, como fez durante a Oração pelo Alinhamento. Permita-se ser preenchido com a força vital, com a energia que está sempre disponível ao seu redor, abaixo de seus pés e acima de seu chacra coronário. Continue respirando, respirações longas, lentas e constantes. Respire até se sentir cheio de energia, até que sua pele comece a formigar, até que seus órgãos genitais inflem e se abram à energia sexual.
>
> Quando se sentir pleno com a energia da vida, comece a expirar à sua frente. Usando sua vontade e intenção, crie um duplo de si mesmo. A cada respiração, deixe seu duplo se tornar mais sólido, mais substantivo à sua frente. Veja seu rosto, cabelo e pescoço se formando. Veja seus ombros e peito, barriga, coxas, até os pés. Com cada respiração, seu duplo cresce mais sólido à sua frente. Você o está formando com sua própria respiração; é uma parte sua. Lembre-se, conforme expira, ele se forma, e conforme inspira, mais energia está fluindo para dentro de você, para que não se esgote.
>
> Ao inspirar e expirar, deixe sua intenção se fortalecer para ver seu Amante das Sombras, aquele ser que vive profundamente dentro de sua essência. Comece a criar esse ser com sua respiração e a essência à sua frente. Veja seu cabelo e rosto

mudar. Sua altura e peso podem mudar; veja sua massa muscular se reorganizar e a estrutura dos ossos à sua frente se transformar, assim como a forma do peito, dos ombros, a inclinação da barriga, os órgãos genitais. As coxas se deslocam, os pés se tornam diferentes. Você está criando seu Amante das Sombras, o eu que sempre vive adormecido dentro de si mesmo. Como esta parte sua se parece? Estenda sua mão, toque-o. Sinta sua pele. Pergunte seu nome. Dê-lhe um beijo.

Continue respirando e saiba agora que sua Sombra também respira. Pegue em suas mãos. De mãos dadas, sinta a força vital ao seu redor. Sinta-a vibrando sob seus pés. Você e sua Sombra começam a afundar lentamente na terra. Sinta a terra acariciar seu corpo, moldando-se ao seu redor, enquanto ainda segura a mão de seu companheiro. Sinta as árvores se enraizando com mais firmeza, os insetos subterrâneos fazendo amor um com o outro, os animais se mexendo em suas tocas, quentes e relaxados. Afundem cada vez mais, as bordas de seus corpos se amolecendo, absorvendo a terra, enquanto vocês se movem em direção ao calor que está no centro da Terra, sentindo o tempo todo o batimento cardíaco da Mãe nas profundezas da Terra, nas profundezas do seu corpo. Seu coração responde. Um pulsar responde em seus órgãos genitais. Você está em uma jornada, tornando-se um com a força vital.

Desça cada vez mais no corpo da Mãe Terra. Continue caindo até você estar bem no centro da Terra. Sinta este lugar de calor escorrendo ao seu redor, quente como o ferro que é mantido em todas as estrelas. Este é o lugar da fusão, da moldagem. Este é o lugar onde a vida começa. Você e sua Sombra alcançam um ao outro, segurando-se firmemente. A terra inteira se contrai, bate, move-se ao seu redor, macia e quente e embalando sua carne, a carne que não é mais sólida, mas macia em si mesma, tendo se fundido para saborear a terra. Saboreie a carne de seu amante. Neste espaço, no coração da Terra Mãe, comece a fazer amor consigo mesmo.

Continue respirando. Ao fazer amor consigo mesmo, com sua Sombra, você é como a Deusa Estrela que se viu bela e que, estendendo a mão no desejo, na luxúria de toda a criação, criou os Deuses, que criaram a Terra, que criaram as criaturas da Terra. Faça amor com a terra ao seu redor; ela responde a você, sobe e desce com sua respiração e a respiração de sua Sombra. Você é primordial. Você está cheio de desejo. Você é a terra e o outro, e não está mais sozinho. Você é um com tudo, mas separado em consciência. Você é. Faça amor com toda a inocência. Este é um lugar sem pudores. É um lugar e tempo de conexão. Alcance. Sinta prazer. Sinta a beleza de todas as coisas. Dissolva-se em prazer. Dissolva-se na inocência. Esta é a fonte, pura e gratuita. Respire. Deixe-o moldar suas células e formar seus ossos novamente. Nesse beijo longo e extático, nessa união, deixe-se arrepiar. Deixe-se ser pleno e livre. Líquido e forma, remodelando em torno de seu amante, que também é você mesmo. Que é tudo o que você deseja no fundo do coração da Mãe Terra. Deixe-se encher de prazer, de êxtase divino. Abra-se. Abra-se ao amor, abra-se à vida, abra-se ao sexo e a tudo o que deseja. Ame a si mesmo. Faça amor com sua Sombra. Deixe sua Sombra fazer amor com você. Compartilhe o prazer, abra-se ao êxtase. Sinta seu corpo se encher de vida, respondendo, abrindo, ficando escorregadio com o suor e o suco da vida.

Quando tiver se amado o suficiente, comece a desacelerar. Respire. Comece a voltar a ser como é, talvez diferente, mas ainda assim reconhecível. Deixe o seu Amante das Sombras se recompor ao seu lado. Respirem juntos. Olhe nos olhos um do outro. Continue a sentir a terra batendo ao seu redor. Sinta o pulso da vida. Agradeça a Mãe Terra. Agradeça ao seu amante. Comece sua jornada de volta. Seu corpo fica mais sólido nas bordas à medida que você sobe. Levante-se, passe as tocas, passe os insetos. Suba, passe as raízes das árvores. Você se torna um com essas coisas e para sempre reconhecerá esta conexão. Mas por enquanto é hora de voltar e se reintegrar ao seu corpo físico.

Levante-se até que você e sua Sombra estejam novamente na superfície da Terra. Dê ao seu amante um último beijo, um último abraço. Comece a deixar a visão do seu Amante das Sombras voltar para a visão do seu duplo, mudando lentamente, até que sua imagem esteja na sua frente. Comece a respirar a si mesmo de volta para dentro. Com cada respiração, seu duplo se torna menos e menos distinto, mais efêmero. Continue inspirando. Inspire até que não haja vestígios de seu duplo à sua frente, você está totalmente de volta para dentro de si mesmo. Você pode sentir um formigamento de energia, pode se sentir bem ou talvez um pouco sobrecarregado. Pode respirar essa energia e alinhar sua Alma Tripla. Fique de pé, cheio de força vital, conectado, inocente. Se ainda tiver energia em excesso, ofereça um pouco de presente à Mãe Terra, tocando o solo com as palmas das mãos, devolvendo um pouco do que lhe foi dado.

Perdão como um Caminho para o Poder

O Coração Negro é um estado de perfeição. Eu costumava sentir que a perfeição era um ponto final, e não um processo de crescimento. Desde a minha infância, carreguei vestígios de medo e culpa, sentindo que se eu fosse "perfeita" não teria problemas, que seria amada e diriam que eu era boa. Isso não é perfeição, mas um estado de estar congelada no tempo, incapaz de responder à vida como ela aparece. Eu posso ser perfeita em um momento. Mas todo poder é dinâmico – mudando constantemente – congelar-se no lugar ou no tempo nos torna frágil e acabamos por desmoronar. Além disso, o tempo muda, então o que é perfeito neste segundo pode não se aplicar às condições do próximo.

Como o poder, a perfeição é mutável, não estática e fixa. Eu sou mutável e os outros também. Nós podemos mudar. Podemos trocar o sucesso e o fracasso, ser fraco e ser forte. Com o tempo, acredito que podemos nos tornar mais graciosos em nossas mudanças e ouvir mais profundamente. Podemos aprender a perdoar. Podemos aprender que a perfeição é a totalidade, incluindo todas as coisas que são possíveis dentro de nós, e não apenas erradicar o que vemos como falhas. A perfeição é um estado de mudança de equilíbrio.

Deste estado vem uma base para uma ética forte. Isso não é algo prescrito ou moralidade legislada, mas uma postura ética que examina cada situação e então age ou julga de acordo. Podemos perdoar a nós mesmos e uns aos outros e caminharmos juntos? Podemos convidar nossos corações para um círculo perfeito?

Pelo que você pode se perdoar? Que velho erro carrega dentro de si como uma ferida purulenta? Olhe para ele, iluminando-o. Muitas vezes, por nossa própria importância, inflamos nossas transgressões, e quanto mais as carregamos, maiores e mais pesadas elas se tornam. Comece a deixá-las ir. Inspire e diga: "Eu te perdoo". Outros de nós podem fazer o contrário, podem minimizar nossos erros não assumindo a responsabilidade por eles, culpando os outros e justificando nossas ações. Isso também nos fere, de fato nos aleija, impedindo-nos de caminhar, fortes, como adultos no mundo. Nós somos filhos para sempre, engatinhando, até que digamos: "Eu fiz isso e sinto muito". Então podemos ficar de pé.

Esta semana, peça perdão a uma pessoa que você possa ter magoado. Escreva uma carta ou ligue para ela, seja por algo que você fez ou disse ontem ou há quinze anos. Peça perdão. Diga que sente muito. Assuma a sua responsabilidade. Então observe a energia que é liberada por este ato. Respire. Expanda.

Rito de Desvinculação

Coloco esta prática aqui, no espaço do Centro, porque é uma prática central em minha própria vida, secundária apenas à Oração pelo Alinhamento.[90] Se eu puder desvincular a força vital atada há anos de treinamento, por insegurança, raiva ou tristeza, então posso expandir minha capacidade de abraçar o paradoxo e viver com o coração aberto. Eu faço isso pelo menos uma vez por semana, ou diariamente se precisar.

Este é um rito para soltar o que está amarrado, para curar o que está doendo, para limpar o que está incrustado e para perdoar o que causa dor. Podemos carregar enormes quantidades de complexos emaranhados, a maioria dos quais permanece invisível por causa dos nós densos que damos ano após ano. Este rito nos ajuda a deixar ir, desvincula e nos faz perdoar e ser perdoado, caso contrário nossa força vital nunca será nossa. A desvinculação libera nosso acesso ao Coração Negro da Inocência.

O ato de desvincular tem sido muito útil para mim. Eu costumava ignorar as ofensas e as mágoas nos momentos em que aconteciam, dizendo que eram "pequenas" ou "sem grande importância". Mas então eu carregava essa energia atada por anos, sempre lutando contra o ressentimento e o pensamento de que o ressentimento estava em mim. O Rito de Desvinculação, como muitas das práticas neste livro, ajuda-nos a percorrer as emoções, senti-las e enfrentá-las com menos ansiedade. Eu posso olhar para uma situação, sentir o que surge, lidar com isso e deixá-la ir. Mais tarde, se descobrir que ainda estou tendo uma reação residual – já que as emoções são rápidas e tenazes – posso fazer esse rito e afrouxar ainda mais as obstruções, de modo a ver, sentir e ouvir com mais clareza.

Victor costumava perguntar a quem o procurava para fazer este rito: "*Você quer mesmo ficar livre disso? Você quer ser curado?*" Esta é uma pergunta chave, pois eu também devo agir no mundo para mudar a situação que causou o vínculo em primeiro lugar. Isso vale para toda Magia. Mas às vezes, apenas fazer o trabalho externo nem sempre me ajuda emocional ou energeticamente. Acho melhor fazer mudanças

90. A maioria dos Sacerdotes da Feri usa o termo havaiano "Kala" para este rito, pois os havaianos têm uma prática semelhante que inspirou esta prática. "Fazer Kala" é tornar limpo. Rituais semelhantes também são encontrados na África Ocidental.

externas e trabalho interno simultaneamente. Este rito tem sido uma ferramenta para minha libertação contínua.

Você vai precisar de um copo cheio com tanta água quanto puder beber sem respirar.

> Respire fundo e comece a relaxar. Faça a Oração para Alinhamento (Capítulo 2), respire até estar repleto de força vital, então incline a cabeça e respire para alinhar sua Alma Tripla. Sinta a energia voltar ao seu corpo, acalmando-o. Quando se sentir alinhado, junte as duas mãos em forma de coração à sua frente. Agora comece a se concentrar no que precisa ser desvinculado. O que precisa ser curado ou perdoado? Comece a exalar no espaço entre suas mãos. Imagine um pequeno ovo sendo formado no centro das suas mãos. Faça isso em quatro respirações longas e uniformes, enchendo esse ovo em seu coração com a energia vinculada.
>
> Quando o ovo estiver claro em sua mente, solte-o com a sílaba "Ahhhh", quebrando-o sobre o copo, liberando a energia na água. Agora pegue o copo. Segurando-o, comece a entoar a sílaba "*Ma*", invocando a Deusa Estrela, a Mãe de Todos. Imagine que a água se transforma em uma luz giratória de cura à medida que você a tonifica. Entoe a sílaba até que todo o ar seja expelido de seus pulmões. Em seguida, inspire profundamente e beba a água sem parar. Deixe a cura preencher você, soltando tudo o que está preso aí dentro. Toque seu ventre e seu coração, dizendo o que quer que precisa ouvir para estabelecer a cura em seu corpo. Você é amado. Você está a caminho da liberdade.[91]

Eu também uso meu movimento de Dança Devocional para a Pomba Sagrada (Capítulo 2) a fim de aumentar a energia para o meu alinhamento da Alma Tripla. Ao fazê-lo, faço o movimento de maneira rápida e vigorosa quatro vezes. Na quarta vez, expiro para cima enquanto minhas mãos descem na posição de oração. Se o problema for particularmente complicado, às vezes me pergunto: "*Quero ser curada disso?*" antes de entoar "*Ma*" para mudar para curadora. Se minha resposta for: "*Na verdade, não. Não agora*", então despejo a água, pego um copo de água fresca e bebo sem um rito, simplesmente para começar o trabalho de reabastecer meu ser. Às vezes preciso fazer a primeira

91. Esta é a minha própria variação desta prática Feri, que pode ser muito mais simples ou muito mais complexa quando feita. O uso de ovos como veículo de limpeza e cura energética aparece em muitas culturas: na mexicana, na do Oriente Médio e no Leste Europeu.

parte do Rito de Desvinculação para esclarecer o suficiente a situação em que estou e ser capaz de perceber se quero ou não cura ou perdão! Isso acontece muito raramente, mas independentemente disso, mesmo essa ação é um passo para a libertação.

Às vezes preciso fazer o Rito de Desvinculação quando estou em um lugar onde não posso quebrar um ovo etérico com um copo de água. Uma tarde, enquanto esperava uma carona para o ensaio de dança, eu estava sentada no estacionamento do lado de fora da estação do metrô, sentindo realmente a necessidade de ser limpa e perdoada por algo que estava pesando sobre mim. Comecei a balançar calmamente e a dizer suavemente: "*Que eu seja curada. Que eu seja perdoada*". Fiz isso várias vezes, até que senti certa paz descer. Alinhei minha Alma Tripla com a energia que elevei. Quando a energia se acalmou, olhei para a calçada à minha frente. Sobre o concreto repousava um pequeno coração dourado, um encanto. Agradeci aos Deuses por receber minha oração. A Magia funciona.

O Pentáculo Violeta

Alguns praticantes da Feri usam um Pentáculo Violeta para representar o Éter, ou Espírito, que inclui Acima, Abaixo e o Centro. No sistema de chakras, o violeta é a cor mais alta do espectro, antes que todas as coisas se dissolvam novamente em branco. Isso também vale para os raios ultravioleta, que nossos olhos não podem ver, mas percebem como brancos. Uma abelha, por exemplo, pode perceber uma flor branca como tendo cores diferentes dependendo da quantidade de luz ultravioleta que a flor está refletindo.

Metafisicamente, o violeta representa nossa conexão com o multiverso e o invisível. É a nossa porta de entrada para a expansão além do puramente físico. Enquanto a maioria dos Bruxos coloca o Pentáculo no Norte, por causa de sua representação do corpo humano como parte da Terra, alguns Bruxos da Feri o coloca no lugar do Espírito e do Éter, porque o Éter é formado por todos os elementos em combinação.

Violeta está perto da lavanda, que muitas vezes representa a energia *queer*, aquela combinação de "*azul para meninos*" e "*rosa para meninas*". *Queer* significa muitas coisas, e é por isso que é um termo que gosto de usar. É abrangente, abarcando gays, lésbicas, transgêneros, bissexuais, polissexuais, assexuados, gênero fluído, multigêneros, dominantes, submissos ou pessoas que gostam de fazer sexo sob um mastro de Beltane. Victor costumava me chamar de Mulher-Espinho e ele próprio de Homem-Espinho, o que significava que tínhamos espírito-gêmeo ou gênero duplo e tínhamos responsabilidades específicas para com a comunidade. Como os humanos de natureza feérica geralmente não são totalmente de um gênero ou outro, a cor lavanda honra e celebra isso, enquanto o violeta honra nossa capacidade de comungar com o cosmos.[92]

> Lance a Esfera Sagrada da Feri. Imagine um Pentáculo Violeta girando acima e abaixo de você. Veja esses Pentáculos abrirem a coluna violeta central no centro da Esfera Sagrada. Este é o centro do sexo, amor, espírito e éter. Sinta sua coluna se esticar. Sinta seus pés afundarem. Deixe-se crescer alto, profundo e vasto, cheio de luz violeta.
>
> Agora retorne ao seu estado físico normal. Veja os Pentáculos retrocederem, tornando-se nebulosos e menos substanciais. Desfaça a Esfera, agradecendo a todos os seres que você chamou para ajudá-lo neste trabalho.

Honestidade

Dizer a verdade é uma parte importante de todo trabalho espiritual. No Capítulo 8, examinamos nossas mentiras. Agora é hora de olhar para nossas verdades mais profundas. Coloco este trabalho no Centro, porque nossas verdades vêm da conexão com o espírito, com a Natureza e com nossa própria divindade. Não aprendemos no vácuo, mas em comunidade, seja uma comunidade de humanos, seja uma comunhão com o mundo natural. Onde estão seus professores? Ouça a honestidade deles e responda com algumas das suas.

Certa vez eu estava caminhando ao longo do Rio Potomac com uma amiga próxima, e ela questionou incisivamente o rumo que o trabalho da minha vida estava tomando e as escolhas que eu estava fazendo sobre o meu ensino. Porque ela estava questionando algo tão

92. Visite www.faerywolf.com/essay_amethpent.htm para um excelente artigo de Storm Faerywolf e Chas Bogan sobre o Pentáculo de Ametista – uma visão *queer* do Espírito.

importante para mim, algo que eu achava que ela entendia, fiquei na defensiva. Felizmente, consegui dizer: "*Desculpe, estou um pouco na defensiva...*" e então passei a respirar e a explicar minha posição.

Suas perguntas me deram um valioso alimento para reflexão. Depois que nos despedimos no aeroporto, comigo voando para casa novamente, consegui me revisitar sobre as razões que estavam abaixo daquelas que dei a ela. Rapidamente, descobri que as razões que eu tinha para o trabalho da minha vida estavam ligadas às minhas verdades centrais. Essa percepção só me fez mais forte e mais clara em minha posição. No futuro, terei respostas melhores para dar às pessoas que talvez não tenham meu melhor apoio em mente, como aconteceu com essa amiga. Ela falou comigo por amor e interesse, e algo dentro de mim foi capaz de responder. Às vezes, é preciso um desafio às nossas crenças para descobrir verdades mais profundas e centrais.

A escuta profunda é necessária para dizer a verdade. Alguns de nós são graciosos em aceitar críticas, enquanto outras pessoas podem viver toda uma vida sendo incapazes de ouvir os outros. Quando você consegue ouvir profundamente e quando não consegue? Qual é a diferença?

> Alguém o desafiou ou fez uma pergunta difícil para você ultimamente? Quais emoções isso despertou em você? Quais perguntas próprias surgem em resposta? Respire fundo e volte a atenção para seu coração e depois para seu ventre. Relaxe. Comece a fazer uma escrita cronometrada, não deixando a caneta parar até que terminem seis minutos. Comece com a pergunta ou desafio em mãos. Então deixe as palavras começarem, até que você se solte e o censor se afaste, deixando suas verdades mais profundas fluírem até a superfície. "Eu acredito nisso porque..." "Eu agi dessa maneira porque..."

Usando seus Instrumentos para Apoiar a Verdade

Tanto no Pentáculo Elemental quanto na Esfera Sagrada, o espaço do Centro é o lar do espírito. Todos os Elementos da Vida estão presentes aqui. Permanecem firmes na Terra, temperados pelo Fogo e pela Água, enquanto respiram o Ar. Imagine isso agora. O que lhe dá estabilidade? O que o tempera e o torna verdadeiro? Sinta tudo isso e respire força vital, fortalecendo ainda mais sua alma e sua verdade.

Assim como o Espírito nos dá acesso a todos os elementos, também temos acesso a todos os nossos instrumentos. Imagine que seus instrumentos possam ajudar a reforçar sua capacidade de perceber sua verdade e colocá-la no mundo. Invoque o poder do Pentáculo Violeta – o poder de seu próprio espírito – e deixe os instrumentos falarem com você.

Bastão: o que cresce quando você diz a sua verdade? A sua verdade traz novidades e uma nova maneira de pensar ou falar? Se o que cresce a partir do que diz ou acredita é algo que não parece útil para você ou para os outros, procure reexaminar e ver se há uma verdade mais profunda à mão.

Lâmina: o que acontece quando você apoia sua verdade com vontade e intenção? Encha-se com sua verdade, e então respire através de sua lâmina. Como você se sente ao unir sua verdade com uma vontade ardente? Quais são as consequências de usar sua vontade para apoiar sua verdade? Imagine essas consequências. Use essas informações para observar sua verdade e avaliar seu poder e veracidade.

Cálice: encha seu Cálice com a verdade e beba. Ele o refresca e o renova ou deixa você se sentindo um pouco doente? Se o último acontecer, olhe novamente. Talvez haja vestígios de veneno no que você está chamando de verdade. Mergulhe em outro nível e abra-se para a compaixão. Agora, como é a verdade?

Cubo Verde: permaneça na sua verdade. Será que ela vai apoiá-lo? Permanecer na sua verdade faz você se sentir forte? Há movimento nela, como no Pentáculo nela inscrito, ou sua verdade corre o risco de se tornar frágil?

Espelho Negro: o que sua verdade reflete? Qual é a sua sombra? Como a imagem de si mesmo ou do mundo muda ao olhar para sua verdade no espelho do espaço?

Caldeirão: qual fogo sua verdade acende? Ele cozinha algo nutritivo ou tóxico? Como a sua verdade alimenta a si mesmo e aos outros?

Hálito Revitalizante

Depois de trabalhar com o exercício anterior, você pode sentir a necessidade de fazer o Rito de Desvinculação e de realinhar sua Alma Tripla. Ambos ajudarão na sua exploração contínua da verdade. Você também pode usar o trabalho de respiração que fizemos muitos capítulos atrás. A seguir está uma maneira expandida de usar a respiração para revitalizar suas conexões consigo mesmo, com o corpo e com os Deuses.

Respire fundo. Toda vez que você expirar, envie uma respiração através de uma parte diferente do seu corpo metafísico. Comece com o Chakra Raiz, na base da coluna. Agora envie uma respiração através de seu sexo. Envie uma respiração através de seu ventre, limpando e ativando sua vontade. Em seguida, expire pelo coração. Expire pela garganta. Agora, exale o ar pelo Terceiro Olho, o centro psíquico em sua testa. Por último, expire pelo topo de sua cabeça, sua Coroa, que o conecta aos Deuses. Repita esse processo até que esses lugares pareçam limpos.

Quando terminar, faça uma oração para que possa andar, falar, viver, respirar e sonhar sua verdade. Respire e expire da sola dos pés até a coroa da sua cabeça. Agora inspire outra vez e expire através de qualquer lugar que mais contenha sua verdade hoje. Pode ser seu sexo ou ventre. Pode ser sua coroa ou coração. Onde quer que sua verdade esteja, envie um sopro para fortalecê-la. Em seguida, encontre o centro que se sente mais fraco ou mais necessitado de sua verdade hoje. Faça uma grande inspiração de força vital e expire através desse centro, para iniciar sua ativação.

Faça este trabalho para a próxima semana e tente sentir quaisquer mudanças internas. Observe se você anda ou fica de pé de forma diferente. Observe se parece mais fácil falar. Observe se precisa de limpezas extras ou tempos mais longos de meditação. Faça o que for necessário para fortalecer sua capacidade de andar em sua verdade.

Integração e Seguindo em Frente

A integração expande nossa capacidade de permanecermos conscientes e fortalece nossa eficácia em todo o nosso trabalho. Onde você está em sua vida e em seu trabalho, agora? Você está lidando bem ou mal com isso? Está de pé ou está prosperando? Sua capacidade de manter e compartilhar poder, verdade e compaixão cresceu? Você está trabalhando em plena capacidade?

Sempre que me deparo com um período de crescimento ou responsabilidade crescentes eu me fortaleço acrescentando às minhas práticas espirituais. Sento-me com minha Pomba Sagrada, escutando por períodos mais longos e faço mais limpezas, especialmente usando o Rito de Desvinculação. Eu tomo um cuidado extra com meu trabalho de estar presente em qualquer situação, usando minha postura e as Chaves da Lembrança como auxiliares para isso. Eu alinho minha

Alma Tripla sempre que possível. Tudo isso me leva ainda mais longe em minha própria integração. A intenção requer consciência e só posso permanecer consciente quando auxiliado pelo tempo real e físico gasto em minhas práticas.

A integridade requer consciência de todas as nossas partes. Por exemplo, se estou inconsciente de meus hábitos, não posso agir com integridade, não importa o quanto eu queira, porque não mantenho nenhuma integração entre meus pensamentos, emoções e ações. Muitas vezes, descubro que mal-entendidos sobre integridade surgem em nossa linguagem em frases como "*Suas intenções eram boas*" ou "*Ela tinha boas intenções*", quando na verdade "ele" e "ela" não pretendiam e não significavam nada, porque não estavam conscientes de suas palavras ou ações. O que as pessoas provavelmente querem dizer é "*Eles não tinham a intenção de prejudicar*". Isso está correto. Eles não tinham a menor intenção.

Consciência, intenção e integração estão disponíveis para qualquer pessoa e podem nos ajudar a viver de forma mais plena e verdadeira. Nós apenas temos que estar dispostos a fazer o trabalho. Temos que buscar apoio e começar a superar os medos que nos mantêm pequenos, presos a padrões de comportamento habituais.

> Peça a Quakoralina e Melek Taus (Deus Pavão) para ajudá-lo a se abrir para sua própria consciência e integração. Invoque-os sempre que precisar de amor ou força extra para aprofundar suas práticas espirituais. No lugar do Centro, você pode aprofundar e expandir para cima. Respire fundo e fique alto no mundo.
>
> Muitas vezes há desconforto antes do avanço, escuridão antes do amanhecer. Lembre-se de quem você é e por que está trabalhando. Quando você integra suas práticas e se abre para suas verdades centrais, seu trabalho se abre para incluir o mundo inteiro.

Círculos para Amor

Isso é semelhante ao exercício do Capítulo 4, Círculos de Poder. Pode ser feito sozinho ou com um pequeno grupo. Se feito em grupo, o Círculo final, o Círculo do Amor, é aquele em que todos entram de uma vez. É um Círculo que deve ser compartilhado. Entre no centro do seu coração.

Certifique-se de ter espaço suficiente na frente para que dê quatro grandes passos. Respire fundo. Sinta-se aterrado e centrado. Faça a Oração pelo Alinhamento para alinhar sua Alma Tripla. Sinta-se como você é, onde você está. Você está com medo, confiante demais, triste? Apenas observe. Respire em qualquer sentimento que possa ter. Permaneça ali dentro deles. Se eleve como você é. Agora pense, o que seria necessário para você viver mais livremente e honestamente e com maior acesso à sua energia sexual? O que seria necessário para você crescer em força e compaixão? Faça uma oração pelo que você precisa.

Quando estiver pronto, dê um passo à frente. Você está entrando no Círculo da Coragem. Deixe a coragem preencher você. Isso vai ajudá-lo em todo o seu trabalho e ajudará a manter a abertura para a mudança, para o risco, para o Coração Negro da Inocência. Sinta a coragem enquanto ela o envolve e preenche seu corpo. Respire.

Quando estiver pronto, respire fundo. Dê um passo à frente. Você está entrando no Círculo da Aceitação. Sinta a aceitação ao seu redor. A aceitação de seus sonhos, medos, erros, de seu corpo, sua mente, seus segredos, suas esperanças. Aceitação de si mesmo. Sinta. Respire. Aceite sua jornada. Aceite que você pode seguir em frente. Respire.

Quando estiver pronto, faça outra respiração. Dê um passo à frente. Você está entrando em um Círculo de Esperança. Deixe a esperança preencher e cercar você. Respire. A esperança mantém você caminhando. A esperança de ver uma flor se abrindo suavemente para o sol da primavera. A esperança que o nutre, e que às vezes pode sentir medo de admitir para alguém, ou mesmo para si mesmo.

Tome outra respiração. Prepare-se para entrar no último Círculo. Dê um passo para frente. Você está entrando no Círculo do Amor. Sinta-se cercado de amor. Deixe o amor preenchê-lo. Deixe-o vibrar ao seu redor. Fique nele. Inspire ele. Deixe que ele abra um pouco mais o seu coração. Respire. Sinta o amor se movendo através de todo o seu corpo, através de cada parte de você, de sua Alma Tripla, de suas sombras, de sua força e de sua fragilidade. Inspire amor.

Se você estiver em um grupo, em pé neste Círculo, coloque os braços em torno um do outro. Sinta o Círculo do Amor. Agora, um por um, vá até o Centro. Deixe o Círculo envolver você. Todo mundo começa a tonificar o amor em você. Sinta o que é estar cercado de amor. Respire. Receba-o. Volte para o Círculo de braços e corpos quentes. Deixe a próxima pessoa intervir. Deixe que o amor o preencha. Solte ele vibrando um tom em direção à pessoa que está no centro. Sinta o que é compartilhar amor com o mundo. Respire. O amor continua infinitamente

A Magia requer reciprocidade. A energia deve sair e voltar. Se você está constantemente dando e nunca recebe, logo ficará sem energia. Por outro lado, se estiver constantemente recebendo, a terra não será capaz de mantê-lo por muito tempo. A Magia é um circuito que requer correntes que fluem nos dois sentidos. Respire isso. Faça desse pensamento parte de sua prática. Sejamos abertos uns aos outros. Cuidemos uns dos outros e recebamos cuidados. Vamos devolver à Terra conforme recebemos as dádivas dela. Que assim seja.

10

Esfera Sagrada: Fechando a Esfera, Abrindo o Mundo

Você está entrando no espaço que já ocupa. Sua vida é sua. Você caminha com os Deuses, em sintonia com a Natureza. Você está vivo, feérico e maravilhoso, humano e divino. Você está entrando em um paradoxo onde o mundo é o mesmo e novo. Respire profundamente este ar sagrado. Ele tem cercado você o tempo todo. Qual é a sensação de ser verdadeiramente você mesmo? Celebre o seu lugar neste novo mundo.

Nossas vidas são uma espiral contínua. Seguimos em frente, às vezes para cima e às vezes para baixo, revisitando os mesmos rostos, vozes e padrões, todos ligeiramente diferentes. Ganhamos a perspectiva de praticantes fiéis, buscadores espirituais que colocaram o pé em um caminho que não pode mais ser negado. Uma vez que o tenhamos estabelecido, ele continua enquanto respirarmos – e além.

Neste capítulo, vamos ouvir nossos nomes profundos, olhar para nós mesmos e nos perguntar como pode ser a evolução. Então, daremos um passo à frente em nossa divindade, em nosso trabalho. E a história continua.

Este capítulo fecha o livro e nos abre para a possibilidade de que nossas vidas podem incluir práticas integradas que nos levarão mais adiante dentro de nós mesmos e, simultaneamente, para o mundo. Um dia, no café da manhã, no meio de uma discussão espiritual, perguntei a um amigo: "*Qual é a sua prática agora?*" Ele respondeu: "*Água potável*", depois colocou o copo na mesa com um baque. A possibilidade de prática contínua está disponível para todos nós. Em *The Way of the Pilgrim*, o camponês russo percorre todo o país em busca de alguém que o ensine a rezar sem cessar.[93] Que nossa vida se torne tal prática, tal busca, tal oração. Que possamos nos conhecer em todas as nossas partes.

Quem é você agora?

Como você se sente agora, neste braço de sua jornada em espiral? Como você se define: Bruxo, artista, mãe, escritora, guerreira, mago, ativista ou Sacerdotisa? Você é uma dançarina no cosmos ou um guardião da Terra? Olhe para todos os seus talentos e as responsabilidades inerentes a eles. Você está pronto para a tarefa de ser totalmente você mesmo e continuar seu trabalho sagrado no mundo?

Para nos tornarmos Filhos e Filhas da Arte devemos honrar nossos compromissos de sermos nós mesmos e continuarmos em nossos caminhos espirituais. Devemos também nos comprometer com os outros, pois não podemos evoluir sozinhos. Sentar no topo da montanha pode ser útil por um tempo, mas colocamos nosso trabalho à prova quando descemos a montanha e nos envolvemos ativamente no mundo. Ensinando crianças. Plantando árvores. Fazendo magia. Clamando por justiça. Amando o mundo, como ele é e como poderia ser.

Ouvindo seu Nome Profundo

Algumas pessoas recebem nomes espirituais durante as iniciações formais, outras em um lampejo ofuscante. Alguns usam seus nomes por anos, e outros apenas por um curto período, até que a lição seja absorvida. E outros, ainda, têm nomes secretos. Todos esses nomes são úteis à nossa Magia. Meu nome público veio durante minha iniciação no Reclaiming. Deitei na banheira perguntando: "*Deusa, não posso ser chamada de outra coisa?*" A resposta foi não. O nome que ficava sendo

93. Existem várias edições desse clássico texto cristão ortodoxo disponível. A que eu uso é traduzido por Helen Bacovcin (Image Books, 1985). Eu li pela primeira vez sobre este livro escrito por um camponês do século 19 em *Franny and Zooey*, de J. D. Salinger (Little Brown and Co., 1991).

revelado para mim, repetidamente, era Thorn. Quando a Sacerdotisa veio me levar para o próximo portal, ela me perguntou se eu tinha meu nome e eu respondi: "*Sim, mas eu não gosto*!" No entanto, fui inteligente o suficiente para perceber que havia uma lição ali que só aprenderia com o tempo e com a repetição.

Então decidi fazer de Thorn meu nome de uso e meu nome legal, para ouvi-lo todos os dias. (Meu nome da Tradição Feri é privado, e apenas falado entre os mundos.) Você decide se seu próprio nome espiritual deve ser usado em público ou em particular.

> Dê um passeio em um lugar selvagem ou faça um banho sagrado e permita-se um tempo sozinho para ouvir. Chame os Guardiões e qualquer um dos Deuses que precisar, ou chame seu Guia feérico para estar com você. Deixe-se relaxar na presença deles e na sua própria presença — seu coração batendo, seus pulmões enchendo e expelindo ar, seus músculos se movendo. Deixe que os pensamentos de sua vida passem pela sua cabeça. De onde você veio, para onde você vai? Como é o seu trabalho agora? Depois de um tempo, deixe esses pensamentos quietos. Comece a ouvir. Peça aos Deuses um nome profundo, um nome verdadeiro, um nome que seja sua chave magicamente e um nome que descreva sua essência ou o ajude a crescer. Relaxe. Esteja aberto. Ouça. Ele virá.

Você pode ter que repetir este processo mais de uma vez. Seu nome pode vir até você uma semana depois de ter feito sua escuta, enquanto estiver caminhando na floresta. Ou você pode ser chamado na rua por um estranho, alguma coisa mal interpretada ressoando em seus ouvidos. Abra-se e aprenda com isso. Os nomes são poderosos. Abra-se para este novo poder.

Envolvendo todo o seu Eu

Keats disse que o mundo é um vale de criação de almas.[94] Tudo na nossa vida pode mudar e nos formar, fortalecendo nosso espírito e o propósito de existência. Mas devemos escolher a cada momento, de cada dia, a prestar atenção às lições que a vida nos dá. Isto é o máximo

94. De uma carta para George e Georgiana Keats, que pode ser encontrada em *Complete Poems and Selected Letters* de John Keats (The Modern Library, Random House, 2001).

da integração e o próximo passo em direção à evolução – cultivar a capacidade de beber em cada respiração, a cada telefonema, a cada segundo na fila, a cada conversa com um colega de trabalho – de escolher a consciência e o despertar, em vez de optar por hábito e conforto.

> Com os instrumentos fundamentais deste livro, você pode usar o mundo como cenário para seu próprio desenvolvimento. As alegrias e irritações da vida são convites para o crescimento, para a mudança, para desenvolver algo substancial e imortal. Qual é o seu desafio para si mesmo agora? Ao trazer todo o seu ser para a tarefa, os mundos mudarão.

Evolução e Comunidade

Meu desafio é manter a prática espiritual entre as pessoas: colegas de trabalho, familiares ou comunidades espirituais. Parte do trabalho da *Bruxaria Evolutiva* está mudando a forma como nos relacionamos uns com os outros. Ao fazer nosso trabalho pessoal, não devemos perder de vista a saúde e o bem-estar do mundo em geral, as questões de justiça econômica ou proteção ambiental. O que é mais difícil para muitos de nós, porém, é lidar com nossos irmãos e irmãs – em Covens, grupos de planejamento ritual, grupos ativistas, PTA, famílias –, com compaixão, paciência e honestidade. Este é um trabalho árduo e constante, e os instrumentos deste livro estão disponíveis para ajudar.

Se ficar impaciente, posso me aterrar e me centrar, voltando a entrar em contato com minha respiração. Posso usar o trabalho de aura e meu alinhamento da Alma Tripla para ajudar a me comunicar de forma mais eficaz. Se estou pronta para entrar no lamaçal, posso olhar no espelho primeiro e falar. Se eu quiser me envolver em fofocas, posso praticar minha verdade cara a cara antes.

Quanto mais praticamos, mais podemos crescer juntos, ficando abertos para ouvir e falar e construir uma comunidade saudável e sustentável. Nossa cultura dominante não nos ensina essas habilidades. Temos que aprendê-las, praticá-las e, em amor, começar a ensinar uns aos outros.

> Como você funciona na comunidade? Como funcionam suas comunidades? Existem práticas nas quais você se envolve que facilitam a comunicação? Como sua visão para sua própria vida se conecta com suas esperanças de comunidade?

Encontrando um Professor

Se você leva a sério a continuidade do seu trabalho, recomendo procurar um professor com quem possa passar algum tempo físico. A maioria das tradições é mais bem transmitida de pessoa para pessoa, porque requer contato energético. O poder não pode ser passado através de uma página, embora as palavras na página possam estimular nosso próprio trabalho e expandir nossa compreensão. Se a Tradição específica em si não for importante para você, procure um professor de artes marciais ou dança, ou estude meditação, ioga ou qualquer caminho pagão profundo que lhe seja acessível. Qualquer coisa que envolva corpo, mente e espírito juntos promoverá sua integração.

E se decidir por continuar com seu trabalho na Feri (ou outra Tradição), pode querer fazer o rito a seguir. A Tradição Feri não tem um ritual de autoiniciação, na verdade, há apenas uma iniciação na Feri – um casamento com os Deuses Feri e uma grande responsabilidade para com a própria Tradição – passada por alguém já iniciado na Tradição. Em outras palavras, a iniciação Feri não é o que todos querem ou precisam. O rito a seguir, no entanto, deve ajudá-lo a fortalecer seu compromisso com seu caminho espiritual.

Rito de Intenção e Dedicação

Este ritual expressa sua intenção de se dedicar ao seu caminho e de se aprofundar em seu trabalho e treinamento. Também pode auxiliá-lo a encontrar o professor certo para ajudá-lo quando chegar a hora. Eu recomendo fazer um amuleto ou escolher uma pedra, colar ou talismã para marcar este rito e carregar como um lembrete de seu trabalho, desejo e intenção.

Limpe seu espaço de trabalho. Construa um altar; separe velas e oferendas para o povo das fadas e os Deuses. Se você está procurando um professor, e não apenas dedicando seu caminho, escolha uma vela especial para representar esse desejo. Recomendo a cera de abelha, pela pureza de propósito, doçura do perfume e conexão com as abelhas, portadoras de vida e informação.

Banhe-se, faça o Rito de Desvinculação e alinhe sua Alma Tripla.

Agora monte seu espaço para o ritual de trabalho.

Aterre-se, centre-se e diga: "SAGRADA MÃE, NA QUAL VIVEMOS, MOVEMO-NOS E EXISTIMOS, DE TI TODAS AS COISAS EMERGEM E A TI TODAS AS COISAS RETORNAM". Lance a Esfera Sagrada. Peça a presença dos Guardiões, do povo das fadas e de quaisquer Deuses que você deseja que estejam presentes neste rito. Agradeça a eles e faça suas oferendas.

De pé em sua Esfera Sagrada, diga "EU, (SEU NOME), INVOCO MINHA VONTADE E DECLARO MINHA INTENÇÃO DE DEDICAR MINHA VIDA AO DESDOBRAMENTO DO MISTÉRIO E CONHECER A MIM MESMO. NA PRESENÇA DOS DEUSES E GUARDIÕES E DE MEUS ALIADOS FEÉRICOS, EU ME DEDICO A TRILHAR O CAMINHO DA INTEGRAÇÃO, UNINDO O TRABALHO DA MINHA ALMA COM OS ESPÍRITOS DA NATUREZA E DOS DEUSES". Respire sua intenção em seu amuleto ou pedra, dando-lhe poder. Você também pode cantar, tamborilar ou dançar para aumentar a energia para canalizar em seu objeto sagrado.

Segure sua vela de cera de abelha em suas mãos e diga com firmeza: "AGORA QUE ESTOU DEDICADO À MINHA PRÁTICA, PEÇO QUE ME MOSTREM O PROFESSOR CERTO, PARA ME AJUDAR AINDA MAIS NO MEU CAMINHO". Respire esta oração na vela, coloque-a em um suporte e acenda-a, usando a chama de uma de suas outras velas do altar.

Deleite-se no poder dos Deuses e Guardiões, inspire força vital e alinhe sua Alma Tripla. Quando estiver pronto, apague a vela, sabendo que a oração está no pavio e será ampliada cada vez que você o acender. Agradeça a todos que você chamou em sua Esfera e atraia a energia do Fogo Azul de volta para sua lâmina. Aterre e centre mais uma vez, exalando atraindo a energia para baixo pelos pés e para cima pela cabeça, cerca de 30 centímetros. Envie outra respiração para sua aura. Seu rito está completo.

Você está agora totalmente dedicado à sua vida espiritual e a expandir seu relacionamento com os Deuses. Se o professor que vier até você for da Tradição Feri ou não, saiba que sua oração por mais autoconhecimento e integração foi atendida. Lições nos mistérios estão presentes em todos os lugares.

"Lembre-se, você é um Deus!"

Há uma história maravilhosa da Tradição hindu sobre Krishna quando menino. Ele e seu amigo estavam jogando bola na beira de um lago. A bola inevitavelmente foi jogada no lago em um campo selvagem.

Krishna mergulha para recuperá-la. Neste lago, ele encontra a hidra de sete cabeças Kaaliya, que tanto guarda quanto envenena o pequeno corpo de água. Segue-se uma luta entre a serpente e o Deus azul, e eles lutam juntos até Kaaliya segurar Krishna, preso e ofegante, no fundo do lago. O amigo de Krishna grita para ele: "*Krishna, lembre-se, você é um Deus!*" Ao ouvir isso, Krishna se enche novamente com o sopro da vida, sua força retorna e ele logo ganha vantagem. Ele ganha o controle de Kaaliya e, subindo à superfície, dança em cima das muitas cabeças da serpente. Ele ameaça matar Kaaliya por envenenar as águas do lago, mas as esposas de Kaaliya intervêm e a própria serpente diz: "*É de minha natureza liberar veneno*". Krishna decide então banir Kaaliya para o grande oceano, que é tão grande que seria impossível que ela o envenenasse.

Esta história me ensina duas lições importantes. A primeira é sobre a importância de colegas, amigos e comunidade. Em comunidade, podemos nos lembrar uns aos outros de nossa divindade. Quando uma pessoa está se sentindo deprimida, outra pode dizer: "*Lembre-se, você tem ferramentas que pode usar para se ajudar. Lembre-se, você é um Deus*". O lembrete de que temos o divino dentro de nós nos ajuda a fazer nosso trabalho. Se os membros da nossa comunidade se transformarem em fofoqueiros cruéis, por exemplo, um de nós pode lembrar ao grupo, a nossa natureza mais forte e gentil. Então podemos subir de volta à superfície e respirar ar puro novamente, em vez de engasgar-se com nossa própria fumaça tóxica.

A segunda lição da história é a de criar espaço para coisas difíceis de suportar. Se estou com inveja, ou com raiva, ou aflita e sinto que não consigo suportar olhar para mim mesma ou para a situação em questão, tento criar mais espaço para o sentimento. Eu fico no meu medo, por exemplo, e respiro fundo. Ao expirar, imagino meu corpo energético se expandindo, criando mais espaço para a forte emoção fluir. Uma vez que faço isso, sinto-me mais à vontade e menos presa. Eu expando minha capacidade de suportar minha própria dor e enfrentar meu medo.

Para absorver qualquer uma dessas lições, devemos estar dispostos a olhar para a dor ou para a doença e estar dispostos a mudar nosso relacionamento com ela. Esses exercícios não são para nos livrar da dor ou erradicar a doença, mas para suportar ambos e buscar aquele comportamento que é mais útil para nós e para nossas comunidades.

Quando foi que você precisou de um lembrete de sua própria divindade? Você precisa de um agora? Reserve um momento para alinhar sua Alma Tripla. Se estiver em uma reunião em que as pessoas estão ficando rebeldes, respire fundo e encoraje os outros a fazerem o mesmo. Em seguida, aponte um objetivo comum ou ideal que todos possam estar buscando. Este é um lembrete da natureza mais forte e gentil do grupo e é apoiado por sua própria divindade interior.

Agora pense, quando você foi dominado pela tristeza, medo, inveja ou raiva? Respire nesse estado aquela memória. Abra espaço para suas emoções para que elas não tenham o poder de paralisar ou envenenar você. Respire agora. Sinta seu corpo energético se expandir ao expirar. Lembre-se de que você pode ter mais humanidade do que às vezes sabe. Você é parte de Deus em si Mesma.

Podemos expandir continuamente em direção à nossa própria Divindade. Deus sou Eu. O Eu sou Deus. Deus é uma pessoa como eu.

Encontrando um Terceiro Caminho

Ao longo deste livro, você foi solicitado a expandir sua capacidade de reter energia e emoção e, então, unir essas práticas ao reconhecimento de sua Divindade. Este trabalho o deixará pronto para encontrar seu lugar de direito no mundo.

A seguir está a terceira parte dos exercícios do Caldeirão que começamos no capítulo anterior. Esta peça se encaixa em encontrar o seu verdadeiro trabalho no mundo. Também pode lembrá-lo do trabalho que começamos com nossas lâminas, olhando para nossas escolhas, envolvendo nossas vontades. Isso também nos fortalece, ajudando-nos a descobrir qual é o nosso propósito e qual pode ser o melhor caminho para ele. Tendo reconhecido nossas vozes e desejos conflitantes, podemos realmente ouvir a voz mais profunda criada por nossos poderes alquímicos e descobrir o que os Deuses e nossos corações realmente querem que façamos. Caminhe com força e sente-se quieto. Este trabalho cria um guerreiro, um Bruxo, um artista, um alquimista. Você está pronto?

> Quando pensa em seu desejo, em seu sonho, trabalho ou mesmo em sua dor, o que em você diz sim e o que diz não? Normalmente, tentamos ir com uma voz ou outra. Um adepto, no entanto, senta-se entre essas duas vozes, temperado pelo calor criado na tensão de não responder. Respire. Segure "sim" e "não" em seu corpo e em seu coração. Sente-se com isso. Não aja. Algo surgirá, um terceiro caminho, que dará energia ao seu trabalho.

Lembre-se, o terceiro caminho leva ao feérico e mágico, um lugar além de onde você pensa que está e, paradoxalmente, mais profundo.

Encontrando sua Obra

Viver plenamente como buscadores e Sacerdotes exige que contextualizemos todas as nossas ações. Como estamos vivendo nossa vida? O que lemos, comemos, ouvimos ou criamos? Como estruturamos nossos dias e noites? Esses tipos de perguntas sempre nos levam a perguntar: "*Qual é a nossa obra?*" e é por isso que o dito está embutido na Oração da Flor da Tradição Feri: "*Quem é esta flor acima de mim, e qual é a obra deste Deus? Eu quero me conhecer em todas as minhas partes*".

Qual é a sua verdadeira obra? Às vezes, essa pergunta surge lentamente com o tempo, exige todas as ferramentas deste livro para sentir o que sua obra pode ser e requer o máximo de presença e atenção que puder trazer, para entrar em sua obra de forma plena e eficaz. No Capítulo 4, trabalhamos com o desenvolvimento de nossa vontade. "*Qual é a obra deste Deus?*" nos pergunta qual é a nossa vontade mais profunda, a nossa verdadeira vontade. Você está pronto para descobrir isso? Consegue se abrir para o seu desdobramento?

> Pergunte a si mesmo: o que eu anseio? Como posso ser útil? O que me alimenta? Se eu pudesse fazer qualquer coisa com meu tempo, o que estaria fazendo?

À medida que o caminho se abre à sua frente, seu trabalho se desdobra. Quanto mais praticar diligentemente a integração, mais claro seu trabalho vai se tornar. Depois de muitos anos de trabalho, em mim mesma e na comunidade, e muitos anos de crescimento como Sacerdotisa e professora Feri, comecei a fazer esta oração: "*Posso fazer minha obra. Que eu faça as obras dos Deuses*". Minha verdadeira obra, a que sempre senti por dentro, mas que sempre foi uma luta para dar vida, de repente começou a se abrir com facilidade e velocidade vertiginosa. Se eu não tivesse levado todos esses anos de preparação, a mesma coisa teria acontecido? Acho que não. A preparação lançou as bases para a oração. No entanto, sem a oração e a intenção de permanecer aberta, meu verdadeiro trabalho poderia ter demorado mais para se manifestar.

> Qual é a sua oração? Aqui e agora? Qual é a sua obra neste momento? Tire algum tempo para sentar com essas perguntas, para orar sobre essas perguntas. Você pode querer fazer alguma adivinhação: faça uma leitura de Tarô ou faça alguma adivinhação. Mergulhe na Atenção Profunda e Expansiva (Capítulo 2) e faça uma escrita automática. Comece com as palavras: "QUAL É A MINHA OBRA?" ou "EU QUERO SABER QUAL É A MINHA VERDADEIRA OBRA". Abra-se para os Deuses e veja o que acontece. Peça à Deusa Estrela e ao Deus Pavão para lhe dar visão e clareza.

Seu caminho se abre agora na sua frente. Respire e olhe para si mesmo. Reúna sua energia, entre em seu poder e evolua. Que você se conheça em todas as suas partes.

Feche a Esfera e Abra o Mundo

Nosso trabalho está feito e está sempre começando. Pegue sua lâmina sagrada na mão, e da mesma maneira que começamos juntos, lançando a Esfera Sagrada, assim a fechamos agora. Agradeça ao povo das fadas e ancestrais por sua ajuda. Agradeça aos Deuses e Guardiões, honrando suas presenças. Uma vez que todos os Guardiões são agradecidos, você pode dizer:

> SENHORES DA ESCURIDÃO EXTERIOR, GUARDIÕES DO MISTÉRIO, VÃO SE PRECISAREM, FIQUEM SE DESEJAREM, E QUE A PAZ ESTEJA ENTRE NÓS, ATÉ O PRÓXIMO ENCONTRO. SAUDAÇÕES E SIGAM EM PAZ![95]

Agora aponte a ponta de seu Athame em direção aos Poderes Abaixo, e então mova sua lâmina até os Poderes Acima. Imagine o fogo azul fluindo de volta para sua lâmina. Movendo-se então de Norte para

95. Parte disso é Tradição oral da Feri, transmitida a mim por Tom Johnson. ("Que a paz esteja entre nós.") A fórmula é de minha autoria.

Oeste para Sul para Leste, libere a Esfera Sagrada e envie uma centelha desse fogo girando, usando sua Magia para reencantar o mundo. O resto do fogo azul permanecerá em sua lâmina, até você precisar da Esfera de contenção mais uma vez. Você começou esta jornada tornando sagrada uma pequena sala, mas agora tem a capacidade de andar dentro de um mundo sagrado.

Enquanto faz as essas ações, você pode dizer:

> Minha faca recolhe a chama
> De volta para o interior.
> As forças que chamamos,
> agora giram para o exterior.
> Terra, Água, Fogo e Ar
> Fizeram sua parte,
> Dentro deste espaço
> De Magia, vontade e arte.
> Para suas casas legítimas
> Nós lhes enviamos com velocidade,
> Até a próxima vez que os chamarmos
> Para alguma necessidade.
> E que os Deuses
> abençoem Agora cada coração que aguarda a sorrir,
> Pois felizes nos encontramos,
> E felizes vamos partir.
>
> Sagrada Mãe, na qual vivemos, movemo-nos e existimos,
> de ti todas as coisas emergem e a ti todas as coisas devem retornar.

Que sua vida seja abençoada. Que você cresça em conhecimento e beleza, força e amor.

APÊNDICE: LEITURAS E RECURSOS

Tradição Feri e suas ramificações

Anderson, Cora. *50 Years in the Feri Tradition* (Cora Anderson, reimpressão de 2003). Disponível em www.whitewand.com e livrarias selecionadas.

Anderson, Victor H. *Thorns of the Blood Rose* (Cora Anderson, reimpressão de 2003). Traz poemas do fundador da Tradição Feri. Disponível em www.whitewand.com e livrarias selecionadas.

Anderson, Victor H. (com material adicional de Cora Anderson). *Etheric Anatomy: The Three Selves and Astral Travel* (Acorn Guild Press, 2004). Disponível em www.lilithslantern.com e livrarias selecionadas.

Anaar. *The White Wand: Toward a Feri Aesthetic* (April Niino, 2004). Primeiro na série sobre os Bastões Branco, Verde e Negro na Tradição Feri. Ver www.whitewand.com ou livrarias selecionadas.

www.dianasgrove.com
Não é Feri, mas trata-se de uma fonte respeitada de ensino a distância e *workshops* de fim de semana.

www.feritradition.com
Este site inclui *links* para muitos praticantes da Tradição Feri dos Anderson, ramificações e recursos, incluindo *Witch Eye 'Zine, White Wand, Lilith's Lantern*, Storm Faerywolf, M. Macha Nightmare e muitos outros.

www.reclaiming.org
Este site contém informações e *links* sobre a Tradição Reclaiming, incluindo aulas, o *Reclaiming Quarterly* e *Witchcamps*.

Witch Eye: A 'Zine of Feri Uprising
Um zine ocasional publicado por Feris Max Airborne e Storm Faerywolf e sempre cheio de artigos e poesias interessantes. Ver www.feritradition.org/witcheye.

Outros livros úteis ou inspiradores

ADLER, Margot. *Drawing Down the Moon: Witches, Druids, Goddess-Worshipers and Other Pagans in America Today* (Beacon Press, reimpressão de 1986).
Publicado pela primeira vez em 1979, este é o principal panorama do paganismo contemporâneo. Inclui algumas informações sobre Victor Anderson.

Aurélio, Marco. *Meditations* (A Biblioteca Moderna,2003).
Um texto clássico estoico pagão útil para qualquer pessoa envolvida no autodesenvolvimento.

Bey, Hakim. T.A.Z.: *The Temporary Autonomous Zone, Ontological Anarchy, Poetic Terrorism (Autonomedia, 1991) e Millennium (Autonomedia, 1996).*
Esses livros contêm muito do que há de interesse para os alunos da Feri. Este autor também tem sido uma inspiração para Magos do Caos e pensadores políticos radicais.

Cooper, Rabbi David. *God Is a Verb: Kabbalah and the Practice of Mystical Judaism* (Pinguim EUA, 1998). Informações de fácil compreensão sobre a visão judaica da Alma Tripla.

Curott, Phyllis. *Witchcrafting: A Spiritual Guide to Making Magic* (Broadway Books, 2001). Um dos poucos livros da Arte que recomendo. Se você está interessado em Bruxaria não Feri, esta é uma excelente fonte de Magia prática.

Domingues, Ivo, Jr. *Castings: The Creation of Sacred Space* (SapFire Productions, 1996), e *Of Spirits: The Book of Rowan* (SapFire Productions, 2001). Dois livros totalmente interessantes do fundador da Assembly of the Sacred Wheel. Disponível em www.sapfire. com.

Duquette, Lon Milo. *The Magic of Aleister Crowley: A Handbook of the Rituals of Thelema* (Red Wheel /Weiser, 2003). Thelema fornece paralelos interessantes para muitos conceitos Feri, incluindo não mimar a fraqueza ou submeter-se a força vital, e ao desenvolvimento da vontade.

Epicteto. *A Manual for Living* (HarperSanFrancisco, 1994).
Outro texto clássico estoico útil para aqueles engajados no trabalho sobre o eu e o desenvolvimento da vontade.

Foxwood, Órion. *The Faery Teachings* (Muse Press, 2003).
Não Feri, mas um bom trabalho sobre o folclore prático das fadas. Veja www.foxwood-templo.net.

Greer, Mary. *Women of the Golden Dawn: Rebels and Priestesses* (Inner Traditions, 1995). Para uma história interessante do início da Golden Dawn, que preparou o palco para muita Magia contemporânea, recomendo este livro.

Hall, Manly P. *The Secret Teachings of All Ages* (Tarcher/Penguin, 2004).
Uma reimpressão de fácil leitura de uma grande fonte para pesquisa religiosa e metafísica. Ignore a desinformação sobre o Islã e mergulhe nos outros segmentos informativos.

Hoffmann, Enid. *Huna: A Beginner's Guide* (Schiffer, 1997).
Este livro é altamente recomendado por alguns de meus alunos como um recurso para o trabalho da Triple Soul.

hooks, bell, *all about love: new visions* (HarperPerennial, 2001).
Este é apenas um livro que gosto para meditações sobre amor, honestidade e inocência. Útil para o trabalho do Coração Negro e para recuperar o sexo e o amor.

Hopman, Ellen Evert e Lawrence Bond. *People of the Earth: The New Pagan Speak Out* (Destiny Books, 1996). Inclui entrevista com Victor Anderson e muitos outros.

HUTTON, Ronald. *Triumph of the Moon: a History of Modern Pagan Witchcraft* (Oxford University Press, 1999). A melhor história sobre Bruxaria que você encontrará até a presente data.

Kapit, Wynn e Lawrence M. Elson. *The Anatomy Coloring Book* (Addison-Wesley, 1993). Uma fonte simples para descobrir sua fisiologia. Consciência sobre o corpo é uma obrigação para qualquer praticante espiritual, especialmente aqueles de nós em sistemas baseados na Terra.

Lenihan, Eddie. *Meeting the Other Crowd: The Fairy Stories of Hidden Ireland* (Tarcher/Pinguim, 2003). O título diz tudo. Para vocês interessados em histórias do mundo das fadas.

Levi, Éliphas. *The History of Magic. Translated by A. E. Waite* (Weiser, 2000). Uma boa fonte para qualquer estudante sério de ocultismo.

Lorde, Audre. *Sister Outsider* (Crossing Press, 1984).
Veja especialmente "Os usos do erótico" para insights sobre o trabalho do Coração Negro e a recuperação do sexo como força vital sagrada.

Needleman, Jacob. *Money and the Meaning of Life* (Doubleday/Moeda,1994) e *Time and the Soul* (Berrett-Koehler, 2003). Estes dois livros me ajudaram a alterar minhas próprias atitudes sobre dinheiro e tempo, promovendo meu trabalho espiritual no mundo físico. E podem ajudar com o Capítulo 6.

Nightmare, M. Macha, and Starhawk. *The Pagan Book of Living and Dying* (Harper San Francisco, 1999). Este é o único livro do gênero. Inclui artigos de Thorn e muitos outros.

Ouspensky, P.D. *In Search of the Miraculous: Fragments of an Unknown Teaching* (Harvest Books, 2001). Um livro-chave para ajudar a entender o automatismo humano e como se tornar mais autoconsciente e menos máquina.

Palmer, Wendy. *The Intuitive Body: Aikido as Clairsentient Practice* (North AtlanticBooks, 1999, revisado). Mantém bons exercícios para entrar em contato com o próprio corpo como uma força holística e psíquica.

Pert, Candace B. *Molecules of Emotion: The Science Behind Mind-Body Medicine* (Simon e Schuster, 1999). Dr. Pert escreveu uma entrada interessante na ciência não dualista, que mostra como a consciência integrada realmente é.

Plonka, Lavínia. *What Are You Afraid Of? A Body-Mind Guide to Courageous Living* (Tarcher/Pinguim, 2004). Para um excelente recurso sobre como o medo se aloja em nossos corpos e nos controla, leia isto. Ele mostrará maneiras claras de se desprogramar.

Scholem, Gérson. *Kabbalah: a Definitive History of the Evolution, Ideas, Leading Figures and Extraordinary Influence of Jewish Mysticism* (Meridian, 1978). Scholem escreve um excelente texto para quem deseja entender melhor a Alma Tripla.

Shirley, John. *An Introduction to His Life and Ideas* (Tarcher/ Penguin,2004). O trabalho de Gurdjieff teve uma grande influência em meu pensamento e é d e grande valia para os alunos da Feri. Este é um bom livro introdutório, um pouco mais orientado para a história do que o livro mais técnico de Ouspensky.

Starhawk. *Dreaming the Dark: Magic, Sex, and Politics* (Beacon, 1997). Um ótimo livro sobre a fusão de espírito e política.

———. *The Spiral Dance: The 20th Anniversary* (HarperSanFrancisco, 1999). Um clássico sobre Bruxaria, publicado pela primeira vez em 1979. Inclui algum material da Feri, se você olhar nas entrelinhas.

Sulak, John e V. Vale. *Modern Pagans* (Re/Search Publications, 2002). Inclui entrevistas com alguns praticantes da Feri, incluindo Thorn. Ver www.researchpubs. com.

Toomer, Jean. *Essentials: Jean Toomer*. Editado por Rudolph P. Byrd (Hill StreetImprensa, 1999). Reflexões sobre a vida espiritual. Não é sobre Bruxaria, mas bastante perspicaz, escrito por um aluno de Gurdjieff, importante escritor afro-americano do clássico *Cane*.

ÍNDICE REMISSIVO

Esta edição foi composta pela Ardane, São Paulo, SP.
Os papéis utilizados foram o polen natural para o miolo e o cartão triplex para a capa.
O texto principal foi composto em fonte [Minion Pro, 12 e entrelinhamento 14,4]
e os títulos em [Champagne & Limousines, 16 e entrelinhamento 19,2].
Impresso no Brasil.